本书是教育部首批新文科研究与改革实践项目"粤港澳大湾区跨境数字法治人才培养模式研究与实践"（项目编号：2021140108）的阶段性成果。

数字法治与新文科建设

张泽涛 主编

张玉洁 段陆平 副主编

中国政法大学出版社

2024·北京

**图书在版编目（CIP）数据**

数字法治与新文科建设 / 张泽涛主编. -- 北京 ：中国政法大学出版社, 2024. 7. -- ISBN 978-7-5764-1652-7

Ⅰ. D922.174

中国国家版本馆 CIP 数据核字第 2024AG3478 号

--------------------------------------------------------------------------------------

| | |
|---|---|
| **书 名** | 数字法治与新文科建设 |
| | SHUZI FAZHI YU XINWENKE JIANSHE |
| **出版者** | 中国政法大学出版社 |
| **地 址** | 北京市海淀区西土城路 25 号 |
| **邮 箱** | bianjishi07public@163.com |
| **网 址** | http://www.cuplpress.com (网络实名：中国政法大学出版社) |
| **电 话** | 010-58908466(第七编辑部) 010-58908334(邮购部) |
| **承 印** | 保定市中画美凯印刷有限公司 |
| **开 本** | 720mm×960mm 1/16 |
| **印 张** | 17 |
| **字 数** | 270 千字 |
| **版 次** | 2024 年 7 月第 1 版 |
| **印 次** | 2024 年 7 月第 1 次印刷 |
| **定 价** | 80.00 元 |

# 序　言

　　随着数字时代的到来，诸多新兴的法律现象、法律挑战和法律命题呈现在人类面前，如个人信息保护、数据开放与共享、网络平台治理等。如何回应并解决这些法学问题、推动国家法治建设进程，就成为摆在国家面前的一项重要法治任务。在此背景下，国家大力推动新文科建设，并试图以此来革新数字时代的人才培养机制、开拓新的交叉学科、推动交叉研究的创新与发展。2020 年 6 月，17 家国内知名法学院校作为发起单位，成立了我国首个法学领域的"新文科"联盟——法学教育创新联盟。2020 年 11 月，教育部"新文科建设工作会议"在山东省威海市顺利召开，全面部署了我国新文科建设的宏伟战略，并发布了《新文科建设宣言》。该宣言提出，要"进一步打破学科专业壁垒，推动文科专业之间深度融通"。2022 年 4 月，习近平总书记在中国人民大学考察时发表重要讲话，强调"加快构建中国特色哲学社会科学，归根结底是建构中国自主的知识体系"。中共中央办公厅、国务院办公厅也于2023 年印发了《关于加强新时代法学教育和法学理论研究的意见》。该意见指出，要"加快发展数字法学等新兴学科""构建中国自主的法学知识体系"。正是在此契机下，广州大学法学院坚持以习近平新时代中国特色社会主义思想为指导思想，根据广州市委、市政府关于"深化高水平大学建设"决策部署和差异化、特色化、高水平发展要求，深入推进广州大学"2+5"学科与科研创新平台建设，积极突出法学学科建设重点，打造特色的"数字法

1

治"学科与科研创新方向，确保本成果的高起点建设、高质量发展。

在新文科建设进程中，数字社会的发展同数字法治建设紧密结合在一起，由此形成了"数字法治人才培养"这样一个时代命题。这也要求法学研究者、法学教育工作者以法治资源整合、多学科交叉以及数字法治人才培养相结合的教育理念，努力打造数字法治人才培养模式，为我国数字法治建设提供强有力的人才支撑。然而，当前数字法治教育和学科建设、人才培养，普遍面临以下两个问题：一是数字法治需求与专门性人才培养模式之间存在冲突的问题。数字法治要求重点把握人工智能技术、网络技术、大数据技术与法治化治理的关系。但我国当前的人才培养方案未融入数字法治的理念和内容，课程体系未设置数字法治类模块，也未对该领域法治人才的培养给予特别的关注。二是文理学科知识固化与复合型人才培养的学科建设问题。当前我国在数字法治课程建设以及数字法治教育资源整合方面，无法跟上数字社会的发展步伐，并且尚未在数字法治领域形成"学院—学科—学者—学生"四者之间的紧密联系，更没有四者之间的数字法治研究成果。因此，新文科背景下数字法治复合型人才的培养，亟须创设一种全新的人才培养模式、学科发展模式以及成果转化模式。

本成果立足于新文科建设，试图以"数字法治"为研究对象，积极推动"学院—学科—学者—学生"之间的研究型互动，竭力打造一部集合学科建设、学术研究、学生成果于一体的综合性科研成果。本成果的目标包括三个方面：一是整合"学院—学科—学者—学生"四项重要教育资源，推动数字法治教育的"四位一体"建设。围绕新文科背景下数字法治发展这一重要领域，广州大学法学院以推动数字法治教育、创新数字法治教育模式作为己任，着力提升数字法治教育水平以及人才培养模式。二是培养通晓科技原理与法治原理的复合型数字法治人才。本成果将以"师生联结、学科融通"为宗旨，提高"学院—学科—学者—学生"之间的教育资源利用效率，促进文理学科交叉与深度融合，为国家提供专门的数字法治人才。三是以"人才复合化"理念革新法学人才培养模式，将集合"法学原理""科技原理"的交叉性知识，共同推进法学知识体系的创新。

本成果主要涵盖了涉外数字法治人才培养、个人信息保护、互联网平台人权保障、跨境数据流动、数字政府建设等方面的内容。成果的研究内容丰富、研究思想深邃、研究领域广泛、研究结论可靠，也为国内新文科建设、数字法治人才培养提供了全新的范式。这一点，可谓本成果为法学学科和法学理论提供了重要贡献，也是本成果撰写的初衷所在。全书提及中华人民共和国某法时，省去"中华人民共和国"字样。

在数字法治建设蓬勃发展的当下，本成果的出版，既是向学界展现广州大学在新文科建设和数字法学领域的微末成绩，也希望成为一抹涟漪，为学界进一步讨论数字法治提供讨论的契机。

是为序。

张泽涛

2023 年 6 月 8 日

# 目　录

# 新文科背景下我国涉外
# 数字法治人才培养模式探索 *

**摘　要**：涉外数字法治人才作为我国新兴力量，承担了我国涉外业务中纠纷解决与对外交往的发展工作。一方面，我国不断走向世界舞台，对于涉外人才的需求越来越高，因此培养涉外数字法治人才的重要性愈加显著；另一方面，由于涉外理论与实践欠缺，涉外数字法治人才培养模式不健全，在一定程度上影响了我国涉外数字法治人才培养的数量增长和质量优化。因此，有必要重新审视我国培养模式的不足，在习近平法治思想的指导下，我国应当对涉外数字法治人才的培养模式进行改善，不断改善教育模式、加强涉外交流，培养兼具中国本色与外国特色的涉外数字法治人才。

**关键词**：新文科；涉外法治；法治人才培养；法学教育复合型人才

在我国法治建设的历程中，法治人才队伍一直发挥着积极促进的作用，如今国际环境变化下，对于人才也有了不同的需求。2019 年 2 月，习近平总书记强调"要积极发展涉外法律服务"，表明了我国法治人才培养方向的新目标。涉外数字法治人才是指兼具较好的外语语言能力与涉外法律业务处理能力较强的高素质、复合型人才，涉外数字法治人才直接关系到我国的涉外交往问题，是目前政府部门、大小企业都较为关注的问题。涉外数字法治人才培养直接关系到我国涉外业务的质量，对我国对外开放道路的意义重大。既

---

* 基金项目：本文是广州市高等教育教学质量与教学改革工程课程教研室项目"人工智能法学课程群教研室"（项目编号：2024KCJYS005）、广东省教学质量与教学改革工程教改项目"庭课对接 以赛促培：涉外法治人才实践教学改革与实践"的阶段性成果。

作者简介：严思思，广东壹号律师事务所律师、法律硕士，研究方向是宪法学与行政法学。张玉洁，广州大学法学院副教授，法学博士，研究方向是数字法学。

有的开放态势依旧向好，然而纵观我国涉外数字法治人才储备现状，虽然早已开始探索培养模式，但人才供应远远达不到市场需求，面临着精英型人才质量不过关、文化沟通障碍、涉外实践欠缺的难题。因此，需结合我国涉外法治人才培养模式，在习近平依法治国的新思想下，面向国际新环境，探寻有效的培养方式，促进中国涉外数字法治人才培养模式的健全，以保证中国特色社会主义法治进程的人才供给，展现我国良好的法治形象。

## 一、我国涉外数字法治人才培养现状

### （一）全面对外开放的格局与涉外数字法治人才供给的落差

我国改革开放四十多年来，实践证明该项举措带领我国取得了突飞猛进的发展，且开放的态势不会停止，这意味作为上层建筑的一部分，法治建设必将在推进我国发展上责无旁贷。并且，自中国 2001 年加入WTO，无论是经济贸易的制度支持还是经济纠纷的解决，都促使涉外法律交往、涉外业务激增。对外贸易所体现的经济价值与国际影响力都必须予以高度重视。对涉外法治人才的需要已经成为紧迫事实，对于人才培养的漫长等待将不利于我国在激烈的国际环境中继续争取有利地位。

如今，我国已开启了全面依法治国的新篇章，截至 2019 年年底，全国共有执业律师 47.3 万多名，[1]这是我国法律人才不断充沛的表现，但是我国的法律服务市场不仅限于国内，还包括与日俱增的涉外法律市场，相比之下，我国目前能够从事涉外业务的律师仅占 1%左右。[2]该对比的悬殊，暴露了我国法治建设事业的薄弱——在涉外经济交流、政治交流中，尚未利用我国的人才优势进行辅助，继续发挥我国的优势；涉外数字法治人才的缺失使得规则意识遭到忽视，如何启动最有利于我国利益的规则制度，尚处在纠纷多发、纷争不断的处境，且国际交往并非哪一个国家的"独角戏"，因此单方面熟知国内法律市场不足以应对涉外交流。涉外数字法治人才是影响我国的国际形象，关系我国法治事业的长远发展的关键队伍，如何培养出一批符合时代发展的涉外人才成为我国法治教育亟须研究的问题。

---

[1] 数据来源：司法部政府网 2019 年度律师、基层法律服务工作统计分析。
[2] 赵勇等：《涉外律师人才培养的现状及思考》，载《中国司法》2020 年第 8 期。

（二）涉外法学理论与涉外法治实践的缺乏

不论国内还是国外，不论哪一门学科，理论与实践对于系统性学习都有举足轻重的意义。法学教育在我国法治教育伊始，便是大量地依靠翻译外来文献，极易陷入第二手资料的弊端当中，且局限于当时的翻译水平与法律概念的理解，而无法与现代法治水平相衔接。最具备争议的例子则是"Justice delayed is justice denied"，迟到的正义究竟是否是正义的争论，影响了众多的法学生以至于平常人对正义的看法。与此同时，对于国内与国外法学理论的相互理解，是建立在足够扎实的法学理论储备上的，不论是对于法学素养还是外语能力都提出了更高的要求。在我国的涉外法治教育中，学校将涉外法治与国际法的相关课程画等号的做法比比皆是，是现教育系统对于涉外法治教育的无所适从，也暴露出我国整体对于涉外法治理论的研究尚浅，难以支撑起庞大的教育体系需求。

法学教育作为实践性极强的学科，但仍然难以避免我国教育中"重理论，轻实践"的通病，且涉外法治实践门槛更高，在实践机会与实践质量上都难以达到预期，使得我国涉外数字法治人才的薄弱项更加深刻。实践中以政府主办为主，通常做法是大型律所与政府职能部门合作，依此开展涉外法律服务，而众多学校受限于教育资源与教学资金，大部分企业、律师事务所受限于规模与服务范围，几乎没有涉外业务，使得向涉外法治交流落空，如此一来，涉外数字法治人才培养无疑是纸上谈兵。

（三）国内法律市场与国际法律市场的接轨欠缺

中国的法律市场分为国内市场与涉外市场，国内与国外法律市场的接轨，既需要知道哪些需接轨，更需要知道哪些不应该接轨，不仅需要连接，还需要融合。一方面，涉外法治交流项目不足。以法律硕士进行出国交流为例，除自行申请的外，国家与院校进行的法学交流项目，在数量分布上，在博士、博士后占比更大，项目实施情况不定期、公布渠道分散。简言之，出国交流教育的机会稀少而且十分不确定，再加上培养年限短，极大地降低了人才进行涉外交流的意愿，作为接轨桥梁的涉外数字法治人才在数量上的供给无法得到保障，犹如一项工程没有原材料，难以实现连接。另一方面，涉外数字法治人才培养时仅仅依靠我国法治人才积极走出去还不足以达到涉外法治交流的目的，接轨是相互的，非一方的一厢情愿，从国外的角度，也需要增加其交往意愿，虽交流生的项目早已耳熟能详，但我国的法律学科相比其他专业明显对于国外缺乏吸引力。我国唯一的法律英语考试 LEC 在国际上受到的认可度低，而国际性的 TOLES 考试适用更加广泛。在法律制度的设计上，对外国的吸引力较低，难以达到双赢效果。

不可否认的是，中国的法治发展需要拥抱世界，在全球法律历史上，德国、法国等西方国家近代法律史发迹较早，使得法治理论发展较为成熟，有许多值得我国学习的地方，但其中，涉外数字法治人才也绝非片面的外国法复制机器，如何应对国外法律法规与本土适用，以及利益的均衡，成为人才面对的新的难题。

## 二、涉外数字法治人才培养的短板及成因

### （一）我国涉外数字法治人才教育模式不健全

卓越的涉外数字法治人才培养离不开优良的涉外教育，人才培养具有流程性、全面性的特点，依托于我国的教育体系是必不可少的手段。当前我国涉外教育主要有以下两种模式。

一是以传统的本科教育为基础，将涉外法治教育加入在本科学习中，例如开设国际法律相关课程，仅停留在浅尝辄止的常识性教育，以学分为目标，或设置涉外法律相关专业，虽然大多数学校设置了国际法治相关课程，但仅是"半成品"，真正的涉外实践只有真正进入工作才开始，学校将人才教育的义务转移给市场，容易导致法律市场人才培养良莠不齐。抑或将涉外数字法治人才理解为法律+英语的相互独立的模式，无论是法律水平还是外语水平尚且处于初级阶段，距离涉外型人才的目标还有相当大的距离。

二是进行专门的高级教育，该方式依然处于探索状态。2021 年 1 月教育部欲实施涉外律师培养项目，开始了专业化、高素质的涉外数字法治人才培养探索。但整个培养方案效果并不尽如人意，未对国际环境进行深入考察，忽视了涉外法治工作不等于国际法教学，涉外法治比国际法内涵更为丰富的特点。[1]又或者将涉外数字法治人才培养简化为英语水平的提高，而忽视了

---

〔1〕 参见郜占川：《新时代卓越法治人才培养之道与术》，载《政法论坛》2019 年第 2 期。

法律英语与一般英语具有巨大的出入，词汇更加生疏，多需在法律英语的语境下进行理解，若贸然地与一般英语相混同，易导致在理解上差之千里，使得精准的法律用语变得畸形。如此一来，这使得单纯地加强英语培训对于涉外数字法治人才培养的效果并不理想。涉外数字法治人才的教育模式直接关系到人才的水平，整体教育理念偏差、知识与实践结合的不足都使得涉外数字法治人才的质量充满了不确定性。

（二）复合型法治人才培养本身存在难度

"人才"在定义上是素质、优能力强的精英，早在 2012 年我国已启动了卓越法律人才教育培养计划。到 2020 年，对于法律硕士开始涉外律师的培养计划，无论是卓越的要求，还是硕士的学历基础，涉外数字法治人才的培养要求都并非门槛型要求，而是高水准的、高素质的，该固有特点决定了对涉外数字法治人才进行普遍的、广泛的培养的难度。

一是经济原因，涉外法治培养涵盖外语教育、中国与外国法律课程，学习任务格外繁重，再加上对于涉外法治实践要求较高，必须进行相应的涉外法律活动，参与企业的涉外业务处理，在其他国家进行交流、考察等方式熟悉涉外法律业务，其中，高额的培养成本对于学生、学校都是一笔不菲的费用，而且我国高校众多，部分学校教学经费紧张，再加上近两年众多学校进行扩招，更加难以保证教学质量，难以对涉外数字法治人才进行充分培养，容易使得涉外数字法治人才培养流于形式。复合型、高素质人才的培养客观上就需要极大的资金投入与力度，涉外数字法治人才的培养也必然不是轻松的道路。

二是师资队伍难以相匹配，教师不仅需要高度的知识储备还需要有海外经历、具备涉外法律业务的处理能力，教育目的的达成并不是学历与学历的集合，涉外数字法治人才的培育对师资提出了更高的要求，对于原先教师队伍的拔高，尤其在探索初期必将经历一段坎坷的尝试。以期在人才培养经验中有所积累。尽管目前对于涉外数字法治人才的需求量大、薪资待遇可观，但是人才队伍并不饱和，以上种种因素最终都影响我国涉外法治队伍的高质量预期难以达到社会需求。

（三）涉外数字法治人才国际化程度不足

随着我国实力的不断壮大以及国内法律市场的逐渐饱和，我国的法治建设方案必须将目光放到本土以外的全球市场。涉外数字法治人才涉外法律业务不仅是法律问题，也是一个文化交往问题，如何面对多元的，甚至迥异的国家文化，既需要国际商事仲裁规则的融会贯通，也需要对国际形势的敏锐洞察，英美法系与大陆法系的差异使得诉讼中存在纠问式与对抗式的差异，增加了律师的角色转换与适应的能力要求。既需要擅长于法律英语的应用，也需要通晓国际法律。简言之，涉外数字法治人才面临着不可避免的文化差异与冲突，涉外法治律师的标准并不会下降，国际化进程中的阻力也并没有随着全球化的发展而减少。

目前，涉外法律交往更多地依靠国与国之间交流的契机，或是企业依托政府，而非企业、私人之间的涉外交流，这种现状导致我国涉外数字法治人才培养具有相当大的政府依赖性。一方面是由于国家交往可以提供更加全面的、正式的涉外法治交流与充沛的资金供给；另一方面暴露出我国涉外法律业务交流不充分，若市场不能自主地、充分地进行涉外交流，不仅压制了海外法律市场的发展，还会使人才培养变得片面。在这一层又一层的前提障碍下，保障涉外数字法治人才的供给这座高楼不可能从天而降。

## 三、涉外数字法治人才培养的具体建议

### (一) 完善涉外法学教育体系建设

涉外人才培养模式作为一个国际化与本土教育相结合的模式，在实践中，既需要依赖传统的教育设施，又需要更新培育理念、加强师资投入，开辟一条专业的、成熟的涉外法学教育体系。

第一，课程设置上，相较于传统的课程设立，不仅需要相关的外国法律课程，更需要更加面向国际，引入一些国外较为成熟的法律教学模式，如法律诊所，模拟法庭的教学方式，以免因习惯于国内的课程习惯而无法适应涉外法治交流，早在 1965 年纽约大学便开启霍瑟全球法学院项目，广泛吸收非美国化和跨国法律视角的元素，对法学院的课程设置、团体组成进行国际化的翻新调整。[1]

---

〔1〕 参见杜承铭、柯静嘉：《论涉外法治人才国际化培养模式之创新》，载《现代大学教育》2017 年第 1 期。

第二，优化师资队伍。本土教师需要与国际法治理念接轨，调整原先的知识结构，教师作为教育体系的一个重要环节，也需进行涉外交流，了解不同国家及地区的教育理念与教学模式；还可适当引进外国的优秀教师，以充实涉外法治的教师队伍，以让学生更好地接触到外国特殊的法律实践与优秀的法律理念。2021年3月，我国首家涉外法治研究院在对外经济贸易大学成立，说明我国在教师资源上的支撑与法学学科的优势在涉外数字法治人才的培养方面开始予以注重。

目前，部分专业的政法类院校开始尝试与外语类院校进行合作培养高端涉外数字法治人才培养计划，相互发挥优势资源，形成"1+1>2"的良好效应。再者，与国外的教育交流，如中外合作办学模式，依赖目前国际教学的资源。此外，还应结合现实，进行涉外数字法治人才考核模式，而并非借涉外数字法治人才的虚名，对其质量作担保，优化涉外数字法治人才的结构。此形成立体的、全程性的涉外法学教育培养体系。

（二）加强实践教育与涉外交流

涉外数字法治人才的培养不同于传统的研究型人才培养，而必须"绝知此事要躬行"，将实践教育贯穿涉外数字法治人才培养中，在实践中锤炼才能经得起涉外法治交流的考验。最为典型的是学校可采用校企合作模式，利用教学资源对涉外数字法治人才进行知识性教育，利用企业的对外实践资源实现学生从学校到社会的过渡，相较于在学校的环境，企业与企业之间的业务往来更加频繁且具有挑战性，此类涉外实践给予了法学生更加贴合实际的机会，体验涉外法律环境才能使人才更加贴合市场需求，将涉外实践贯穿涉外理论学习中，不断提升涉外法治能力，才能培养出具有新时代水准的涉外数字法治人才。另一方面，学校也能根据市场需求、国际变化，有的放矢地调整教育模式，法学是面向社会的学科，涉外法治也需要面向国际。在2019年由中华全国律师协会主办的世界性律师盛会世界律师大会上，众多国家、地区进行了实务交流与理论探讨。在涉外法治人才培养模式尚不完善的背景下，此活动为法律人提供了大量的机会，切身体验不同国家、地区的法治文化。

学校拥有文化交流、人才集中的天然优势，本土院校与海外院校的交流也不可缺少，实现双向学习互补，如著名的法兰克福投资仲裁模拟法庭竞赛，该竞赛集合世界各地优秀的法学院代表队，不仅是参与比赛经验的获取与差距的审视，也能对国际投资仲裁领域的前沿法律问题有更全面的了解，有助于日后的涉外实践积累。学校作为涉外数字法治人才培养的摇篮，必须充分利用其校园氛围、学校的综合资源，确保人才的实践水平与资源的获取。

**（三）培养兼具中国本色与国际特色的法治人才**

新时代的法治道路以习近平法治思想为理论基础，对习近平法治思想的贯彻需体现在依法治国的方方面面，法治人才队伍的培养作为依法治国的关键一节必然坚守新法治思想的道路。涉外数字法治人才位于国内与国外的交界点，利益争议的汇集处，因此应该着重于思想政治教育。有律师代表委员谈及涉外法律人才培养时说道，"需要忠于国家利益又要懂国际规则的律师"。[1]社会主义法治理念的教育在如今多变的国际形势下尤为重要，需要不忘初心，我们不能做西方理论的"搬运工"，而要做中国学术的创造者、世界学术的贡献者。[2]涉外数字法治人才为人民服务的初心不会变，在文化交流中也须警惕文化侵略，法律交流也是利益的交流，在不同的意识形态下往来更需要坚定的政治信念。在国际化法治进程中培养造就熟悉和坚持中国特色社会主义法治体系的法治人才及后备力量。[3]

培养法治人才尤其是涉外数字法治人才的出发点是为了更好地与国际法治环境相融合、与全世界的优秀的法治人才交流。利用我国的国际优势，积极地参与国际事务的讨论中，以培养视野国际化、国际规则熟知度高、国际事务处理能力擅长的涉外数字法治人才为目标，利用国际交流优势与国际庞大的法律市场，提高法治人才的国际度，涉外数字法治人才在全球市场下也应持续保持中国特色，为更加健康的国际营商环境、更加公平的交流氛围、更加良好的中国国际形象塑造发挥人才效应。

## 结论

我国是一个庞大的法律市场，有众多的法律需求，亟须充沛的法治人才

---

[1] 曹婧：《律师代表委员谈涉外法律人才培养：科学构架迫在眉睫》，载《中国律师》2020年第6期。

[2] 黄进：《习近平全球治理与国际法治思想研究》，载《中国法学》2017年第5期。

[3] 张文显：《习近平法治思想的基本精神和核心要义》，载《东方法学》2021年第1期。

资源。随着我国在国际上的地位越来越显著，涉外人才的培养意义愈加不容忽视。涉外数字法治人才在全新时代需体现新的时代意义，人才培养必然要成为一个长期的重大战略任务，从多层次的方案支持到多角度的人才塑造，在对外交流中不断完善我国的涉外数字法治人才培育模式，既是对教育目标的追寻，也是为新时代的法治建设培养优秀的人才队伍。

# 个人信息的保护困境及完善路径：
## 以传染病康复者公平就业为例 *

**摘　要：** 传染病康复者就业歧视问题由来已久。做好数字时代的个人健康信息保护，是实质上有助于解决这一问题的关键研究角度。传染病康复者个人信息保护涉及违反最小必要原则、涉嫌非法收集和使用个人信息以及涉嫌侵犯敏感个人信息等法律责任。解决面向公平就业市场的传染病康复者个人信息保护治理困境，需要从实现传染病康复者个人信息的保护与限制的动态平衡，规避传染病康复者个人信息相关权益受损的多重风险，遏制传染病康复者个人信息滥用导致的就业歧视现象，以及妥善处理突发公共卫生事件应对中收集的个人健康隐私信息与数据等方面找寻破解路径。

**关键词：** 个人信息；传染病；公平就业；突出公共卫生事件；就业歧视

传染病康复者的就业歧视问题由来已久，如确诊肺结核后、体检查出乙肝病毒携带后被单位辞退等情况。2022年11月26日，《上海市就业促进条例（草案）》公开征求意见。其中对传染病患者、病原携带者和康复者在就业市场常面临的歧视现象作了明确的禁止性规定，明确了除法律、行政法规和国务院卫生行政部门另有规定外，传染病患者与病原携带者应该享有与其他人同等就业权益，用人单位有义务予以录用，并且在录用后给予和其他员工同等待遇。单位擅自把确诊员工调离原有岗位并对劳动者实施边缘化或孤立对待的，属于违法行为。该地方性立法进一步回应了突发公共卫生事件应对时期尤甚的传染病就业歧视问题，进步意义显著，但配套查处标准和执行措施

---

* 基金项目：本文是广东省社科规划一般项目"个人信息保护的民事公益诉讼机制研究"（项目号：GD22CFX06）的阶段性成果。
作者简介：王凌光，广州大学法学院讲师，法学博士。梁亚伦，中国政法大学博士研究生。

能否落实到位，仍需进一步观察。

面向公平就业市场的传染病康复者权利保障，除我们通常在劳动法视域下探讨的就业权利保障法律规范位阶低、有冲突，平等就业保障法制体系不健全，司法救济未跟上实践需要等较为显见的因素外，做好数字时代的传染病康复者个人信息保护，又恰是隐藏在背后的却实质上有助于解决这一问题的关键角度。笔者试图梳理以艾滋病、乙肝、性病等为代表的传染病康复者在面向就业市场受到歧视的现实境况，从这一主体涉个人信息保护的相关法律法规入手，探索面向公平就业市场的传染病康复者个人信息保护的破解路径。

## 一、传染病康复者个人信息保护的困境

对有关司法案例库进行检索可以发现，近十年涉及艾滋病病毒感染者、性病患者及康复者就业歧视案件，国内有 20 余起，其中绝大多数案件的案情中均涉及传染病个人信息获取与泄露。自 2020 年起，传染病康复者的个人信息保护问题，在突发公共卫生事件应对中尤为凸显。《个人信息保护法》规定了自然人的个人信息受法律保护，任何组织、个人不得侵害自然人的个人信息权益。因为敏感个人信息是一旦泄露或者被非法使用，容易导致自然人的人格尊严受到侵害或者人身、财产安全受到危害的个人信息，包括生物识别、宗教信仰、特定身份、医疗健康、金融账户、行踪轨迹等信息。从个人信息保护角度来看，传染病康复者所面对的公平就业问题，主要涉及以下法律困境。

（一）违反最小必要原则

根据《个人信息保护法》第 6 条的规定，处理个人信息应当具有明确、合理的目的，并应当与处理目的直接相关，采取对个人权益影响最小的方式；收集个人信息，应当限于实现处理目的的最小范围，不得过度收集个人信息。

（二）涉嫌非法收集、使用个人信息

《个人信息保护法》第 5 条规定："处理个人信息应当遵循合法、正当、必要和诚信原则，不得通过误导、欺诈、胁迫等方式处理个人信息。"第 10 条规定，任何组织、个人不得非法收集、使用、加工、传输他人个人信息。如何合法收集、使用个人信息？《个人信息保护法》第 13 条第 1 款第 1 项、

第 2 项给出比较明确的答案：其一，经过个人的同意。该同意应当是自愿或主动的，不能是强制或胁迫的，强制要求个人提供自身过往的传染病感染相关信息显然不符合这一要求。其二，为订立、履行个人作为一方当事人的合同所必需，或者按照依法制定的劳动规章制度和依法签订的集体合同实施人力资源管理所必需，方可处理个人信息。由于过往感染传染病并不绝对代表其康复一段时间后仍然具有传染性或再次感染的可能性显著高于普通人，因而将个人未得过有关传染病或携带病原体作为签订劳动合同"所必需"的信息显然是说不通的，企业将上述条件加入劳动规章制度和集体合同也会违反我国劳动法、就业促进法中有关平等就业的多项规定，而且擅查个人健康有关医疗健康信息的行为亦不符合《个人信息保护法》第 13 条第 1 款第 3 项规定的"为履行法定职责或者法定义务所必需"等要件，不具有处理个人信息的合法性基础，属于非法收集、使用个人信息。

（三）涉嫌侵犯敏感个人信息

敏感个人信息是指一旦泄露或被非法使用，容易导致自然人的人格尊严受到侵害或者人身、财产安全受到危害的个人信息。《个人信息保护法》第 28 条将生物识别、宗教信仰、特定身份、医疗健康、金融账户、行踪轨迹等信息，以及不满 14 周岁未成年人的个人信息明确列举规定为敏感个人信息。如在突发公共卫生事件应对中，康复者的信息作为医疗健康信息，属于敏感个人信息，只有在具有特定的目的和充分的必要性，并采取严格保护措施的情形下，用人单位才可以处理这类信息，且必须遵守《个人信息保护法》有关单独同意、书面同意、必要性及权益影响告知等特别规则。

综上，对传染病康复者就业歧视行为可能违反《个人信息保护法》的多项规定。梳理法律责任我们不难看出，传染病康复者个人信息保护困境重重，梳理其治理困境并针对性予以解决，方才是面向公平就业市场的传染病康复者个人信息保护问题得到有效纾解的治本之策。

**二、传染病康复者个人信息保护的治理困境**

（一）未平衡好对传染病康复者个人信息的保护与限制

就业市场中传染病康复者之所以会处于弱势地位，被孤立、歧视以及区别对待，最直接的原因是他们的个人健康信息和传染病史被用人单位掌握，而后才会有我们所谈及的就业歧视问题。也就是说，纠正此类现象的根源是防止此类个人信息被不合法的任意主体所掌握。以突发公共卫生事件应对为例，虽然大数据、人工智能等高新技术手段为防控效果提供了巨大的技术支撑，但是个人健康和传染病信息泄露和被不当使用情形的存在，在危害个人信息安全的同时也会对传染病康复者等求职主体产生严重的次生危害。突发公共卫生事件应对固然重要，个人信息在突发公共卫生事件中的限制也无可厚非，但突发公共卫生事件应对中的个人信息保护，尤其是对在这一背景下处于被动地位的传染病感染者和康复者来说是不可或缺的。平衡个人信息保护与限制间的法治价值，不仅是对突发公共卫生事件应对政策制定和执行的实践检验，更是对国家治理水平和治理能力的现实考验。

传染病康复者个人信息的保护与限制在法律中可以找到完整依据，便于我们对其中的治理困境进行探究。我国《民法典》第 8 条、第 22 条、第 143 条对私人自治的限制进行了具体规定。在突发公共卫生事件应对等场景下，为保障自然人个人信息安全，通过法治手段框定收集和进一步处理自然人个人信息的主体范围，对处理主体进行必要反向限制，对保护信息主体合法权益至为重要。在法治实践中，传染病康复者个人信息保护的主体框定目前是不够明朗的。首先从法内主体看，《传染病防治法》第 12 条规定了"疾病预防控制机构、医疗机构不得泄露涉及个人隐私的有关信息、资料"，即传染病康复者个人信息的掌握权限在法律层面仅限于疾病预防控制机构和医疗机构，其他任何组织和个人并不在法律规定的范围内，实践中则是另一幅光景。其次从法外主体，也就是法律未规定且未授权但实际参与的主体来看，《传染病防治法》规定了诸如重大突发公共卫生事件应对等前提下的个人信息收集使用范围更广，也造成了这一过程中传染病康复者个人信息存在被非法收集并进一步处理的可能，个人信息安全风险进一步提高。因此，未能平衡好特殊场景下传染病康复者个人信息的保护与限制，是个人信息保护的治理难点之一。

（二）传染病康复者个人信息相关权益受损风险较大

传染病康复者个人信息作为自然人个体隐私权的载体，在突发公共卫生事件应对等背景下往往是求职应聘、身体检查时的重要健康凭证。不可否认，用人单位有千百种理由忧虑招聘传染病康复者可能带来的潜在风险，但于情于法皆难以容忍这种忧虑。我们应当将传染病康复者个人信息权益受损作为公民个人信息和全民健康隐私既存隐患的突出表现，并将传染病康复者个人信息受损风险类型化，以期实现风险的有效规避。

首先是个人健康信息错误风险。以突发公共卫生事件应对中存在的用工单位在招聘中要求求职者"信息披露"为例，当存在信息输入有误时，技术层面的误判便直接剥夺了公民的平等就业权。用人单位能否接入数据库查询个人健康信息，即个人健康数据库是否完全是自动生成而非人工干预的，在实践中一直存在争议。此外，个人健康信息数字系统有无出现算法偏见而导致误判的风险，均使得传染病康复者寻觅一份好工作的路途困难重重。其次是个人健康信息泄露风险。储存有大量个人信息的应用一般是委托第三方科技企业完成的，那么这些第三方作为受托人存在的技术漏洞大概率便使得个人信息泄露成为可能。此外，实践中行政机关不合理的收集与公开行为也使得传染病康复者个人健康信息存在泄露风险，给用工单位或者其他社会第三方主体侵犯个人信息权益、获取个人隐私信息一定的可乘之机。最后是个人健康信息滥用风险。无论是传染病康复者个人健康信息应用场景的不正当延伸，抑或是对个人健康信息的私自非法使用，均会给传染病康复者面向公平就业市场时带来许多困扰。个别地方将原有的健康码摇身一变升级为延续原有个人信息搜集权限的、更加综合和多样化应用场景的数字名片，而非实现个人健康信息搜集使用的完全退场，本身就是一种忽视公众隐私权保护的体现，也将持续不断地给传染病康复者寻求公平就业机会带来不小的阻力。

（三）传染病康复者个人信息滥用导致就业歧视频现

《就业促进法》第 30 条规定："用人单位招用人员，不得以是传染病病原携带者为由拒绝录用。但是，经医学鉴定传染病病原携带者在治愈前或者排除传染嫌疑前，不得从事法律、行政法规和国务院卫生行政部门规定禁止从事的易使传染病扩散的工作。"《传染病防治法》第 16 条第 1 款规定："国家和社会应当关心、帮助传染病病人、病原携带者和疑似传染病病人，使其得到及时救治。任何单位和个人不得歧视传染病病人、病原携带者和疑似传染病病人。"此外，《就业服务与就业管理规定》《关于维护乙肝表面抗原携带者就业权利的意见》《关于进一步规范入学和就业体检项目维护乙肝表面抗原携带者入学和就业权利的通知》等文件也明确指出，除特殊岗位以外，曾经患有传染病的劳动者不应受到歧视性对待。然而事实上，传染病个人信息在招聘中被要求必须提供，并且用人单位一旦发现存在传染病病史便进行"一票否决"。用人单位通过多种手段获取求职者个人健康信息，并将这些信息的获取作为招聘活动的前置条件，完全不符合"出于特定目的和充分的必要性"的条件，本应避免收集和处理传染病史等敏感个人信息。因此，遏制传染病康复者个人信息滥用，方才有望走出传染病康复者个人信息保护的治理困境。

（四）突发公共卫生事件后个人健康隐私信息数据未能合理删除

我国 2016 年《网络安全法》第 43 条明确规定了个人信息删除权和更正权的内容，这是被遗忘权在我国法律制度中的首次类似表达。2021 年正式实施的《数据安全法》和《个人信息保护法》也确立了删除权的权利形态。《民法典》对个人信息保护也作出详尽的规定。《民法典》第四编"人格权"第六章"隐私权和个人信息保护"规定了个人信息的内涵和外延、个人信息的处理原则及处理条件、信息主体与信息处理主体的权利与义务等。《民法典》第 1037 条第 2 款规定，如果信息处理者违法、违约处理个人信息，那么信息主体有权请求信息处理者及时删除相关个人信息。《民法典》对个人信息删除权的有关规定，为统合个人信息保护与利用行为，平衡信息主体与信息处理主体多元利益诉求奠定了法治基础。然而，个人信息删除权在我国的司法实践中仍然存在比较严重的规范性、有效性、彻底性、自愿性和现实性问题。[1]从学理上看，在数据安全风险评估过程中，倘若义务主体无法保障暂时不使用的重要数据和个人信息处于安全状态，则应当采取适当的数据销毁范式降低数据泄露或非法复原的安全风险。[2]也就是说，突发公共卫生事件应对过后，政府或者其他主体所掌握的公民个人健康隐私信息数据是应当及时销毁的。因此，是否能够及时在突发公共卫生事件应对后顺利实现个人健

---

[1] 参见宋丁博男、张家豪：《中外数据被遗忘权制度比较研究》，载《情报理论与实践》2023年第 3 期。

[2] 参见赵精武：《从保密到安全：数据销毁义务的理论逻辑与制度建构》，载《交大法学》2022年第 2 期。

康隐私信息数据的合理删除和销毁，也是造成传染病康复者个人信息保护在公平就业市场上存在困境的重要考量因素。

### 三、传染病康复者个人信息保护的破解路径

依法遏制对传染病康复者的就业歧视，是统筹常态化突发公共卫生事件应对和经济社会发展的题中之义，而个人信息保护便是其中最直接有力的突破口。解决面向公平就业市场的传染病康复者个人信息保护治理困境，需要从实现传染病康复者个人信息的保护与限制的动态平衡，规避传染病康复者个人信息相关权益受损的多重风险，遏制传染病康复者个人信息滥用导致的就业歧视现象，以及妥善处理突发公共卫生事件应对中收集的个人健康隐私信息与数据等方面找寻破解路径。

（一）实现传染病康复者个人信息的保护与限制的动态平衡

面对传染病康复者的就业歧视，从个人信息法角度来说，实现传染病康复者个人信息的保护与限制的动态平衡，有助于在突发公共卫生事件场景下，解决传染病康复者就业歧视难题以及建设一个公平的就业市场。行政机关及相关第三方机构在合理限度内对特定人群个人信息进行合理披露无可厚非，个人信息保护在特殊情境下受到适度限缩也不难理解，但必须在始终保持谦抑克制的前提下，严格遵守行政法最基本的比例原则，在满足涉及个人敏感健康信息获取和使用的同时，对传染病康复者本人的各种损害性后果降至最低。还应进一步严格依法限制处理个人健康信息的主体范围，对处理主体进行高线要求的必要限制。此外，根据《网络安全法》第 41 条的规定，处理个人信息应当"明示收集、使用信息的目的、方式和范围"，要严格界定传染病康复者个人信息处理的时间范围、内容范围，严格遵循处理个人健康信息的目的明确原则、最小化原则，并对侵害传染病康复者个人信息的行为进行救济模式的有效探索，适用过错推定原则，区分责任主体和免责事由，通过制度设计真正实现传染病康复者个人信息的保护与限制的动态平衡。

（二）规避传染病康复者个人信息相关权益受损的多重风险

上文中我们研究了传染病康复者个人信息相关权益受损的重重风险并将其类型化，那么规避路径也就是问题导向的针对性回应。《个人信息保护法》

在保护公共利益和社会公共秩序的同时，更要注重维护包括传染病康复者在内的权利人的合法权益。在规避风险的制度设计中除了公法制裁，更应当通过私法救济对传染病康复者由于个人信息相关权益受损造成的就业歧视问题加以间接解决。在传染病康复者个人信息泄露和不当使用的过程中，作为个人信息处理者的政府等主体和作为受托人的科技企业等主体均应遵守《个人信息保护法》并依法受到监管，但是不同主体之间的法律责任配置存在悖论。试图从事后实现传染病康复者个人信息相关权益受损的风险的规避与消解，不仅应注重通过个人信息错误情形下个人信息处理者的更正义务与赔偿责任进行受损权益救济，还应加以二次区分，对个人信息泄露情形下个人信息处理者的安保义务与补充责任，以及个人信息滥用情形下个人信息处理者的赔偿责任进行规定，以期实现对传染病康复者个人信息受损权益的有效救济。

（三）遏制因传染病康复者个人信息滥用导致的就业歧视现象

破解面向公平就业市场的传染病康复者个人信息保护问题的治理困境，回归个人信息滥用导致的就业歧视现象本身对于本研究来说至关重要。要进一步加强传染病患者、病原携带者以及康复者的个人信息保护，进一步完善相关法律法规，权衡好传染病个人健康信息统计与公开的尺度，尤其要断绝基于非公益和社会性使用目的对公民感染史进行查阅检视的不合法渠道，防止个人健康信息被滥用。[1]要充分发挥法律法规的严厉威慑作用，坚决打击就业市场上出现的各类有违公平的就业歧视行为，尤其要约束一些地方和单位的强设门槛、肆意歧视的不合理招聘行为。要坚持以《宪法》第42条公民劳动权的规定为立法统领，适时不断更新《劳动法》《就业促进法》《传染病防治法》等法律的规定，坚持劳动者依法享有平等就业和选择职业权利的基本原则。[2]坚决遏制传染病康复者个人信息滥用以及设置传染病病史等就业门槛的行为，不断加大个人信息侵权打击力度和劳动保障监察力度，对此类个人信息侵权和就业歧视现象应从严从重加以处理。

---

〔1〕 参见梁亚伦：《重大突发公共卫生事件中政府信息公开制度的完善进路》，载《信息安全研究》2021年第7期。

〔2〕 参见饶志静：《论劳动就业歧视禁止形态的边界——基于〈就业促进法〉第3条的法教义学分析》，载《上海师范大学学报（哲学社会科学版）》2016年第6期。

（四）妥善处理个人健康隐私信息与数据

探寻传染病康复者个人信息保护现实困境的破解路径，要立足社会现实并合理考虑未来预期。突发公共卫生事件应对自 2022 年年末总体方向已经转变为巩固来之不易的重大成果上。因此，妥善处理突发公共卫生事件应对中收集的个人健康隐私信息与数据成为立足当下十分重要的阶段性工作，能否妥善处理好这些个人健康隐私信息与数据，关系到数字治理背景下传染病康复者个人信息保护的长期面向。要以时不我待的态度抓紧对相关传染病康复者的历史健康数据信息进行安全妥善地处理，实现突发公共卫生事件应对有关的个人健康信息妥善销毁、封存或者彻底"脱敏"。[1]此外，还应不断完善个人信息，尤其是个人健康信息删除权的相关法律规定，切实提高个人信息删除权的有效性、彻底性、自愿性和精准性，[2]加强传染病康复者个人、涉及获取与不当使用相关信息的用人单位及监管机构之间的法制共识，提升包括传染病康复者在内的全体民众对个人信息的自我防范和保护意识，加大对传染病康复者个人信息权益侵害的惩戒力度。通过"一揽子"行之有效的措施妥善处理好突发公共卫生事件应对中收集的个人健康隐私信息与数据，最终实现面向公平就业市场的传染病康复者个人信息保护难题的有效破解。

立足面向公平就业市场的传染病康复者个人信息保护，笔者尝试通过对策研究式的推演进路，对传染病康复者个人信息保护存在的问题及其应对之术进行了探讨，既没实现面面俱到，也未做到入木三分。相关探索仍将继续，涉及个人信息保护、劳动者权益保障以及突发公共卫生事件应急法治建设等诸多热点，本研究议题必然值得进一步深入探索。需要我们反思的是，在突发公共卫生事件应对中我们是不是真正将科技转化为了"善治"，大数据这把"双刃剑"究竟带给我们普通民众个体的益处多些还是损失大些，法律在落地执行的实践中是不是规范严苛有边界，是否真正推动了治理水平的提升，还是留下了更多制度建设和执行上的改进空间……面向公平就业市场的传染病康复者个人信息保护的治理困境与破解路径以外，需要我们思考的还有很多。

---

〔1〕 参见金叶子：《健康码三年后退场 专家建议应销毁部分隐私数据》，载《第一财经日报》2022 年 12 月 12 日，第 A06 版。

〔2〕 参见徐磊：《个人信息删除权的实践样态与优化策略——以移动应用程序隐私政策文本为视角》，载《情报理论与实践》2021 年第 4 期。

# 人脸识别的法律风险前瞻与全法域规制 *

**摘　要：**近年来，以人脸识别为代表的新兴科技不断涌现，极大地改变了人们生活的场景，提高了身份认证和辨别真伪的效率，其优势不言自明。数字时代的普及与发展对公民个人信息保护和安全识别提出了新的挑战，亟待数字法治予以填补和夯实合法性、合理性、正当性根基。通过考察国外人脸识别应用实践和法律规制路径，可以发现人脸识别技术采集的是人脸这一非常重要的生物特征信息，属于静态视野下公民个人的信息范畴，但其法权范畴不限于此，域外的隐私、数据保护模式便是例证，置于动态视野下和场景化理论考察，人脸具有信息、数据、隐私"三合一"复合属性。为了扬长避短、全面有效地规制人脸识别，应当建立健全并逐步完善包括人脸识别在内的公民个人信息立体、综合、动态、全覆盖、全法域的个人信息保护法网和规制体系，跨越和涵盖民法、行政法等前置法规制体系，作为后置法的刑法规制体系和人脸识别行业自律监管体系。对于滥用人脸识别技术侵犯公民个人信息等违法行为构成犯罪的，应当结合具体情形分别认定，追究信息处理行为人的刑事责任。

**关键词：**人脸识别；法律风险；全法域规制；个人信息；行业自律

纵观人类进入第三次科技革命以来，科学技术的发展势头高涨，推陈出新的速度越发加快，对于人类社会和法治提出了很多新的问题和挑战。尤其是进入千禧年以后，以大数据、云计算、AI（人工智能）、人脸识别等为代表的新兴科技方兴未艾，如雨后春笋般不断涌现，促成了新的科技革命时代即

---

　　* 基金项目：本文是广东省哲学社会科学"十三五"规划项目"人脸识别的法律风险前瞻与刑法应对"（GD20YFX01）的阶段性成果。
　　作者简介：闻志强，广州大学法学院讲师、法学博士。

数字时代的到来，给人类的生产生活和社会治理带来了新的变化和惊喜。在分享这些新兴科技带来的方便、快捷、高效等诸多益处的同时，随之而来的问题也不少且不容忽视，如信息安全问题、个人隐私问题、公共治理领域介入公民个人生活的尺度问题等，不一而足。凡事都有双面，利弊权衡的基本原则是取利消（减）弊，然而有时利弊共生、取舍亦如鱼与熊掌难以抉择，因而有必要从问题的表层深入问题的肌理，寻求更为合理、协调、均衡的解决办法，从而让新兴科技在最大限度地消除弊害的基础上不遗余力地致力于改善人类的生产生活、推进人类的文明发展。审视人脸这一与人紧密关联、具有特殊性质的生物识别信息，其具有不可替代的人身属性和身份认证功能，也与其他生物识别信息存在较大差异而区分，这也使得人脸识别的应用、发展及至普及都具有鲜明的、独一无二的个体属性。然而，正视人脸识别的发展过程，其存在不可忽视的问题和法律风险，亟待引起关注和重视，并针对这些可能的风险构建相应的、不同时点的法律防线，从而在发挥人脸识别优势的同时，尽量限制和消除其具有的风险与漏洞，以保障其在数字法治背景下实现合法、合理、正当地发展。

## 一、人脸识别的国外考察

人脸识别技术在国外经历了一个曲折的发展过程，随着该技术不断走向成熟和市场化应用出现在不同生活场景，引发了关于该技术在数据信息搜集权限与程序、储存、使用以及数据安全性、隐私性保障等一系列法律问题的思考和争议，并深刻影响甚至催生了一些国家和地区法律制度的变革。从具有代表性的角度考察，不同地域不同法益存在较大差异，尤以美国和欧盟值得关注。对此，本文拟对美国和欧盟与人脸识别相关的立法与司法实务做一考察和梳理。

### （一）美国

美国在新兴科技领域一直在全球占据鳌头，因此人脸识别这一新科技产生的法治问题与挑战也首先凸显出来。由于美国是联邦制的国家结构，因而作为中央的联邦层面和作为地方的州层面对于人脸识别存在并不一致甚至截然相反的看法和立场。在联邦层面，美国联邦政府尚未针对人脸识别作出明确的全国统一层面的立法表态，目前也未见专门的人脸识别法律制定。但这并非意味着联邦政府完全放任不管，事实上美国联邦政府通过借助目前已有的相关法律制度体系来应对人脸识别技术发展带来的挑战，特别是注重区分不同应用情形，从场景化的情境出发分别进行对应规制和处理，如根据《美国驾驶人员隐私保护法案》《美国视频隐私保护法案》等多部联邦法律针对其中所涉的人脸识别进行具体适用。在地方各州层面，围绕人脸识别存在较大争议，各州的态度和立场则莫衷一是，纷争不断。由于各州依据宪法具有相应的地方立法权，因而根据各州州情和实际需要，各州表现出不同的立法样态和态度立场。这主要表现在以下几个方面。

一是对于是否准许人脸识别技术发展及其普遍应用，肯定与否定分歧明显。2019年5月，一直保持自由捍卫者先锋姿态的旧金山城市监督委员会以8票对1票的投票结果通过一项法令，禁止政府机构购买和使用人脸识别技术。这也使得旧金山成为美国第一个禁止政府使用人脸识别技术的城市。[1]紧接着，2019年6月底，马萨诸塞州萨默维尔市议会投票通过了一项政策决议，同样禁止市政府及其各机构、分局或下属部门在公共场所使用人脸识别软件，该市成为继旧金山之后全美第二个禁止使用人脸识别技术的城市。随后，2019年7月，加利福尼亚州奥克兰市投票通过了一项法令，内容同样是禁止市政机构使用人脸识别技术。[2]至此，全美明确反对和公开禁止人脸识别的城市已达三个。显然，人脸识别技术的安全性与对用户个人信息、隐私权的保障受到严重质疑和巨大挑战，引发各方面担忧，也使得其被接受度从火热趋冷。但在芝加哥等地，人脸识别则受到支持和欢迎，各州表现不一，态度分歧明显。

二是对于人脸识别的使用主体作出不同的区分和程度不同的限制。加利福尼亚州制定的《停止秘密监视条例》规定，禁止政府部门获取、保存、访问、使用人脸识别技术和使用该技术获取的人脸信息。前述三个禁止使用人脸识别的旧金山市、萨默维尔市、奥克兰市也从使用主体上完全禁止市政机

---

〔1〕《旧金山成为全球首个禁用人脸识别的城市：保护隐私？》，载 https://tech. sina. com. cn/d/i/ 2019-05-16/doc-ihvhiqax9033023. shtml，最后访问日期：2020年10月1日。

〔2〕《为保护个人隐私，奥克兰禁止人脸识别》，载 http://www. elecfans. com/d/999368. html，最后访问日期：2020年11月1日。

关及其下属部门使用人脸识别，尤其是反对在公共场所使用该技术。

三是对于人脸识别持有限开放立场前提下的限制领域与使用原则等作出不同的规定。伊利诺伊州制定的《生物特征信息隐私法》规定，收集人脸信息时必须以书面形式告知被收集者，明确他人收集、存储和使用生物识别的目的与信息的存储期限。得克萨斯州《统一商法典》以同意为合法处理他人人脸信息的前提。[1]芝加哥市行政法规规定允许企业只需张贴告示告知顾客其所采取的人脸监视行为，即可在其商店和场所使用人脸监控系统。显然，各州对于人脸识别使用的要求和采取的原则不尽一致，开放程度宽严不一。

与此同时，美国大企业特别是高科技领域大公司对于人脸识别同样存在分歧和争议，Facebook、谷歌、微软、苹果等各大科技巨头中，微软和谷歌基于对公民个人隐私保护的考虑和人权、道德、歧视等问题的担忧，以各种方式表明反对人脸识别普遍应用。在执法和司法层面，Facebook作为最早应用面部识别技术的科技公司，却遭遇了人脸识别技术应用的危机。2019年8月8日，美国第九巡回上诉法院裁定伊利诺伊州的一名Facebook用户可以通过面部识别技术起诉该公司，这在一定程度上显示出美国司法机关对于人脸识别技术面临危险性的强烈认可和公开质疑。同时针对Facebook主张的用户没有遭受过具体伤害的辩解，第九巡回法院针锋相对指出对于用户个人信息数据和隐私权利的无形伤害仍然是具体的，并指出美国最高法院已经明确表示技术的进步会导致更多的个人隐私被侵犯，人脸识别技术亦不例外。美国作为世界上第一大科技强国，新兴科技层出不穷，但目前来看，其对人脸识别技术及其应用存在不少争议，甚至明确地反对与批评，美国联邦政府和地方各州对待人脸识别的分歧不言自明。

（二）欧盟

欧盟作为当今世界上最大的政治经济联合体，是组织化程度最高的政府间区域性组织，向来对个人信息、数据安全保护非常看重，因而其对人脸识别持比较谨慎的相对禁止立场和有限开放、严格规制的态度。2018年5月25日，欧盟出台严格的隐私保护法则——《通用数据保护条例》（GDPR），该条例的前身是欧盟在1995年制定的《计算机数据保护法》。该法作为欧盟统一

―――――――――――
〔1〕 参见聂洪勇：《美国对人脸识别技术的法律规制》，载《中国审判》2020年第6期。

法规，主要目的在于保护欧盟公民的个人信息数据权，以回应和化解社会各界对于政府、公司企业等各类群体、组织无限制地收集和处理欧盟公民个人信息行为的担忧与顾虑。其中第 2 条适用范围规定：本条例适用于全自动个人数据处理、半自动个人数据处理，以及形成或旨在形成用户画像的非自动个人数据处理。第 4 条对规定中的一些语词含义进行了法定化定义：（1）"个人数据"指的是任何已识别或可识别的自然人（"数据主体"）相关的信息；一个可识别的自然人是一个能够被直接或间接识别的个体，特别是通过诸如姓名、身份编号、地址数据、网上标识或者自然人所特有的一项或多项的身体性、生理性、遗传性、精神性、经济性、文化性或社会性身份而识别个体。……（14）"生物性识别数据"指的是基于特别技术处理自然人的相关身体、生理或行为特征而得出的个人数据，这种个人数据能够识别或确定自然人的独特标识，如脸部形象或指纹数据。第 5 条规定了个人数据处理原则，"1. 对于个人数据，应遵循下列规定：（a）对涉及数据主体的个人数据，应当以合法的、合理的和透明的方式来进行处理（'合法性、合理性和透明性'）。（b）个人数据的收集应当具有具体的、清晰的和正当的目的，对个人数据的处理不应当违反初始目的。根据第 89（1）条，因为公共利益、科学或历史研究或统计目的而进一步处理数据，不视为违反初始目的（'目的限制'）。（c）个人数据的处理应当是为了实现数据处理目的而适当的、相关的和必要的（'数据最小化'）。（d）个人数据应当是准确的，如有必要，必须及时更新；必须采取合理措施确保不准确的个人数据，即违反初始目的的个人数据，及时得到删除或更正（'准确性'）。（e）对于能够识别数据主体的个人数据，其储存时间不得超过实现其处理目的所必需的时间，超过此期限的数据处理只有在如下情况才能被允许：为了实现公共利益、科学或历史研究目的或统计目的，为了保障数据主体的权利和自由，并采取了本条例第 89（1）条所规定的合理技术与组织措施（'限期储存'）。（f）处理过程中应确保个人数据的安全，采取合理的技术手段、组织措施，避免数据未经授权即被处理或遭到非法处理，避免数据发生意外毁损或灭失（'数据的完整性与保密性'）。2. 控制者有责任遵守以上第 1 段，并且有责任对此提供证明（'可问责性'）"。第 9 条针对特殊类型个人数据的处理规定："1. 对于那些显示种族或民族背景、政治观念、宗教或哲学信仰或工会成员的个人数据、基因数据、为了特定识别自然人的生物性识别数据以及和自然人健康、个人性生活或性取向相关的数据，应当禁止处理。"同时补充规定了例外和限制。

据此，欧盟将人脸信息纳入"生物数据"中予以保护。GDPR 规定，人脸识别得出的数据应当被禁止处理，除非数据主体明确同意而授权处理，处理行为具有必要性、正当性，且已经采取了必要的信息保护措施。[1]亦即GDPR 对使用生物特征识别数据规定了原则性禁止，但并不意味着在条例体系下生物特征识别技术被完全禁止。在取得信息所有者同意，或者为了特定合法目的，有正当理由处理人脸信息的行为，是被允许的。在 2020 年 2 月欧盟委员会发布的《人工智能白皮书》草案中，建议全面禁止在公共场所使用人脸识别技术五年，虽然该草案最终并未通过，但该草案充分体现了欧盟对人脸识别技术采取极为审慎的态度。从根本上全面评价欧盟的态度和立场，本质上是一种相对禁止、有限开放的立场。

事实上，GDPR 的上述规定都能够适用于人脸信息搜集、处理等人脸识别技术应用全过程。据此，欧盟对人脸识别保持十分谨慎的立场，其在该条例第三部分明确将基因数据和生物识别数据包含在个人敏感数据范畴内，相应地，人脸作为生物识别数据自然也纳入保护范畴和进行法律监管，同时针对各类违法行为规定了处罚措施。GDPR 明确规定，公司企业在收集用户包括面部等生物特征数据之前，必须经得个人同意，如有违反，可被处以最高2000 万欧元的罚款或上一财政年度全球年营业额 4% 的罚款之中较高者。2019年，瑞典数据保护局（DPA）针对 Skelleftea 市政府以监督学生名义所进行的面部识别认定为违反数据保护法律规定，开出 20 万瑞典克朗的罚单，此系瑞典在欧盟通过 GDPR 后开出的第一笔罚款，也是在教育领域向人脸识别说不的一个标杆性案例。与此同时，2019 年 11 月 12 日，欧洲数据保护委员会（EDPB）对外发布了针对 GDPR 域外适用效力的最终指南，从而明确和拓展了 GDPR 的域外延伸效力范围。

（三）小结

通过对人脸识别在美国与欧盟的现状考察，可以发现围绕人脸识别的思考和争议主要集中在以下几个方面：首先，对于是否肯定和支持人脸识别存

---

〔1〕 参见邢会强：《人脸识别的法律规制》，载《比较法研究》2020 年第 5 期。

在两极分化的极端对立。在一些国家和地区，中央与地方、联邦层面与州层面存在不同的态度和立场。其次，在肯定人脸识别的基础上，是否区分使用主体进行分别授权或限制存在不同看法和做法。最后，对于允许或授权使用人脸识别的情境下，是否应当进行场景区分和限制，并据此采取不同的立法和司法举措存在不同的观点和争议。实际上，即使扩大考察视野、放眼全球，国外对于人脸识别的态度也都是分歧大于共识，呈现肯定与否定的两极分化，这反映出人脸识别存在利弊共存的现实问题。在肯定人脸识别这一前提下，各国基本上都采取法律手段对其现实应用进行规制，只是针对政府等官方主体与公司、企业等私人主体采取不同的措施，而且做法不一：一种是限制甚至完全禁止政府特别是警察等官方主体采用人脸识别，而对公司、企业等私人主体使用人脸识别仅采取知情、同意等原则；另一种则与此相反，肯定政府，特别是警察等官方主体采用人脸识别以识别罪犯、维护公共安全，限制或禁止公司企业等私人主体使用人脸识别。两种做法看似是对公权力主体与私权利主体使用人脸识别的截然对立，实际上反映的是对于人脸识别引发的风险，究竟是信任代表社会公共利益、更有能力管控风险的公权利一方，还是信任代表个体利益、管控风险相对更为灵活的私权利一方。与此同时，针对人脸识别进行法律规制是否有必要采取专门立法予以应对，各方意见与实践亦不一致：第一种采取独立的专门立法模式，将其作为一种特殊的数据看待；第二种采取将人脸识别划分为隐私权保护和个人信息保护两大领域，采用传统法律范畴和体系予以规制；第三种则将人脸识别引发的法律问题交由司法机关通过司法裁判予以审查和确立处罚界限与尺度。这反映出各国对人脸识别的法律定位存在不同看法和认识，相应地，人脸识别的法权地位与属性也存在不同的认知和处理，质言之，人脸实际上具有多种不同性质和特征，是某种复合属性的对象，需要细致研究和认真对待。从现实来看，在欧美等科技和法治发达国家，人脸识别技术的现实应用仍然存在很多问题，不仅涉及技术层面，而且涉及道德层面、法律层面，特别是社会公众对于人脸数据信息搜集、获取、使用的深层担忧和安全性、合法性质疑等现实问题越发凸显，同时也暴露出人脸识别可能被不法分子利用，从而实施严重的侵犯公民人身、财产的犯罪行为等亟待刑法关注和规制的重要问题。这些基本立场的争议和法律处理措施的差异，将对我国立法和司法处理涉及人脸识别的问题提供必要的参考和有益的借鉴。

## 二、人脸识别的风险审视

人脸识别技术发展至今，已经开始从理论走向现实，从设想转变为场景应用，与社会大众的日常生产生活紧密相连。由于人脸识别技术具有的独特属性和技术优势，使得其在诸多生物识别技术和身份识别手段中脱颖而出，广泛应用于多个领域，但由此也产生了一些争议和分歧，这在国内外的立法与司法实践中得到了鲜明、集中的体现。归结起来，主要呈现为以下几个问题：一是应当肯定还是否定人脸识别并决定是否应当继续发展这一生物识别技术；二是在肯定发展人脸识别技术的前提下，是否要将其纳入法律的规制范畴进行必要的法治管控；三是在肯定对人脸识别技术进行法律规制的基础上，应当采取何种立法模式和应对举措进行有效的规制并预防、规避可能存在的风险。从科技发展与人类利用、法治应对的三方关系来看，利益衡量原则是解决这一问题的基本立场和方法。因而，肯定人脸识别并将其纳入法律规制是一条必然也是可行的选择路径，但是如何实现有效、全面的法律规制则是人脸识别应用发展过程中需要认真思考和对待的问题。

### （一）人脸识别的法律风险

从逻辑上看，规制的前提是对规制对象可能存在的风险进行全景扫描以获得前瞻性认识，并基于风险预判建立相应的规制体系。对此，有必要结合人脸识别运用全过程，审视其所具有的风险场域和具体特点。

一是获取和搜集人脸数据环节潜在的违法搜集人脸这一特殊生物信息的风险。进行人脸识别的前提是具有大容量的人脸数据库，因而获取和搜集人脸数据是开展人脸识别的第一步。在人脸获取、搜集环节潜藏着违法收集人脸数据的法律风险，这可能包括以下几种情形：第一，未经权利人明示同意擅自获取和搜集人脸数据。第二，在取得权利人同意的前提下，超出同意范围擅自获取和搜集人脸数据。第三，利用格式条款和权利人的模糊授权，擅自获取和搜集人脸数据。基于人脸有别于其他个人信息的特殊性，这些授权与同意存在模糊的空间和事后补充追认的滞后性，可能滋生的危害不可小觑。

二是人脸数据存储、保管环节可能引发的数据泄露、滥用风险。人脸数据在开展比对和识别前需要常态化地存储、保管，这极易引发诸多风险：第一，人脸数据存储、保管部门、机构安保不到位导致数据库的弱安全性，受到黑客等外部攻击导致数据安全无法保障甚至泄露的风险。第二，人脸数据存储、保管部门、机构自身及其内部工作人员违反法律法规和技术操作规范要求，故意或过失导致数据安全无法保障甚至存在泄露的风险。第三，人脸数据存储、保管部门、机构自身及其内部工作人员违反法律法规和权利人授权，超出法定权限或同意范围滥用人脸数据引发的风险，特别是其可能扮演违法犯罪的源头角色。

三是人脸识别运作环节存在隐性歧视、算法歧视，如性别、肤色、种族等歧视问题，以及滥用、非法交易引发的侵犯公民个人隐私等合法权益的法律风险。具体而言，基于被合法收集的个人信息形成的大数据，通过算法等技术进行社会分选、歧视性对待，进而损害人格尊严的危险；通过大数据和人工智能技术进行人格画像，将原本属于主体的自然人降格为客体并加以操控，损害人格自由等，[1]常见的如大数据杀熟现象，消费者在网络购物中形成的数据轨迹和虚拟人画像等情形即为鲜明体现。

四是目前对于人脸识别的法律风险规制，过于关注民法、行政法等前置法对于人脸识别的法律规制，存在较为明显的局限性，对人脸识别滥用引发的刑事犯罪风险研判不足，导致刑法规制存在缺漏与应对不足。基于各种理由和途径获取人脸信息后，进行诈骗、盗窃等侵犯公民个人财产权益和侮辱诽谤等侵犯公民个人名誉等人身权益的违法犯罪活动，凸显刑事犯罪风险应对亟待衔接和补充前置法保护的局限性以健全系统性、协调性，进而通过类型化、精细化等前瞻分析以应对人脸识别的巨大危害和潜在危险。

（二）社会视域下的人脸识别难题

从人脸识别的全过程、全环节来看，潜在的甚或现实的法律风险不容忽视，在国内外发生的各种事件中已初现端倪。从人脸的法权定位到前置法保护体系的局限性，再到刑事法治规制的衔接与补足，人脸识别在生活中的广泛应用带来了一系列的法律问题值得关注和思考，公共场域下的人脸识别在搜集个人信息、维护公共安全、打击犯罪与侵犯公民个人隐私、保障人权之

---

[1] 程啸：《个人信息保护法理解与适用》，中国法制出版社 2021 年版，第 9 页。

间存在一些冲突和矛盾。人脸识别是一种主动的、积极的、未经同意的采集公民个人信息的行为，其合法性和正当性存疑。公民在被动的、未知的甚至是未经同意的情形下，个人信息被采集和存储、散播，即使是在维护公共安全、加强社会治理、完善智慧社会建设的背景和目的追求下，也依然存在可能被泄露、侵犯的威胁和危险。因而，有必要认真审视这一技术推广使用的限度和尺度，其介入社会公共生活的范围和领域必须得到规制，从而使其伴生的法律风险可控化，对此，法律必须采取相应的对策措施，刑事法律作为社会保护的第二道最强有力的防线和最后一道屏障，同样必须有所作为。

（三）动态法治保障下的人脸识别问题

从法律专业视角审视人脸识别，目前在立法、司法适用、法学理论研究等方面也暴露出一些问题。在立法上，针对包括人脸在内的生物识别信息滥用行为，由于行政前置法一直处于长期缺位的状态，这使刑法不得不冲锋在前，从而引发了刑法扩张和有违谦抑的理论争议。随着《数据安全法》和《个人信息保护法》等相关法律法规于 2021 年相继颁行生效，行政前置法得以补位，法律规范供给侧缺位状态得以缓解，但是刑法既有规定的规制和应对却显不足，并在已有罪名的选择适用上呈现明显、集中的偏向性。对于强有力威慑的后置法和社会最后一道保护防线——刑法而言，全面深入考察既有法学理论研究，又可以发现存在以下特点和样态：一是既有研究集中于从宏观、整体层面出发分析侵犯公民个人信息罪的构成要件和立案追诉标准，但对其中最为特殊的生物识别信息关注不够，未能充分、深入地关注到其所具有的、有别于其他公民个人信息的特殊性质，存在混同化、等质化问题。与此同时，针对普通个人信息得出的一般性研究结论的普适性存在疑问，简单复制应用于生物识别信息不妥，需要进一步精细化研究。此外，目前刑事立法规制滥用生物识别信息的主要选择罪名是单一化的侵犯公民个人信息罪，对于新型滥用行为的归纳、总结和类型化提炼未能与时俱进，刑法规制仍显不足。二是既有研究在界定公民个人信息范围和类型方面过度跟随现存立法和司法解释，对生物识别信息存在范围不清，界限不明，法益定位静态化、简单化问题，使关联行为的行政违法与刑事司法界限模糊，亟待厘清。对于不同类型的生物识别信息统一评价，类型化区分程度不高。个人信息、个人隐私、个人数据、敏感信息等没有深入把握本质差异，亦未做分层、梯度评价，尚需深化。三是既有研究对于生物识别信息的法律属性认定存在争议和分歧，且主要侧重"信息"属性评价，忽视其所具有的"数据"特性，对其"隐私性"重视不够，司法实务中对于侵害生物识别信息的数据和隐私特性涉罪罪名适用极少甚至缺乏，使司法规制方向单一、规制尺度和范围较为局限，存在评价不足、保护不够等问题。因而，需要立体考察和类型化分析生物识别信息隐私、信息、数据"三性合一"情形下法益指向与涉罪罪名选择。在此基础上，行政前置法与刑法后置法在认定和保护生物识别信息的法益定位方面存在偏差和分歧，在采取违法一元论与违法多元论、保护统一性与保护独立性方面存在差异，尚需深入研究以确立合理的立场选择。四是既有研究对于生物识别信息的研究视角和语境主要集中于线下物理空间评价，忽视日益普及、广泛传播的信息网络虚拟空间的特殊性。由此，既有研究对于生物识别信息的刑法保护法益定位更侧重公民人身权保护，忽视财产权、信息权等其他法益保护，更未触及个人信息数据权的本质内涵和大数据背景下的大数据权益。五是既有研究对于生物识别信息的法律保护偏向于民法、行政法等前置法保护体系构建，对其进行刑法保护有限，并呈现出"刑先行后"的态势，且主要集中于静态入罪评价，动态评价和分析欠缺。既有研究对于生物识别信息集中于末端的事后刑法规制，但是对刑法与前置法的衔接、协调体系研究存在薄弱环节，如何在民法、行政前置法建构的体系基础上实现刑法规制与前置法规制的衔接与协调，并明确二者的处罚界限等问题仍然有待进一步观察、思考和展开深入、细致的分析。从未来规制的长远规划来看，尚需统筹和构建生物识别信息的法律保护系统论，特别是要协调和发挥民法、行政法、刑法三大实体法及其对应的程序衔接体制机制，建立健全国内、区际、国际等多边全覆盖的统一、流动、互通的内外保护体系。

### 三、人脸识别的全法域规制体系建构

为了防范、应对人脸识别引发的法律风险，有必要将人脸识别置于法治的视野下进行审思、检讨，引进法律的强力介入。从全法域的体系视角出发，人脸识别的运用和发展应当建立相应的法律响应机制和应对举措，这需要三大部门法的协作与配合，共同发挥合力，建立健全人脸识别全法域规制体系。

具体而言，应当建立健全并逐步完善包括人脸识别在内的公民个人信息立体、综合、全覆盖、全法域的个人信息保护法网和规制体系，包括民法、行政法等前置法规制体系、作为后置法的刑法规制体系、人脸识别行业自律监管与规制体系。然而，现代民主法治背景和数字时代下的法律规制是一部完整的、系统性工程，开展法律规制必须分清各个部门法的作用、层次及其相互关系，才能实现协调统一、高效完备的预期目标。对此，为了有效应对人脸识别的风险，最大限度地扬长避短，笔者认为应当确立如下规制体系与逻辑顺序：首先重视和强调以根本大法《宪法》为统领的保障人权之最高意旨和权威根据，然后发挥民法、行政法等前置法的规制功能，辅之以后置法的刑法规制，同时以行业自律监管与自我规制补足，共同发挥合力，最终实现"九龙治水终得治"的良好局面和效果。

（一）加强宪法保障

从保障人权的角度出发，明确人脸识别规制的宪法基础，进而统筹各部门法合力规制。在整个法律体系规制的全局安排方面，要尽可能地发挥前置法的规制效果、能力，这不仅是有效发挥前置法过滤功能的体现，也是刑法作为后置法、保障法的内在要求，更是坚持、落实和恪守刑法谦抑性的题中之义。根据《宪法》规定，国家尊重和保障人权。中华人民共和国公民的人格尊严不受侵犯。禁止用任何方法对公民进行侮辱、诽谤和诬告陷害。这些规定为人脸识别的法律规制提供了最为根本的宪法层面依据，特别是我国首部作为专门保护公民个人信息的《个人信息保护法》更是开宗明义在第 1 条规定中直接写明"根据宪法，制定本法"，不仅充分体现了《宪法》的最高法律效力，更强调了《宪法》是《个人信息保护法》的立法根据，《个人信息保护法》必须体现和贯彻落实《宪法》尊重和保障人格权、保护人格尊严的精神，不得违背《宪法》。[1]《宪法》的上述规定及其实质不仅需要具体落实在民法、行政法等前置法保护领域，而且对于超越前置法的严重违法犯罪行为需要进行刑法规制，同时需要界定前置法与后置法的范围，以保持二者的衔接与协调。

---

〔1〕 程啸：《个人信息保护法理解与适用》，中国法制出版社 2021 年版，第 17 页。

（二）发挥民法的规制功能

目前，在部门法领域首先是民法领域，针对包含人脸在内的公民个人信息及其相关权利保护，已经构建了一套体系较为完备、内容较为丰富的保护规定。早在《民法典》通过前，《民法总则》《侵权责任法》等法律规定及其司法解释已经在着力织就保护公民个人信息的法网。及至2020年5月28日第十三届全国人大第三次会议表决通过《民法典》，相关民法规定愈加全面和细致，而且更加明确和突出强调了对于公民个人信息的保护，尤其是公民个人生物特征信息的保护。在《中华人民共和国民法典（草案）》的说明中，单独针对"人格权编"明确指出：人格权是民事主体对其特定的人格利益享有的权利，关系到每个人的人格尊严，是民事主体最基本的权利。草案第四编"人格权"在现行有关法律法规和司法解释的基础上，从民事法律规范的角度规定自然人和其他民事主体人格权的内容、边界和保护方式，不涉及公民政治、社会等方面权利。第四编共6章、51条，既有关于人格权的一般规定，也有更为具体的关于隐私权和个人信息保护。第四编第六章在现行有关法律规定的基础上，进一步强化对隐私权和个人信息的保护，并为下一步制定个人信息保护法留下空间：一是规定了隐私的定义，列明禁止侵害他人隐私权的具体行为（草案第1032条、第1033条）。二是界定了个人信息的定义，明确了处理个人信息应遵循的原则和条件（草案第1034条、第1035条）。三是构建了自然人与信息处理者之间的基本权利义务框架，明确处理个人信息不承担责任的特定情形，合理平衡保护个人信息与维护公共利益之间的关系（草案第1036条至第1038条）。四是规定国家机关及其工作人员负有保护自然人的隐私和个人信息的义务（草案第1039条）。应当说，这个说明是较为中肯、全面的，这奠定了对于包括人脸等公民个人生物特征信息在内的民事法律保护的根基，同时为行政法领域的行政立法规定提供了必要的指引和有益的参考。《民法典》颁布生效后，其总则编第五章第109条、第110条、第111条对公民的人身权利作了规定，特别是第111条明确规定，自然人的个人信息受法律保护。任何组织或者个人需要获取他人个人信息的，应当依法取得并确保信息安全，不得非法收集、使用、加工、传输他人个人信息，不得非法买卖、提供或者公开他人个人信息。同时，《民法典》专设"人格权编"

作为第四编,其中第六章用 8 个条文专门规定了"隐私权和个人信息保护",明确对包括人脸、指纹等在内的公民个人生物识别信息进行专门规定和保护,相关规定基本奠定了民事法律保护的体系:

一是明确了包括人脸在内的公民个人生物识别信息受法律保护。《民法典》第 1034 条规定:自然人的个人信息受法律保护。个人信息是以电子或者其他方式记录的能够单独或者与其他信息结合识别特定自然人的各种信息,包括自然人的姓名、出生日期、身份证件号码、生物识别信息、住址、电话号码、电子邮箱、健康信息、行踪信息等。个人信息中的私密信息,同时适用隐私权保护的有关规定。人脸作为个人生物识别信息不可或缺的组成部分而且是最为重要的组成部分,自然也受到《民法典》的保护,而且法律依据更为直接、具体、明确,避免了不必要的理论争议或司法适用分歧。

二是明确了民事法领域内对于自然人个人信息收集、处理的法定原则,即合法、正当、必要、合理比例原则。《民法典》第 1035 条规定,处理个人信息的,应当遵循合法、正当、必要原则,不得过度处理,并符合下列条件:(1)征得该自然人或者其监护人同意,但是法律、行政法规另有规定的除外;(2)公开处理信息的规则;(3)明示处理信息的目的、方式和范围;(4)不违反法律、行政法规的规定和双方的约定。个人信息的处理包括个人信息的收集、存储、使用、加工、传输、提供、公开等。第 1039 条规定,国家机关、承担行政职能的法定机构及其工作人员对于履行职责过程中知悉的自然人的隐私和个人信息,应当予以保密,不得泄露或者向他人非法提供。因此,对于包括超越合法目的、范围在内的非法获取、存储、利用等全过程涉及人脸信息数据的相关行为,都可能违反民事法律规定进而承担民事责任,在民法保护的全面性和体系性上都相较以前分散的法律规定更为集中、连贯,避免了法律保护的漏洞或不足。

三是对于包括人脸在内的自然人个人信息产生的权利与义务、责任在自然人与相关主体之间进行分配和平衡,契合权利义务相对应、权责一致原则。《民法典》第 1036 条规定,处理自然人个人信息,有下列情形之一的,行为人不承担民事责任:(1)在该自然人或者其监护人同意的范围内合理实施的行为;(2)合理处理该自然人自行公开的或者其他已经合法公开的信息,但是该自然人明确拒绝或者处理该信息侵害其重大利益的除外;(3)为维护公共利益或者该自然人合法权益，合理实施的其他行为。第 1037 条规定，自然人可以依法向信息处理者查阅、或者复制其个人信息；发现信息有错误的，有权提出异议并请求及时采取更正等必要措施。自然人发现信息处理者违反法律、行政法规的规定或者双方的约定处理其个人信息的，有权请求信息处理者及时删除。第 1038 条规定，信息处理者不得泄露或者篡改其收集、存储的个人信息；未经自然人同意，不得向他人非法提供其个人信息，但是经过加工无法识别特定个人且不能复原的除外。信息处理者应当采取技术措施和其他必要措施，确保其收集、存储的个人信息安全，防止信息泄露、篡改、丢失；发生或者可能发生个人信息泄露、篡改、丢失的，应当及时采取补救措施，按照规定告知自然人并向有关主管部门报告。

（三）重视完善和有效发挥行政法等前置法的规制功能

在行政法领域，公民个人信息保护目前仍然存在一些问题和不足。第一，行政立法存在部门化倾向，如针对信息网络领域的公民个人信息保护和维护信息网络安全，专门制定立法《网络安全法》，但该法对于线下侵犯公民个人信息的行为和物理空间与虚拟空间交织情形的个人信息侵权等违法行为处置和相应的保护则可能存在疏漏和不足。第二，相关行政规定呈现分散性，缺乏体系性、连贯性，公民个人或用户的权利性质和范围如何合理界定，内部仍然存在矛盾与冲突。例如，《网络安全法》第 76 条规定，个人信息是指以电子或者其他方式记录的能够单独或者与其他信息结合识别自然人身份的各种信息。这里的信息界定较为广泛，既包括现实物理性质的个人信息，也包括信息网络空间虚拟性质的个人信息及大数据信息，前者属于公民隐私权范畴，更强调知情权，后者则属于知识产权范畴，更关注用户对于数据的"控制权"和"自我决定权"。如何将不同内容、性质的公民个人信息共融于同一部法律规定中，又如何化解其中存在的性质差异与对应的保护范围差异，还需进一步细化和明确。2020 年 3 月 6 日，国家市场监督管理总局、国家标准化管理委员会正式发布了国家标准《信息安全技术个人信息安全规范》（以下简称《规范》），并定于 2020 年 10 月 1 日实施。依据《规范》，个人信息是以电子或者其他方式记录的能够单独或者与其他信息结合识别特定自然人身份或者反映特定自然人活动情况的各种信息，如姓名、出生日期、身份证件号码、个人生物识别信息、住址、通信联系方式、通信记录和内容、账号密码、财产信息、征信信息、行踪轨迹、住宿信息、健康生理信息、交易信息等。该规定在一定程度和范围上与《网络安全法》保持了一致，但也存在一些差异。相较于 2019 年 10 月发布的征求意见稿，新版《规范》规定，收集个人生物识别信息前需单独告知使用目的、方式和范围，并且原则上不应存储原始个人生物识别信息，这些规定与《网络安全法》相关规定也存在隐性的冲突，尚需进一步厘清各自适用范围和化解矛盾。经过多年的调研和反复考虑，并结合国内国际经济社会发展实际情况和司法实践一线反馈的经验，同时参考其他国家及地区的立法经验，我国最终于 2021 年通过了两部非常重要的法律：《数据安全法》和《个人信息保护法》。这对保护我国公民用户隐私数据和国家重要数据起到极为重要的作用，也将直接影响人脸信息的行政法保护和人脸识别的行政法规制，并架起针对侵犯公民个人信息违法犯罪行为、贯通民法与刑法两大部门法之间的桥梁，夯实侵犯公民个人信息违法犯罪行为的行政违法责任与行政处罚，但是信息与数据的区分、保护范围的界定、相关违法行为的法律责任划分与承担以避免重复评价、重复处罚则需要进一步理顺和关注。

需要注意的是，如何把握公民个人信息保护领域民法与行政法的关系是一个存在争议的问题。特别是随着《个人信息保护法》的出台，如何理解和把握《民法典》与大行政法范畴视域下的《个人信息保护法》的关系就存在不同的看法和争议，这也将直接影响公民个人信息保护的前后衔接和相关法律规定的准确理解与顺畅适用。第一种观点认为，前者是基本法、普通法，后者是单行法、特别法，二者是基本与补位的关系，类似于《民法典》与《消费者权益保护法》的关系。[1]第二种观点认为，《个人信息保护法》是保护个人信息的基本法，只有违反《个人信息保护法》的行为造成侵犯权利人民事权益的，《民法典》才从民事责任追究方面进行衔接，前者是旨在保护新型权利的公法，后者是旨在确立民事基本制度的私法，二者在法律体系中分别发挥不同的作用。[2]第三种观点认为，《个人信息保护法》旨在防范对人格

---

〔1〕 石佳友：《个人信息保护法与民法典如何衔接协调》，载《人民论坛》2021 年第 2 期。

〔2〕 周汉华：《个人信息保护的法律定位》，载《法商研究》2020 年第 3 期。

和财产的抽象加害危险，是前置保护性规范，其与民法特别是侵权责任法对于人格的保护不是相互排斥，而是互相结合，二者遵循不同的评价机制。[1]第四种观点认为，《个人信息保护法》是一部管制色彩与自治色彩交相辉映的法律，兼顾自治和管制的平衡，其中的民事规范应当作为民法的特别法来看待，但其又包含公权力主体处理个人信息的法律规范，因而《个人信息保护法》是一部综合性法律。[2]对此，笔者认为需要看到《民法典》和《个人信息保护法》的差异之处，二者在保护公民个人信息的角度和路径上存在差异，同时调整的对象也不同，至少在个人信息领域，前者要小于后者，因为后者包含对不平等的公权力主体处理个人信息的法律规定，同时二者对于各自的违法行为处理和行为人承担的法律责任不同。因而，正视这些差异，同时考虑到立法者为了尽最大可能周延保护公民个人信息，制定多部法律规范，设立不同的法律条文，其目的应当是全面、系统、多角度、多元化强化对于个人信息保护的法网织就，应当尽可能地化解不同法律规范之间的冲突，向着共同、合力保护公民个人信息的最终目标努力。故而，不应当过分看重《民法典》和《个人信息保护法》的差异，也不宜绝对化区分二者的关系，应当立足于保护公民个人信息的大局统一把握和协调衔接。应当将《个人信息保护法》理解为一部横跨民法、行政法、刑法的立体保护公民个人信息、公法与私法兼具的专门性与综合性相结合的法律。对于违反《个人信息保护法》的行为，属于行政违法范畴的应当承担相应的行政法律责任，达到犯罪程度的，应当构成刑事违法并承担犯罪的刑事责任；对于未达到行政违法层面，或者与《民法典》侵权责任相竞合的，则优先适用《个人信息保护法》处理规定，存在不足的由《民法典》补足，从而化解冲突和分歧，相辅相成，相得益彰，共同助力公民个人信息全方位保护。

（四）推进刑法制裁

刑法作为打击犯罪、保护社会的第二道保护防线，整个法律保护体系的最后一道屏障，针对人脸识别可能引发的严重违法犯罪行为应当进行必要的

---

[1] 杨芳：《个人信息保护法保护客体之辨——兼论个人信息保护法和民法适用上之关系》，载《比较法研究》2017 年第 5 期。

[2] 王苑：《个人信息保护在民法中的表达——兼论民法与个人信息保护法之关系》，载《华东政法大学学报》2021 年第 2 期。

刑法评价与有效规制，但在规制过程中，仍然应当恪守保障法、后置法的角色与地位，厉行谦抑性要求，非不得已不得侵入前置法领域，更不能以维护公共安全之名行侵犯公民个人权益之实。准确认定涉人脸识别犯罪，需要坚持构成要件的观念，考虑刑法上所固有的违法性判断，并顾及《民法典》及《个人信息保护法》的相关规定对于侵犯公民个人信息等犯罪的司法适用所产生的一定影响。[1]结合人脸识别的运作过程，区分把握人脸的信息、数据、隐私"三合一"属性，行为人可能利用人脸识别进行以下违法犯罪活动，可以根据《刑法》与相关司法解释进行定罪处罚：对于非法搜集、提供公民个人人脸信息、数据的，或对人脸信息进行出售的（无论是否牟利），根据《刑法》第253条之一规定，该行为可构成侵犯公民个人信息罪。但是，目前的刑事立法和司法解释对于公民个人信息并未进行梯次区分和分别评价，人脸这一最为重要和特殊的信息类型并未受到更加优位的强力保护，有必要着手针对人脸等生物识别信息与其他个人信息进行重要性和受侵害后果严重性等进行区分，从而建立相互匹配的、层次梯度化的入罪评价体系，从而凸显人脸在刑法保护中应有的特殊位置。利用人脸信息进行拼接、裁剪、替换等"移花接木"行为侮辱他人或借此诽谤他人的，根据《刑法》第246条规定，可构成侮辱、诽谤罪。侮辱、诽谤罪以自诉为原则、公诉为例外，但是，如果行为人通过信息网络实施相关行为，被害人向人民法院告诉，提供证据确有困难的，人民法院可以要求公安机关提供协助。非法利用他人人脸信息，采取虚构事实、隐瞒真相的方法进行财产犯罪的，根据《刑法》第265条、第266条规定，可构成盗窃罪、诈骗罪。如果行为人为了利用人脸信息实施相关财产犯罪，而实施人脸信息搜集等行为，则手段行为与目的行为存在牵连制约关系，成立牵连犯，应以目的行为定性，即认定为相关财产犯罪。非法侵入储存保管公民个人人脸信息、数据的相关数据库或存储系统、设备、程序等的犯罪，根据《刑法》第285条、第287条之二规定，可构成非法侵入计算机信息系统罪、非法获取计算机信息系统数据罪、帮助信息网络犯罪活动罪等犯罪。需要看到，现行法律将对个人信息问题的规制重心放在收集环节，对后续的使用环节则基本上放任不管，这使得滥用个人信息行为得不到

---

[1] 周光权：《涉人脸识别犯罪的关键问题》，载《比较法研究》2021年第6期。

应有的追究。[1]如果不能诉诸刑法的尽快修改和完善，则只能借助刑法解释和罪数形态理论，从其他罪名的适用来予以侧面规制。2017 年 6 月最高人民法院、最高人民检察院联合发布并正式实施的《关于办理侵害公民个人信息刑事案件适用法律若干问题的解释》，明确了侵害公民隐私犯罪行为的具体标准和类型，将公民个人信息安全置于法律保护的最高位阶，在刑事法律上对侵害公民数据权的行为标清了底线。不过，最高人民法院、最高人民检察院司法解释的重点在于打击侵害公民个人信息的"明偷""明抢"，对于滥用格式条款非法"获取"用户授权，侵害公民隐私权的"暗偷""暗抢"行为影响却微乎其微，暴露出既有刑事法律规定仍然存在应对不足，还需要进一步通过刑法解释的手段拓展法律规定的生命力和作用范围，从而切实织密刑事法网，以打击侵犯公民个人信息的犯罪行为。

（五）建立健全自律监管、自我规制体系

我国目前应当探索并逐步建立健全人脸识别全行业自律监管、自我规制体系，从而助力前置法、刑法等法律保护体系，共同完善对于人脸识别的全法域、全时空行业规制。结合人脸识别的技术发展进程和国内外对于人脸识别的争议现状，可以发现目前主要推动研发人脸识别技术的属于具有相当科技实力的大型公司企业，而且从人脸识别的公共领域运用与现实场景演练来看，作为非国家、政府性质公共团体的这些公司企业应当承担相应的社会公共责任和行业自律责任。因此，除去针对人脸识别的法律规制，结合行业发展成熟度和公司企业组织自律守法意识，笔者认为，有必要着手建立人脸识别技术发展的自我监管组织，如行业协会组织、自律监管委员会、技术标准统一和规范运用伦理审查委员会等行会专业组织，必要时可由政府牵头组织成立。与此同时，探索并逐步健全研发和运用人脸识别的行业自律监管准则，主动接受政府部门、司法机关和社会公众监督，从而形成作为第三方的行业监管力量，借助人脸识别全行业自律监管、自我规制体系，辅助相应的法律规制，保障人脸识别在合法、合规、合理的轨道上向前发展。

---

[1] 劳东燕：《个人信息法律保护体系的基本目标与归责机制》，载《政法论坛》2021 年第 6 期。

# "拒不履行信息网络安全管理义务罪"的要素构造与体系定位 *

**摘　要**：当前对拒不履行信息网络安全管理义务罪（以下简称"拒管罪"）的纯正不作为犯类型，欠缺更深入的研究，特别是对作为义务的具体类型，缺乏更细致入微的分析。"拒管罪"的犯罪构造，应是违法性三元构造，即行为人必须逐次满足民事违法性、行政违法性，才能具备刑事违法性，而不是人为地将民刑、行刑相割裂的违法性二元构造。至于"拒管罪"中"经监管部门责令采取改正措施而拒不改正"的理论体系地位，主要是"客观构成要件要素说"与"客观处罚条件说"之争，应赞同"客观构成要件要素说"。

**关键词**：拒不履行信息网络安全管理义务罪；犯罪构造；体系定位；主观要件；犯罪主体

建立健全新时代我国国家安全保障体系，是当前社会的重大课题，国家安全最主要的方面之一就是信息网络安全。刑法是保障信息网络安全威慑力最强、"破坏力"最大的法律武器，其在健全信息网络安全保障体系中，应处于最后保障法的地位。为保障信息网络安全，我国《刑法修正案（九）》专门增设"拒管罪"，该罪属于典型的纯正不作为犯，其犯罪构造是，作为信息网络安全管理义务主体的网络服务提供者，应履行各项法律、行政法规所规定的种类繁多、琐碎细致的信息网络安全管理义务，相关部门及其人员发现其未履行信息网络安全管理义务，应提醒、通知其采取改正措施，履行该信息网络安全管理义务，如果其仍未履行信息网络安全管理义务，对用户造成损失的，应承担民事责任，还应对有关人员施以行政罚款、没收违法所得，

---

\* 作者简介：胡莎，广州大学法学院讲师，法学博士。

予以行政拘留。如果相关单位或人员有能力、有条件、有技术履行信息网络安全管理义务，而仍未履行，拒不改正，情节严重，则应对相关单位或人员定"拒管罪"。由此可见，"拒管罪"最核心的定罪要素是不作为要素："不履行法律、行政规范规定的信息网络安全管理义务"的前部不作为之行为，与经监管部门责令采取改正措施而"拒不改正"的后部不作为之行为，其在刑法上是双重的纯正不作为类型。本文从"拒管罪"双重的不作为类型之犯罪构造出发，提倡违法性三元构造，即如果不履行相关义务，网络服务提供者将逐次承担民事违法、行政违法、刑事违法等责任。对于该罪中"拒不改正"的理论体系地位之争，笔者赞同"客观构成要件要素说"，非"客观处罚条件说"。

## 一、"拒管罪"不作为要素违法构造的内涵与意义

网络服务提供者，身为数字经济的载体，如果一直不履行信息网络安全管理义务，在不同的合规驱动节点，将逐次承担民事责任、行政责任、刑事责任，该过程清晰地呈现出"拒管罪"属于纯正不作为犯的独特犯罪构造，彰显了信息网络安全治理的民行刑协同共治，企业合规、政府监管、刑法治理之协同治理的违法性三元结构，将信息网络刑事安全风险防范体系予以层层展开。

（一）"拒管罪"前部诸要素的违法构造内涵

首先，"拒管罪"前部不作为违反的是民法、经济法、行政法等前置法指引性的行为规范。民法、经济法等前置法指引性的行为规范，更加主动、明确、具体地先行保护网络安全，要求行为人履行法律、行政法规规定的信息网络安全管理义务，行为人未履行该义务，属于"拒管罪"前部不作为之行为要素，其作为"拒管罪"不作为要素的首要判断行为，主要承担民事责任或经济责任。例如，如果有能力、有条件、有技术履行该管理义务，但未履行该管理义务，产生民事损害的，应承担民事责任；经监管部门日常口头通知、命令其履行义务后，仍未履行义务，提供网络服务的单位或个人应遭受相关的经济制裁。至于刑法，其在此阶段是间接参与信息网络安全管理，而不是直接调控，不能第一时间随意介入。

其次，"拒管罪"程序性要素是指具有行政处罚权的监管部门，为了责令行为人改正，而对企业或相关人施以行政罚款。对企业或相关人施以行政罚款，是一次正式的刑事责任预警，提醒网络服务提供者防范刑事法律风险。如果提供网络服务的单位或自然人，在行政处罚或行政处分的启动、调查取证、咨询、决定、实施等任何一个环节无视前置法指引性的行为规范，仍不履行改正义务，继续实施违法行为，拒不改正，出现"拒管罪"所明文规定的四种严重情节时，才可以构成拒不履行信息网络安全管理义务罪。

最后，后部不作为要素是"拒不改正"。据上分析，要求网络服务提供者承担刑事责任的前提条件，必须是经过行政机关的两次"责令"后拒不改正。第一次"责令"可以是日常口头通知，第二次是书面正式通知，网络服务提供者不采取改正措施，继续维持违反作为义务的不作为状态。[1]此种存在两次责令的要求，在其他罪名成立中也有先例。例如，成立恶意透支型的信用卡诈骗罪，必须经过银行卡两次催收；成立侵占罪，有学者认为应该经过两次请求返还而"拒不返还"。之所以如此，是因为不能将相关的管理义务，都压在义务履行人身上，监管部门也应承担督促义务履行人履行义务的重担。

（二）"拒管罪"前部诸要素违法构造之意义

一是实现企业合规、政府监管与刑法治理的协同联动治理。对"拒管罪"的理解与适用，应突破只聚焦于刑法学部门法思维的局限，在整体法秩序的视域中观察、分析、思考。首先应依靠非正式的前行法规与正式的非刑事前置法，非正式的前行法规主要是行业自律、企业管理，通过明确平台企业主体责任、义务，建设行业自律机制，行政监管与刑法治理，相互衔接，完美结合。例如，《民法典》第1194条规定，网络服务提供者利用网络侵害他人民事权益的，应当承担侵权责任。法律另有规定的，依照其规定。《信息网络传播权保护条例》第14条规定，对提供信息存储空间或者提供搜索、链接服务的网络服务提供者，权利人认为其服务所涉及的作品、表演、录音录像制品，侵犯自己的信息网络传播权或者被删除、改变了自己的权利管理电子信息的，可以向该网络服务提供者提交书面通知，要求网络服务提供者删除该作品、表演、录音录像制品，或者断开与该作品、表演、录音录像制品的链

---

[1] 参见谢望原：《论拒不履行信息网络安全管理义务罪》，载《中国法学》2017年第2期。

接。促使网络服务提供者履行信息网络安全管理义务，除了依赖民事法律法规，还必须先依赖政府行政监管，这是"程序性附加条件"，其功能属性是限缩刑法处罚范围。至于刑法，只是补充性的、迫不得已的事后保障手段，反向刺激非刑事手段的优先发挥与充分实现。[1]

二是有利于落实宽严相济的刑事政策。成立"拒管罪"之所以要求有双重不作为要素与程序性要素，同时具有"三次违法"，而不是"二次违法"，[2]是基于践行刑事一体化思维与落实宽严相济的刑事政策之考量，使行为人能够履行信息网络安全管理义务而处罚行为人，而不是单纯为了彰显监管部门的权威而直接采取刑事处罚。如果能够采取宽和的民事或行政手段，则采取民事或行政手段，只有迫不得已，才采取最严厉的刑事手段。例如，2021年国务院发布的《关键信息基础设施保护条例》第49条规定，违反本条例规定，给他人造成损害的，依法承担民事责任。违反本条例规定，构成违反治安管理行为的，依法给予治安管理处罚；构成犯罪的，依法追究刑事责任。刑罚权的发动，一直保持着消极、被动、最后出场的姿态，符合宽严相济的刑事政策。

三是刑法向着宽容发展为行为人架起了返回合法正途的"黄金之桥"。网络服务提供者的信息网络安全管理义务，种类过于繁杂，规范依据来源过于多样，长期完全履行义务在现实中可能会打折扣，对其观察重点不应执着于是否彻底全面履行，而应该审视事后须给予行为人修正违法状态的机会，要求其改错、补正，只有在其以不作为两次拒绝的情况下，才考虑追究行为人的刑事责任。我国刑法也有给行为人改正机会之类似的续造规定，如《刑法》第201条第4款的补税免刑规定，为行为人搭起两条返回合法正途的"黄金之桥"。[3]另外，创设两道违法前置程序，符合网络服务提供者履行义务天生的消极性、被动性，尽量降低网络服务提供者从业的刑事风险，为网络服务提供者大力创新创业、发展互联网经济提供了较自由的法律空间。

---

〔1〕 参见王帅：《拒不履行信息网络安全管理义务罪中的"责令采取改正措施"解读——基于行刑联动的思考》，载《法律适用》2022年第8期。
〔2〕 参见叶良芳：《风险社会视阈下拒不履行信息网络安全管理义务罪之法教义学分析》，载《贵州省党校学报》2019年第6期。
〔3〕 参见卢勤忠：《程序性附加条件与客观处罚条件之比较》，载《法学评论》2021年第1期。

四是司法实践一再给行为人改过自新的机会。2015 年 7 月至 2016 年 12 月，胡某为非法牟利，租用国内、国外服务器，自行制作并出租翻墙软件，为境内 2000 余名网络用户非法提供境外互联网接入服务。2016 年 3 月、6 月公安机关先后两次约谈胡某，要求其停止联网服务。2016 年 10 月 20 日，公安机关对胡某利用网络科技公司擅自建立其他信道进行国际联网的行为，作出责令停止联网、警告，并处罚款、没收违法所得等行政处罚。胡某拒不改正，于 2016 年 10 月至 12 月期间继续出租翻墙软件。经鉴定，翻墙软件采用了 gotunnel 程序，可以实现代理功能，使用本地计算机通过境外代理服务器访问境外网站。鉴于公安机关先后两次约谈胡某，要求其停止联网服务，后再作出责令停止联网、警告，并处罚款、没收违法所得等行政处罚，胡某仍然拒不改正，司法机关才判定胡某成立"拒管罪"。

## 二、"拒管罪"不作为要素之作为义务具体种类的规整与分析

现有文献主要从对信息网络的控制支配力角度，论证网络服务提供者的分类[1]、扩充与限制[2]等问题；或从直接引用众多前置法的角度，对信息网络安全管理义务的分类予以类型化分析[3]；或从责令改正的前置法性质与功能角度，论证当前拒不履行信息网络安全管理义务罪司法使用率较低的正当性和合理性；[4]笔者认为现有研究未专门从不作为犯义务来源的基础理论角度，充分论证该罪的作为义务来源问题，只是直接将杂乱繁多的前置法中所明确规定的涉信息管理义务等法律义务，作为义务来源，其中前置法主要是《数据安全法》《网络安全法》《个人信息保护法》《电子商务法》《反恐怖主义法》《全国人民代表大会常务委员会关于加强网络信息保护的决定》等法律和决定，以及国务院制定的《互联网信息服务管理办法》等。

---

〔1〕 参见陈奕屹：《电子商务平台拒不履行信息网络安全管理义务罪认定的困境与出路》，载《法律适用》2020 年第 13 期。

〔2〕 参见陈洪兵：《拒不履行信息网络安全管理义务罪条款"僵尸化"的反思》，载《学术论坛》2022 年第 3 期。

〔3〕 参见童德华、马嘉阳：《拒不履行信息网络安全管理义务罪之"义务"的合理性论证及类型化分析》，载《法律适用》2020 年第 21 期。

〔4〕 参见王帅：《拒不履行信息网络安全管理义务罪中的"责令采取改正措施"解读——基于行刑联动的思考》，载《法律适用》2022 年第 8 期。

（一）"拒管罪"不作为要素之作为义务具体种类的规整

第一，"不提供真实用户信息，不得提供服务"的实名制义务。网络服务提供者有要求用户提供真实身份信息、要求用户实名的义务，换言之，不提供真实用户信息，不得提供服务。不得提供的服务具体有四种：（1）互联网接入；（2）虚拟专用网络、网络代理等网络地址转换；（3）互联网域名注册、主机托管、空间租用、云服务、内容分发；（4）信息、应用和软件发布，或者即时通信、网络支付、网络交易、网络游戏、网络直播、广告推广。例如，2022年12月实施的《反电信网络诈骗法》第21条规定，互联网服务提供者在与用户签订协议或者确认提供服务时，应当依法要求用户提供真实身份信息，用户不提供真实身份信息的，不得提供相关服务。2014年实施的《即时通信工具公众信息服务发展管理暂行规定》第6条规定，即时通信工具服务提供者应当按照"后台实名、前台自愿"的原则，要求即时通信工具服务使用者通过真实身份信息认证后注册账号。2022年施行的《互联网宗教信息服务管理办法》第20条规定，提供互联网宗教信息传播平台服务的，应当与平台注册用户签订协议，核验注册用户真实身份信息。司法案例有远特公司案，虚拟运营商远特公司，因手机卡实名制监管不到位，造成电信网络诈骗犯罪严重后果发生，该公司的董事长及部分高管被法院以拒不履行信息网络安全管理义务罪，一审判处一年四个月至一年十个月的有期徒刑或拘役。

第二，遵守互联网审查制度的义务。根据《计算机信息网络国际联网安全保护管理办法》《国际通信出入口局管理办法》等行政法规的规定，网络服务提供者应严格遵守互联网审查制度，确保国家网络安全。遵守互联网审查制度具体包括维护信息保密性、信息完整性、信息随时可用性，还应确保事前审查、事中监控与报告、事后处理等一系列配套管理义务。例如，2018年6月至2020年4月15日，孙某以宿迁某网络科技有限公司（无公司账户、无财务制度、无财产管理人员，收入归个人所有）名义，在未落实网络日志留存和租户真实身份信息认证的情况下，通过淘宝店铺和微信、支付宝等线上交易方式向不特定人出租其实际管理的600余台远程电脑。2019年9月24日，沭阳县公安机关约谈被告人孙某，核实其违法情况并表示将作出处罚。2020年1月2日，沭阳县公安机关再次约谈被告人孙某，核实其违法情况，被告人孙某表示正准备采取措施进行日志留存。2020 年 1 月 10 日，沭阳县公安机关对宿迁某网络科技有限公司作出警告处罚，并送达限期责令整改通知书，责令该公司于 2020 年 1 月 24 日前必须全面整改到位，被告人孙某在责令整改通知书上签字。2020 年 4 月 15 日，沭阳县公安机关再次对宿迁某网络科技有限公司进行检查，发现该公司未按责令整改通知书要求作任何整改，并于 2020 年 1 月 10 日至 4 月 15 日继续出租远程电脑，违法所得共计人民币 126 543 元。案发后，被告人孙某自动投案，主动退还违法所得人民币 126 543 元。

第三，避免违法信息大量传播的义务。网络服务提供者为了避免违法信息大量传播，应建立内部风险防控的机制和安全责任制度，对违法信息具有监测、拦截、提示、警示、限制发布、暂停更新、关闭账号、自查、安全检测、风险评估、报送、保存记录、报告、移送等义务。不能放任违法信息传播，有采取措施防止违法信息传播的义务。例如，不能传播淫秽信息，否则除可能构成传播淫秽物品罪或传播淫秽物品牟利罪之帮助犯外，还涉嫌构成"拒管罪"。2022 年《反电信网络诈骗法》规定，互联网服务提供者承担安全主体责任，建立反电信网络诈骗内部风险防控机制和安全责任制度，要有效落实内部风险防控的机制，制定用户个人信息收集、使用规则，违反该义务，由电信管理机构依据职权责令限期改正，予以警告，可以并处 1 万元以下的罚款。互联网信息服务提供者还应当建立用户投诉处理机制，公布有效的联系方式，接受与用户个人信息保护有关的投诉，并自接到投诉之日起 15 日内答复投诉人。另外，还应设置专门的安全管理机构，对安全管理负责人进行背景调查。根据《未成年人保护法》第 73 条规定，网络服务提供者发现未成年人通过网络发布私密信息的，应当及时提示，并采取必要的保护措施。根据《关键信息基础设施安全保护条例》第 17 条规定，运营者应当自行或者委托网络安全服务机构对关键信息基础设施每年至少进行一次网络安全检测和风险评估，对发现的安全问题及时整改，并按照保护工作部门要求报送情况；第 39 条规定，运营者未履行安全检测、风险评估、报送义务，由有关主管部门依据职责责令改正，给予警告；拒不改正或者导致危害网络安全等后果的，处 10 万元以上 100 万元以下罚款，对直接负责的主管人员处 1 万元以上 10 万元以下罚款。第 40 条规定，运营者在关键信息基础设施发生重大网络安全事件或者发现重大网络安全威胁时，未按照有关规定向保护工作部门、公安机关报告的，由保护工作部门、公安机关依据职责责令改正，给予警告；拒不改正或者导致危害网络安全等后果的，处 10 万元以上 100 万元以下罚款，对直接负责的主管人员处 1 万元以上 10 万元以下罚款。《互联网宗教信息服务管理办法》第 22 条规定，从事互联网宗教信息服务者，发现违反本办法规定的信息的，应当立即停止传输该信息，采取消除等处置措施，防止信息扩散，保存有关记录，并向有关主管部门报告。《反恐怖主义法》第 19 条规定，发现含有恐怖主义、极端主义内容的信息的，应当立即停止传输，保存相关记录，删除相关信息，并向公安机关或者有关部门报告。

第四，采取措施防止用户信息泄露的义务。用户信息，即用户个人信息。根据《电信和互联网用户个人信息保护规定》第 4 条规定，用户个人信息是指电信业务经营者和互联网信息服务提供者在提供服务的过程中收集的用户姓名、出生日期、身份证件号码、住址、电话号码、账号和密码等能够单独或者与其他信息结合识别用户的信息以及用户使用服务的时间、地点等信息。应该对用户信息予以保密，不能泄露用户信息，如果一再泄露公民个人信息，除了最终可能构成拒不履行信息网络安全管理义务罪外，还可以构成故意泄露国家秘密罪、侵犯商业秘密罪、损害商业信誉、商品声誉罪、虚假广告罪、侵犯公民个人信息罪等。

第五，遏制刑事案件证据灭失的义务。网络服务提供者应遏制刑事案件证据灭失，有备份、保存有关违法信息记录的义务，对于刑事案件证据，要求能随时使用，及时为监管部门提供数据查询、证据调查。[1]例如，《反电信网络诈骗法》第 26 条规定，公安机关办理电信网络诈骗案件依法调取证据的，互联网服务提供者应当及时提供技术支持和协助。《信息网络传播权保护条例》第 13 条规定，著作权行政管理部门为了查处侵犯信息网络传播权的行为，可以要求网络服务提供者提供涉嫌侵权的服务对象的姓名（名称）、联系方式、网络地址等资料；第 25 条规定，网络服务提供者无正当理由拒绝提供或者拖延提供涉嫌侵权的服务对象的姓名（名称）、联系方式、网络地址等资料的，由著作权行政管理部门予以警告；情节严重的，没收主要用于提供网

---

〔1〕 参见李永升、袁汉兴：《拒不履行信息网络安全管理义务罪的理解与适用》，载《宜宾学院学报》2017 年第 2 期。

络服务的计算机等设备。

第六，其他网络安全管理义务。网络服务提供者有采取处置措施的义务，处置措施具体包括重新验核异常账号、限制异常账号的功能、暂停异常账号的服务、关停涉诈高风险电话卡所关联注册的有关互联网账号，对涉诈产业进行处置等。例如，2017 年《网络安全法》第 48 条第 2 款规定，电子信息发送服务提供者和应用软件下载服务提供者，应当履行安全管理义务，知道其用户有前款规定行为的，应当停止提供服务，采取消除等处置措施，保存有关记录，并向有关主管部门报告。当然，有学者将管理义务予以最大限度地限缩理解，认为只包括收到责令改正的通知后移除的义务，这是对管理义务狭隘的理解，不符合"拒管罪"的立法政策目的，设置该罪是为使网络服务提供者承担其应尽的社会责任，网络服务提供者在为全社会提供网络服务层面，既能获得服务报酬，也对网络服务的被提供者拥有巨大的权力，权力有多大，责任就有多大，网络安全的治理，离不开网络服务提供者作为主体参与治理，其治理的措施、手段、方式，并不仅是接到通知后移除违法信息，还应包括其他众多的义务。对管理义务这种狭隘的理解，看低了网络服务提供者的社会地位，低估了参与治理网络安全的能力。总之，上述义务，不会限制互联网公司自由、创新的发展，作为义务对互联网公司或企业来说，是稍作努力、轻而易举的事。同时，通过践行前述违法性三元结构，足以根除"拒管罪"打击范围可能泛化的问题。

（二）"拒管罪"不作为要素之作为义务具体种类的规整

网络服务提供者所承担的上述义务，有轻重之别。避免违法信息大量传播的义务最重，防止用户信息泄露的义务次之，遏制刑事案件证据灭失的义务更加轻，其他无法归类的义务最轻。

一是明确义务内容可以促进合法、正当、安全的信息数据之流动、开放与利用。要求网络服务提供者履行"不提供真实用户信息，不得提供服务"的实名制义务、遵守互联网审查制度的义务、避免违法信息大量传播的义务、采取措施防止用户信息泄露的义务、遏制刑事案件证据灭失的义务或其他网络安全管理义务，是为了促进合法、正当、安全的信息数据之流动、开放与利用。只有明确了义务边界，使信息数据处于没有危险或不受内外威胁的状态,才能保障数据信息持续处于安全的状态,也才能实现信息数据真正有效的流动、开放与利用。[1]

二是明确义务内容可以进一步发挥刑法作为行为规范的指引功能。互联网提供者所经营的平台生态系统与网络空间,提供了犯罪的发生空间与具体情景。网络服务提供者在开展经济活动、牟取经济利润的同时,拥有强大的、广泛的社会权力,其应积极履行上述六项预防、控制犯罪的义务,[2]这使得拥有社会治理实质权力的主体变得分散,国家被迫将部分治理权力让渡给互联网企业分享[3]。另外,明确网络服务提供者必须承担网络治理的具体义务,应根据履行义务的程度,分层次地分配不履行义务所应承担的各种法律责任,这有利于进一步给互联网服务提供者提供明确的行为指引,更好落实罪刑法定原则。

三是以作为义务为核心的犯罪构造准确揭示了"拒管"行为的不法本质,并将"拒管罪"与"帮信罪"严格区分开来。有学者片面考虑信息网络是否被违法犯罪分子利用,忽视用户信息是否泄露、刑事证据是否灭失等情形,使得"拒管罪"与"帮信罪"的犯罪构造趋于混同。之所以会混同,是将"拒管罪"套用"帮信罪"的犯罪构造与中立帮助行为理论,孤立看待"拒管罪"的行为类型之一——"行为人发现他人利用自己实施犯罪而不予阻止的间接帮助或片面帮助行为",无视"拒管罪"本质是未履行众多的作为义务,武断地认为这属于"拒管罪"唯一的行为类型,以此以偏概全,未从不作为的角度区分"拒管罪"与"帮信罪"。由于未准确把握"帮信罪"与"拒管罪"的犯罪本质,使得学者直接将"帮信罪"中提供互联网接入、服务器托管、网络存储、通信传输、广告推广、支付结算等行为,直接拿到"拒管罪"中,认为网络服务提供者不得为其他犯罪行为提供互联网接入、服务器托管、网络存储、通信传输、广告推广、支付结算,如果违反该禁令,即属于拒不履行信息网络安全管理义务,则涉嫌构成"拒管罪"。笔者认为此

---

〔1〕 参见于改之:《从控制到利用:刑法数据治理的模式转换》,载《中国社会科学》2022年第7期。

〔2〕 参见单勇:《数字社会走向前端防范的犯罪治理转型——以〈中华人民共和国反电信网络诈骗法(草案)〉为中心》,载《上海师范大学学报(哲学社会科学版)》2022年第3期。

〔3〕 参见劳东燕:《个人数据的刑法保护模式》,载《比较法研究》2020年第5期。

种行为是典型的作为犯，并不是不作为犯，应该只能定拒不履行信息网络安全管理义务罪。至于中立的帮助行为理论，明晰"帮信罪"的理论依据，才需要寻求中立的帮助行为理论，"拒管罪"并不涉及中立的帮助行为理论，中立帮助行为是日常社会工作、生活中司空见惯、稀松平常的行为，其在外观上是无害的，只是行为在客观上对他人的犯罪行为起到辅助或帮助作用，反观"拒管罪"中不履行管理义务之行为，例如，不履行监测、拦截义务、报告、停止传输等义务，是违反《网络安全法》的违法行为，而且自身是有害的，其违法与否或有害与否，并不依附于他人是否辅助、帮助或促进实施犯罪。

四是消除主观要件定位模糊问题。"拒管罪"的主观意图只能是故意，不应是过失，因为既然"拒管罪"是不作为犯，其主观意图必然是故意，不可能是过失，更不可能是混合罪过。"拒管罪"故意犯罪之认识因素是，网络服务提供者明知自己有确保国家信息网络安全的管理义务，有能力履行该管理义务，但未履行该管理义务，经监管部门多次口头或书面命令其履行义务后，仍未履行义务，拒不改正；其意志因素是网络服务提供者放任自己不履行义务。行政机关多次命令其采取改正措施，仍不改正，主观意图自然是故意，并且只能是直接故意。[1]如果认为"拒管罪"为过失犯，这会使网络服务提供者承担预防违法犯罪的义务，将公安机关、国家安全机关等的本职工作，强行硬推给网络服务提供者，明显不合理和不公平。另外，如果将该罪的本质解读为网络安全责任事故类犯罪，则认为该罪是监督管理过失犯，这难以站得住脚。因为本罪的犯罪构造是典型的不作为犯，而不是过失犯，过失犯必然是结果犯，有学者要求废除"经责令而拒不改正"要件，将评价的重心放在结果上，这种立法修改要求是不合理的。[2]

## 三、"拒管罪"不作为要素理论体系地位的学说之争

### (一)"经责令改正，拒不改正"为客观处罚条件的弊端

如果"经责令改正，拒不改正"是客观处罚条件，则表明当行为人未被

---

〔1〕 参见谢望原：《论拒不履行信息网络安全管理义务罪》，载《中国法学》2017年第2期。

〔2〕 参见李本灿：《拒不履行信息网络安全管理义务罪的两面性解读》，载《法学论坛》2017年第3期。

监管部门责令改正之前，行为人已经构成犯罪，至于是否处罚，在此时是未定的。后续由于出现了"经责令改正，拒不改正"的程序性附加条件，才处罚行为人。对此客观处罚条件实际上属于刑罚论的内容，而不再属于犯罪论。该观点的弊端显而易见。

其一，"客观处罚条件说"未准确把握"程序性附加条件"的立法原意。"程序性附加条件"的立法原意是提高入罪门槛，为了缩小犯罪圈，只有在不得已的情况下才动用刑法。行为人未被监管部门责令改正之前，其行为还不是犯罪行为，其还不是罪犯。例如，在明星逃税案件中，在未被税务监管机关责令补缴税款，缴纳滞纳金之前，该明星明显还不是犯罪嫌疑人，只有到税务监管机关的行政程序走完之后，行为人仍不补缴税款，缴纳滞纳金，其行为才涉嫌属于犯罪行为。毕竟立法机关创设逃税罪的立法目的，是强制公民切实缴纳税款，创设"拒管罪"的立法目的，是强制要求网络服务提供者严格履行具体的信息网络安全管理义务，如果国家权力机关能够以更少的法律成本，实现相同的目的，则会选择非刑法手段，尽量避免将行为人过早地打上犯罪标签、施以附随后果最严重的刑罚。

其二，"客观处罚条件说"误解了"程序性附加条件"的性质。"程序性附加条件"的性质，本质上属于不作为犯罪的成立条件之一。如上所述，"拒管罪"是典型的纯正不作为犯，[1]"经责令改正而拒不改正"的性质，属于不作为犯"经要求履行作为义务而未履行作为义务"的成立条件，属于典型的客观犯罪构成要件要素，并不涉及客观处罚条件。

其三，将"程序性附加条件"定性为客观处罚条件，会使简单问题复杂化。引入客观处罚条件，会导致"拒管罪"中的"程序性附加条件"，与"致使违法信息大量传播、致使用户信息泄露，造成严重后果、致使刑事案件证据灭失，情节严重、有其他严重情节"之规定的性质相混淆。不作为犯的犯罪构造是行为人有作为义务，有能力履行义务，但是未履行。其犯罪成立条件并不包括是否出现危害结果，易言之，"拒管罪"是否成立，与"致使违法信息大量传播、致使用户信息泄露，造成严重后果、致使刑事案件证据灭失，情节严重、有其他严重情节"之严重情节或危害结果出现与否，并不相

---

〔1〕 参见王文华：《拒不履行信息网络安全管理义务罪适用分析》，载《人民检察》2016 年第 6 期。

互影响，只有在行为人构成犯罪之后，如果出现了该严重情节或危害结果，才应该施以刑罚处罚，如果未出现，则不应该处罚，因此"程序性附加条件"是构成要件要素，严重情节或危害结果属于刑罚论视野下的客观处罚条件，而且界限分明，较易区分，简单明了。当然，客观处罚条件在刑法学中的理论体系地位究竟采用构成要件说、犯罪论体系中独立的第四阶层说还是犯罪论、刑罚论两分说，存在很大的争议，本文以假设客观处罚条件的理论体系地位，是以犯罪论、刑罚论两分说为前提条件。[1]

（二）"经责令改正，拒不改正"属于客观构成要件要素的优势

其一，符合"经责令改正，拒不改正"的事理逻辑。顾名思义，"经责令改正，拒不改正"展现了行为人不作为的行为类型，符合"拒管罪"的构成要件；同时，根据"拒不改正"的客观构成要件要素，可以初步推定行为人具有刑事违法性。展开来说，在判断刑事违法性时，行为人一而再再而三地拒绝改正，属于违法性达到了严重程度，根据日常的事理逻辑，自然具有了刑事违法性；可以由"经责令改正，拒不改正"引申出的意义是，行为人"一而再再而三"地不履行义务之客观事实，足以推定、说明或指引行为人具有主观犯罪意图及主观恶性较大。[2]据此，"经责令改正，拒不改正"之不作为行为，契合构成要件符合性，反映刑事违法性，推定主观罪过，与认定犯罪应当分别逐层判断行为的构成要件符合性、违法性、有责性之事理逻辑相一致。

其二，更有利于发挥构成要件要素的行为指引功能，为互联网经济在法治轨道上创新发展保驾护航。认定"拒管罪"是否成立，首先必须判断行为人是否拒不改正，即是否拒不履行信息网络安全管理义务。该作为义务的来源，主要是先行行为或前行为，具体是指网络服务提供者一而再再而三地不履行信息网络安全管理义务。国家一再给网络服务提供者改正的机会，并不断加码敦促或强制引导其履行义务，是为了以尽可能轻微的法律制裁手段，促使网络服务提供者履行义务，回归合法轨道，以免扼杀网络服务提供者的

---

〔1〕 参见杜宇：《程序性犯罪构成要素的性质》，载《中国法学》2022年第5期。

〔2〕 参见赵运锋：《论刑法条文中的"程序性要素"》，载《法学》2021年第7期。

创新活力、阻碍网络服务行业的发展、扰乱网络的活性秩序。[1]

其三，有利于划清民事案件、行政案件与刑事案件的界限，避免三者混淆。"客观构成要件要素学说"允许将不同程度的违法性判断予以切割，笔者认为"拒管罪"的违法性判断属于三元构造，民事违法行为是对刑罚禁令的第一次偏离和抵触，行政违法行为是第二次偏离和抵触，其是第一次的强化版，如果第三次仍拒不履行，才属于刑事违法行为。换言之，监管部门第一次监督、提醒网络服务提供者注意履行各项民事法律、行政法律规定的义务，网络服务提供者在收到监管部门的通知后，应该履行义务，但其仍不履行，在这种情况下，监管部门会采取正式措施，责令其改正，如果不改正，将遭受行政处罚，如果继续不改正、不履行义务，才应构成"拒管罪"。本文之所以未采用学界公认的违法性二元构造，是因为违法性二元构造人为地将民刑、行刑相割裂，无视民事责任、行政责任、刑事责任逐渐趋严、逐级加深的客观事实，也就是说，从民事违法到行政违法，再到刑事违法，行为人的违法程度不断升高，最后发生质变，变为犯罪行为。

可能有学者认为笔者强行加入民事措施，人为拔高"拒管罪"的入罪门槛，是变相增设有关犯罪的内容，僭越了立法权，有违反罪刑法定原则之嫌疑。笔者认为，这是有利于被告人的法律续造，既便于被告人出罪，也对创设"拒管罪"为立法过剩之批评予以更好的回应，还是以尽可能温和的法律制裁措施，直接积极督促行为人履行义务，符合罪刑法定原则之刑罚适正、限制国家刑罚权的实质侧面。

## 四、"拒管罪"其他关联问题的展开

"拒管罪"的犯罪主体是网络服务提供者，为传播网络信息提供中介服务的主体，主要可以分为网络接入服务提供者、网络平台服务提供者、网络内容及产品服务提供者。[2]但是，笔者认为不需要将网络服务提供者予以分类，原因如下：一是此种分类与定罪量刑并无直接关联，无论是网络内容提供者、

[1] 参见敬力嘉：《论拒不履行信息网络安全管理义务罪——以网络中介服务者的刑事责任为中心展开》，载《政治与法律》2017年第1期。

[2] 参见谢望原：《论拒不履行信息网络安全管理义务罪》，载《中国法学》2017年第2期。

网络平台提供者、网络连接提供者或者其他种类的网络服务提供者，只要满足以下情形之一，即属于网络服务提供者。二是当前各种类型的网络平台、网络连接提供者、网络存储提供者、网络传输服务者、网络缓存服务提供者等提供的服务，都存在交叉、重合和同质化的情形，越发缺乏独特性，难以将提供网络平台、网络连接、网络内容、网络存储、网络缓存等行为截然分开，既然分类后的类型在刑法视域中没有独特性，就没有必要予以分类。三是当前互联网、电信、广电等正在不断实现三网融合，推动广电、电信业务双向进入，电网网络科技的进化使其没有区分的客观必要。四是如何将网络服务提供者予以分类，观点众多，争议较大，差异较大，难有定论。从指导"拒管罪"司法适用的实践角度来看，应避免陷入此种理论纠纷的旋涡。

通过详细阐述"拒管罪"不作为要素违法构造的内涵与意义，论证"拒管罪"不作为要素之作为义务具体种类的规整与分析，探讨"拒管罪"不作为要素理论体系地位之"客观构成要件要素说"与"客观处罚条件说"之争，可以得知，我国当前"拒管罪"点明了网络服务提供者各项具体的、极具操作指南意义的作为义务，其所起的作用更多的是超前威慑作用，通过三重违法性判断，完美地坚守了刑法的补充性与非完整性。

# 互联网平台对人权保障的
## 挑战及其国际法规制 *

**摘　要：** 互联网平台在推动保护和促进人权方面具有巨大潜力，但也对人权构成重大挑战。平台公司的商业模式本身与人权相抵触，这些互联网平台通过其算法和内部政策对全球人权产生了巨大影响。平台公司与人权问题的实质，是当下数字技术的使用和覆盖范围的急剧扩张，平台公司业务活动的规模和影响，与社会管理由此产生的任何不利后果的能力之间的缺口在不断扩大。考虑到当前各国国内监管水平参差不齐，以及企业社会责任框架不具有拘束力等现实，针对不断扩大的"治理缺口"，有必要适当补充国际法规则，加强对平台公司的规制，为受害者提供有效的救济途径。

**关键词：** 互联网平台；人权保障；国际法；治理缺口；隐私权

如今，几乎所有的大型科技公司都是数字平台。截至 2020 年 12 月，谷歌、亚马逊、苹果和 Facebook 这四家公司的总市值就超过了 5.7 万亿美元。这些互联网平台在推动保护和促进人权方面具有巨大潜力，特别是信息获取、意见的自由表达，但同时也对人权构成重大挑战，不断曝出的数据泄露、歧视、虚假信息等丑闻令世人将目光日渐聚焦平台公司的人权风险。平台公司的活动可能牵涉隐私权、见解和表达自由权、宗教信仰自由和信仰权、集会和结社自由权以及公众参与权、平等和非歧视等一系列人权。平台公司对人权的威胁是"工商业与人权"问题中的一个缩影。对于后者，联合国工商业与人权问题秘书长特别报告员约翰·鲁格（John Ruggie）教授指出，"这一问题实际上是当下治理模式巨大危机的缩影：经济力量及其行为人的范围和影

---

\* 作者简介：隽薪，广州大学法学院讲师，法学博士，主要研究方向是国际法。

响，与社会对它们所造成的不良后果的管理能力，两者之间的缺口在不断扩大"。[1]而时下数字技术的使用和覆盖范围的急剧扩张，扩大了平台公司业务活动的规模和影响，以及与社会管理由此产生的任何不利后果的能力之间的差距。联合国、各区域组织和条约机构已经声明，人们在线下享有的权利同样也必须在网上得到保护。[2]学者们日渐达成的共识是，平台公司的商业模式本身就是与人权相抵触的，这些在线平台通过对用户采取的政策给全球人权带来巨大影响。随着技术的更新，现有的国内法监管框架与企业社会责任举措不足以应对平台在全球范围内所造成的人权风险，Facebook 等平台频繁曝出的数据泄露等丑闻均证实了平台公司权力与责任的不对称。然而，国际人权法仅对各国具有约束力，尽管互联网平台公司内部的人权讨论越来越多，但它们的承诺仍然是自愿的，不具有约束力。面对此种"治理缺口"，有必要适当补充国际法规则对平台公司进行规制，为受害者提供有效的救济途径。

## 一、平台公司的商业模式及其人权威胁

### （一）数据监控与隐私权

为用户提供内容共享或访问入口的平台公司，特别是 Facebook、推特和 YouTube 等社交媒体平台以及谷歌、必应、百度等搜索引擎，有着基本相同的商业模式：合法地搜集海量的用户个人数据，利用这些数据整合、分析并推测用户的性格特征、兴趣爱好、消费偏好、经济能力、身份职业、地理位置等详细资料，生成一个个标签组合，称为用户画像，接着，广告商向 Face-book 和谷歌等平台公司付费，以便能够精准地向目标人群发送广告或特定消息，以引导其消费与行为。大数据时代，用户画像是帮助公司实现精准营销，深挖其潜在商业价值的利器；而包括 Facebook 在内的许多科技巨头主要依靠

---

〔1〕 John Ruggie. Protect, Respect and Remedy: A Framework for Business and Human Rights, A/HRC/8/5, 2008, para. 3.

〔2〕 UNGeneral Assembly, A/RES/68/167, 21 January 2014; See also Human Rights Council, The Promotion, Protection and Enjoyment of Human Rights on the Internet, UN Doc A/HRC/20/L. 13, 29 June 2012; Human Rights Council, The Promotion, Protection and Enjoyment of Human Rights on the Internet, UN Doc A/HRC/32/L. 20, 27 June 2016; M. N. Schmitt (ed), Tallinn Manual 2. 0 on the International Law Applicable to Cyber Operations (CUP 2017) 179.

将用户资料出售给广告商等第三方以获取利润，通过广告收入盈利的重要性甚至被形容为"互联网的生命线"。在这种商业模式之下，收集个人数据和发送定向广告被平台公司视为理所当然的商业行为，因为它们是用户使用平台免费服务的前提条件。

在互联网和数字世界里，人们所做的每一件事都会留下痕迹，包括你何时给车加油、访问过哪些网站等。因此，平台公司所掌握的个人信息量空前之大，早已远远超过了人们在平台上选择分享的数据，包含了个人在数字空间从事各项活动时被追踪的大量信息，包括但不限于购买记录、收藏记录、停留时长、活跃度、定位、投诉频率、设备型号，甚至通过同一手机号码注册的邮箱关联到其他网站上的痕迹。当这些零碎的记录被整合在一起时，即便是看起来微不足道的数据片段，都能告诉我们许多关于某一个人的很多事情。然而，平台的商业模式对数据的收集并不是中立的。平台由算法系统所支撑，这些系统在进行大量的数据分析后，可以推算出用户的特征，信息极为详细，而且能影响到他们的网络体验。用户会感到各种平台越来越能抓住他们的心，因为平台会基于算法进行个性化内容推送，算法推荐成为各平台的基本操作。平台公司对数据的收集和使用往往是复杂的、不透明的，用户通常没有意识到这些数据被收集，也不知道他们的个人信息是如何或在哪里被使用或存储的。这种建立在搜集、整合个人数据基础上的商业模式类似于令私人公司在全球范围内对亿万民众实施无差别监控，所有的现实和人类生活都成为一种商品，平台公司可以从中提取数据并货币化，因而学者肖莎娜·祖博夫（Shoshana Zuboff）称这种商业模式为"监视资本主义"（surveillance capitalism），并指出监视资本主义是以极权主义秩序作为发展的终点，利用和控制人性。[1]这种基于数据监控的商业模式被平台公司视为用户换取它们提供免费服务不可或缺的一部分，而它们所提供的"免费服务"实质上在掩盖它们将用户个人信息数据货币化的真相。

隐私权作为一项国际社会和各国广泛承认与保护的基本权利，在《世界人权宣言》（第 12 条）、《公民权利和政治权利国际公约》（第 17 条）、《儿童权利公约》（第 16 条）以及《欧洲人权公约》（第 8 条）、《美洲人权公约》

---

[1] Shoshana Zuboff. The Age of Surveillance Capitalism, Profile Books, 2019, p. 5.

（第 11 条）等区域性人权公约当中均得到了阐明。根据这项人权，任何人的私生活、家庭、住宅或通信不受任意或非法干涉，而且享有受法律保护免遭这种干涉的权利。平台公司以如此大规模的方式获取并分析人们的私人数据，与隐私权所保障的各种权利彻底相悖，当中包括私人生活不受侵扰的自由、掌控自身信息的权利，以及享有空间自由表达自我身份的权利。作为一项公认的基本人权，隐私权可被视为假定个人理应拥有一个享受自主发展、互动和自由的领域，一个无须同他人产生关联的"私人领地"，不受国家干预，任何人未经允许不得擅自过度干涉。在数字环境中，信息隐私尤其重要，它涵盖了关于个人及其生活的现有的或可推导得出的信息，以及在这些信息的基础上作出的决定。[1]保护隐私权不仅限于私人、私密空间如个人住宅，还包括公共空间和公开的信息，平台公司在如此大的范围内实施大规模的公司监控已经威胁到了隐私权的根本。

### （二）内容审核与表达自由权

每天都有数十亿人使用在线平台来表达自己，参与评论与辩论、搜索资讯、创建和分享观点，平台公司越来越多地承担起管理我们日常信息的作用。这些公司的核心业务是围绕表达及其生成的信息展开的，这些内容构成了平台商业模式的核心元素。对于平台公司而言，要追求利润最大化，就要想方设法吸引用户、维持用户黏性，即吸引新用户，以及令用户在平台上持续地进行浏览、访问和观看，花费更多的时间、精力甚至金钱在平台上，从而通过数据盈利来增加广告利润，而做到这一点的重要方法就是显示用户喜欢看的内容。[2]为了追求更多的点击量和更长的用户停留时间，有些平台公司即使明知道有些信息可能会助长有关性别歧视、男女对立、饮食失调、身材攻击和负面自我形象的言论，却仍然允许这样的内容在平台上传播，这无疑会对社会稳定、青少年身体和心理健康带来危险。虽然平台公司会对平台上的内容进行审核，但除政府监管要求外，平台审核的动力仍然主要是受利润驱使。各平台为争抢用户还会形成内容竞争，所谓内容竞争，实际上就是内容

---

〔1〕《数字时代的隐私权——联合国人权事务高级专员的报告》，载 https：//docs. un. org/zh/A/HRC/39/29，最后访问日期：2018 年 8 月 28 日。

〔2〕 Anja Bechmann. Data as Humans：Representation，Accountability，and Equality in Big Data，in Rikke Frank Jørgensen ed.，Human Rights in the Age of Platforms，The MIT Press，2019，p. 121.

审核能力的比拼，特别是对于社交媒体类平台，内容审核决定了以内容运营为主的平台的竞争力。像 Facebook 这样的平台公司很清楚其平台的各种危害和危险，但却一直没有纠正，因为这将与公司的持续增长和利润相冲突——如果改变算法，那么人们在网站上花费的时间就会减少，伴随而来的是广告点击量和公司收益的降低。

可以说平台从来都不是内容中立的舞台，内容审核与平台公司的商业模式紧密交织在一起，同时也是它们提供给消费者的产品的重要组成部分。[1]也就是说，互联网平台并不只是随机地向我们显示信息，它们为我们组织、策划和管理信息，它们决定了用户所表达的内容是否以及如何被其他人看见，有的学者称这样的平台为"公共话语的策展人"。[2]通常，这些管理过程都是用算法进行的，平台使用专有公式来决定向用户提供什么内容，显示什么搜索结果，显示什么内容，以及提供什么相关内容。[3]由于这些公式是专有的，是其商业模式的核心，平台不会分享它们是如何做出这些决定的细节。数字平台运行的监控商业模式——已经看到传统的自由民主中介在一定程度上被算法中介取代——将参与的数量置于内容质量之上。[4]

见解与表达自由权同样属于一项得到国际社会和各国广泛承认与保护的权利，在《世界人权宣言》（第 19 条）和《公民权利和政治权利国际公约》（第 19 条）以及《欧洲人权公约》（第 10 条）、《美洲人权公约》（第 13 条）等区域性人权公约当中均作出了规定。《公民权利和政治权利国际公约》第 19 条保证"人人有权持有主张，不受干涉"（意见自由）以及"人人有自由发表意见的权利；此项权利包括有权不论国界，通过任何媒介寻求、接收和传递各种信息和思想"（表达自由）。根据《公民权利和政治权利国际公约》第 19 条规定，平台在内容审核时拦截用户信息，会限制发言者和听众的权

---

〔1〕 Rikke Frank Jørgensen. Human Rights and Private Actors in the Online Domain, in Molly K. Land and Jay D. Aronson ed., New Technologies for Human Rights Law and Practice, Cambridge University Press, 2018, p. 251.

〔2〕 Tarleton Gillespie. The Politics of Platforms. 12 New Media & Society, 2010（3）: p. 347.

〔3〕 Molly K. Land. Regulating Private Harms Online: Content Regulation under Human Rights Law, in Rikke Frank Jørgensen ed., Human Rights in the Age of Platforms, The MIT Press, 2019, p. 290.

〔4〕 Janna Anderson & Lee Rainie. The Future of Digital Spaces and Their Role in Democracy, Pew Research Center, 2021, p. 45.

利，其中包括"寻求、接收和传递各种信息和思想的自由"。根据《公民权利和政治权利国际公约》第 19 条规定，意见自由是绝对的，表达自由在特定情况下可能受到限制，限制条件规定在该条的第 3 款。国家对表达自由的限制必须符合以下既定条件：国家对表达自由的限制需要满足合法性、必要性和正当性这三项条件，而私人企业是否应满足这三个标准没办法确定，那么是不是意味着私人企业在限制表达自由方面有更大的权力？

平台公司每天对其平台上的内容做出的成千上万个决定，对我们生成和分享信息以及表达的能力产生了重大影响。由于平台公司可以在其平台上为允许的表达和行动设置条件，加剧了人们对表达自由权的担忧。平台公司依据用户协议约束个人访问平台的行为，用户协议中的服务条款规定了个人可以表达哪些内容和如何表达内容。服务条款是个人接入平台通常必须接受的条件，一般载有对可分享内容的限制。这些限制是根据当地法律和法规制定的，并反映了类似的禁止规定，包括禁止骚扰、仇恨言论、宣传犯罪活动、无端暴力行为和直接威胁的规定。[1] 呈指数增长的用户自创内容促使平台制定的政策规则越来越详细，内容审核政策的制定通常有法律顾问、公共政策和产品经理以及高管的参与。可以说，谷歌的律师和高管在决定谁能够在世界范围内发言和被听见方面比任何总统、国王或最高法院法官有更大的权力。[2] 这些公司在执行这些政策方面也拥有广泛的自由裁量权，在不受法院及其他问责机制监督的情况下履行公共职能。在线平台还可以通过删除、取消索引或剥夺优先级用户特定的内容来影响人们在线上的表达和参与。但是大多数平台缺少关于内容为何被移除或账户为何被注销问题的申诉程序。当平台因反复违反服务条款而暂停或终止用户账户时，也会影响在线表达自由。

除了侵害用户的隐私权和表达自由权，用户的其他人权也可能会因平台大规模监控、拦截个人信息、受利润驱使进行内容审核的商业模式而受到严重威胁，通常这些权利包括和平集会和结社自由、享有家庭生活和健康的权利等，例如，平台为了保持用户长时间在线而保留的一些矛盾和对立的内容，

---

〔1〕《促进和保护意见和表达自由权问题特别报告员的报告》，载 http：//docs. un. org/zh/A/HRC/32/38/，最后访问日期：2016 年 5 月 26 日。

〔2〕 Jeffrey Rosen. The Deciders：The Future of Privacy and Free Speech in the Age of Facebook and Google，80 Fordham Law Review，2012（4）：p. 1536.

广泛地涉及种族歧视、年龄歧视、性别歧视等问题，侵害了人们平等和非歧视的权利。

## 二、平台公司权力扩张之下的治理缺口

### （一）平台权力的扩张

数据是当前数字经济领域最核心的生产要素。谷歌、Facebook 等大型平台在全球拥有数十亿用户，基于其掌控的海量数据，平台获得了控制和支配他人的地位，从而形成了所谓"平台权力"。根据学者的归纳，这种权力至少可以体现为三个方面：第一，平台准入权。平台公司构建了用户依赖的基础设施，当越来越多的人使用平台，这时平台类似于一种公共设施，而平台公司设置了用户进入平台的门槛与内部规则，任何人使用平台必须遵循其规则。第二，资源调配权。数据被喻为数字经济下的石油资源，平台搜集个人数据，并基于算法整合、分析用户个人数据，进行个性化推送来引导消费，实际上是将数据资源调配给广告商，从广告商处获得利润。第三，实际管制权。如亚马逊、淘宝等购物平台能够依据其制定的规则，对平台中商户和消费者之间的纠纷进行裁断，还可以对商户进行处罚，行使着类似国家的立法权、行政执法权、司法裁判权。[1]

尽管平台权力同政府权力不可同日而语，至少在权力的来源、权力的行使方式、内容范围等方面有着本质区别，但不可否认的是，平台公司在其搭建的网络虚拟社区当中进行着社会治理，令平台日益具有了公共属性。今天，如何对 Facebook 和推特等社交媒体平台做出正确监管回应的很大一部分挑战，正是源于它们作为公共和私人领域的双重角色。[2]为达到这样的规模，许多情况下，它们在影响个人言论，公众辩论，引起歧视和侵犯隐私方面可能比国家本身的做法还要严重。Facebook 的 25 亿活跃用户中，约有 85% 来自美国以外，其中许多用户生活在信息获取有限的国家，可以说这些平台正在塑造世界各地的思想与行为，平台等科技公司已经成为网络空间的统治者。平台

---

〔1〕 刘晗：《平台权力的发生学——网络社会的再中心化机制》，载《文化纵横》2021 年第 1 期。

〔2〕 Rikke Frank Jørgensen & Lumi Zuleta. Expression on Social Media Platforms：EU Content Regulation through the Lens of Human Rights Standards, 41 Nordicom Review, 2020（1）：p. 52.

公司是这一凭借数据和算法所形成的独特生态系统的主导者，其权力的行使并非完全基于政府的授权或控制，而是凭借其强大的影响力。这种本质上由资本和技术联姻的，以私营公司身份发展起来的新型非国家行为体，开始突破权力的临界点，超越了一个公司正常的权力和权利范畴，自觉和非自觉地开始影响并主导国家发展和国家治理的各个层面，甚至开始影响和塑造国际秩序。[1]这种"平台权力"可谓一种新型的"私权力"（private power），这种私权力正随着平台的壮大，用户数量的增长以及平台涉足领域的扩展而不断扩大。这种新型权力具有垄断的特点，已不局限于经济领域的支配性权力，更进一步向社会、政治领域扩张。[2]

对数据和民众表达基础设施的掌控也令这些公司拥有强大的政治资产。2017年，"英国剑桥分析公司丑闻"被媒体全面曝光。英国剑桥分析公司利用 Facebook 雄厚的用户数量基础，以及丰富的个人数据信息，针对不同人群进行程度各异的轰炸式洗脑营销，成功干预了2016年美国总统大选和英国"脱欧"公投，由此引发了社会各界对数字媒体平台政治影响力的广泛关注。社交媒体平台和搜索引擎已经成为政治动员和参与的主要工具，这无疑会产生正向和负面的双重影响。最具潜力重塑现代政治制度和结果的技术由少数公司控制，而这些公司本身就是非常强大的政治参与者。有学者担忧，这些公司的权力，以及它们对促进外部分析所需数据的控制，可以使它们避免更大程度的公众审查。[3]

（二）逐步扩大的治理缺口

当前，这些大型平台公司所拥有的权力远远超过了它们所承担的责任。Facebook 接二连三地曝出在隐私保护和虚假信息方面的丑闻清楚地展现出这种权力和责任的不对称。由于政府不能或不愿治理以及平台公司逃避监管、推脱责任等外部和内在的原因，这种治理缺口正在不断扩大。

---

〔1〕 方兴东、严峰：《网络平台"超级权力"的形成与治理》，载《人民论坛（学术前沿）》2019年第14期。

〔2〕 刘典：《数据治理的"不可能三角"》，载《文化纵横》2022年第2期。

〔3〕 George J. Stigler Center for the Study of the Economy and the State. Committee for the Study of Digital PlatformsPolitics SubcommitteeReport, July 2019, available at https://ssrn.com/abstract=3144139, visited on 2 Mar. 2023.

1. 国家政府不能治理与不愿治理

尽管目前对于平台公司的政治和法律审查趋于严格，但是立法往往存在滞后性，监管措施想要跟上日新月异的技术发展尤为困难。再加上平台算法和内部政策的复杂性和不透明性更加深了监管难度。数字平台在世界各地都有，但具有全球影响力的数字平台主要集中在中美等少数国家。平台经济是一个新兴领域，并没有成熟的监管框架。对于很多国家而言，如何监管尚在摸索阶段。互联网的使用和交易过程中产生了大量的个人信息，这些信息对公司网络运作的商业模式十分重要——在快速变化的跨国环境下，如何理解目前的状况，对政策制定者来说是一个重大挑战，更不用说如何管理了。[1]

除了难以对平台进行监管，国家政府可能也并没有十分强烈的意愿对损害人权的平台商业模式强化约束与惩罚。数字平台受益于当前的经济民族主义浪潮，因为本国政府支持它们，希望在数字技术和人工智能方面获得竞争优势。[2]近20年来，美国国会颁布了一系列法规，将科技公司在网络侵权行为、隐私保护和纳税方面的法律责任降至最低。[3]2018年，为了维持其数字霸权，美国发布了《云法案》，赋予服务提供商调取全球跨境数据的权利。美国还通过自由贸易协定来赋予数字公司以广泛的权力，包括将提供数字服务过程中获取的他国数据资源实际占有，进而转化为本国数字巨头的资本。[4]全世界的民族国家争相招揽互联网公司进驻，研究表明，许多国家选择战略性地弱化隐私法规。这样做是为了获得对其他发达经济体的竞争优势，如果这种优势存在的话。在很多情况下，这些战略选择是由小国家做出的，因为它们想要成为高科技产业的区域中心。[5]这似乎证实了国家间隐私政策的竞

〔1〕［英］安得烈·帕迪法特等：《全球调查报告：互联网隐私和表达自由》，胡泳、徐嫩羽、于双燕译，联合国教科文组织2012年版，第19页。

〔2〕George J. Stigler Center for the Study of the Economy and the State. Committee for the Study of Digital Platforms Politics Subcommittee Report，July 2019，available at https://ssrn. com/abstract = 3144139，visited on 2 Mar. 2023.

〔3〕Haochen Sun. Corporate Fundamental Responsibility: What Do Technology Companies Owe the World? 74 University of Miami Law Review，2020（3）：p. 898.

〔4〕参见刘典：《数据治理的"不可能三角"》，载《文化纵横》2022年第2期。

〔5〕［英］安得烈·帕迪法特等：《全球调查报告：互联网隐私和表达自由》，胡泳、徐嫩羽、于双燕译，联合国教科文组织2012年版，第23页。

争是被跨国公司间接地培养起来的，而这种竞争是一种不正常的向下竞争（a race to the bottom）。大型跨国平台，如谷歌、微软、Facebook 或亚马逊，因其规模和国际影响力而能够与国家以看似平等的关系进行协商。它们以出售软件和服务为主要目的，其实际位置具有很大的灵活性，所以有能力选择自己的司法管辖区。[1]这意味着它们手中掌握了同有关政府谈判的筹码。事实上，它们的角色不存在于权力真空的环境中，不同的国内和国际治理布局以及政治和企业的利益相关方，都力图获取对互联网平台的更大控制权，因此免除这些企业的"中介责任"（intermediary liability）不是一种必然，而是一种特别的政治交易。[2]

2. 平台公司逃避监管和推脱责任

为了确保利润最大化，平台公司还尽可能地逃避监管，以降低监管成本。有证据显示，Facebook 等平台在监管薄弱的发展中国家所采取的政策同在监管相对严格的发达国家所采取的政策并不一致。根据 Facebook 前员工弗朗西斯·豪根（Frances Haugen）曝光的文件显示："Facebook 打击错误信息的预算资源当中有84%用于美国，只有16%分配给了'世界其他地区'，而后者包括人口达 13.8 亿、族群冲突日益严峻的印度。根据资料，印度是 Facebook 最大的市场，拥有 3.4 亿用户，而北美用户只占 Facebook 日活跃用户的10%。Facebook 却并未将其资源等比例地分给人口更多的非英语市场。Facebook 的资源分配不均问题在有着 22 种官方语言的印度尤为明显。Facebook 允许发表未经审查的内容，这些内容在印度已经变成针对少数群体、达利特人和妇女的工具。"发展中国家在数字经济浪潮当中本身就属于跟随者，缺乏资金和技术能力乃至意愿对平台公司强化监管。Facebook 这种区别对待，反映了其追求利润至上的价值导向，加剧了发展中国家人权问题的复杂性与严重性。这个例子清楚地向世人展示了线上平台公司同线下传统公司一样，它们在全球配置资源，在"监管洼地"采取同母公司不一样的经营策略，减少监管成本，以追求利润最大化为终极目标。对于这一现实问题，联合国促进和保护意见

---

〔1〕 ［英］安得烈·帕迪法特等：《全球调查报告：互联网隐私和表达自由》，胡泳、徐嫩羽、于双燕译，联合国教科文组织 2012 年版，第 23 页。

〔2〕 Milton L. Mueller. Networks and States: The Global Politics of Internet Governance, MIT Press, 2010, pp. 138-139.

和表达自由权问题特别报告员大卫·凯伊（David Kaye）在其 2018 年提交联合国人权理事会的报告中曾明确指出，"公司应当认识到，确保平台表达自由的全球权威标准是人权法，而不是各异的国家法律或公司的私利，公司应当相应重新评估其内容标准"。[1]

平台公司还经常通过将问题引向技术解决来掩盖或弱化其应承担的道德和法律责任。有学者指出，"技术解决主义"也是支撑平台公司商业模式的重要支柱，即解决社会和政治问题的方法在于技术，如公司还试图尽可能多地自动化审核，因为这允许它们降低劳动力成本，并将任何错误归咎于算法，它们总是承诺在错误出现时改进算法。[2]所谓向用户提供"免费的服务"也会被平台利用为免除责任的抗辩依据，例如 Facebook 认为法国消费者权利法不适用于法国 Facebook 用户，因为它在全球的服务是免费的。

### 三、缩小治理差距的现有努力及其局限

#### （一）国家监管措施

面对平台公司对人权造成的负面影响，人权倡导者发出了强烈的呼吁，要求按照国际人权保护的标准精心制定"平台责任"规则。互联网平台在很大程度上由私人行为者控制，而国际人权法只对各国具有约束力，跨国公司等私人行为者并非国际法的主体，国际人权法无法为这些跨国平台公司施加义务和责任。依据国际人权法，国家有义务保护个人免受第三人的侵害，国家制定国内法以及公共政策可以视为其履行人权条约义务的具体行动。面对平台带来的人权风险，特别是涉及用户隐私权以及青少年权利的保护，众多国家在近年来强化了对平台的法律监管。

由于科技巨头们垄断了用户数据，数据泄露事件层出不穷，因而各国制定了个人信息保护法以保护用户隐私权。欧盟认为个人数据信息属于隐私权范畴，从保护人权的角度统一立法，于 2016 年颁布了《通用数据保护条例》（GDPR），对公司收集、存储和处理用户数据作出了明确要求。美国秉持效率

---

[1]《促进和保护意见和表达自由权问题特别报告员的报告》，载 https：//docs. un. org/zh/A/HRC/38/35，最后访问日期：2018 年 4 月 26 日。

[2] Nathalie Maréchal. The Future of Platform Power：Fixing the Business Model, 32 Journal of Democracy, 2021（3）：pp. 157–162.

优先，并没有统一的隐私立法，而是制定了行业性措施来保护隐私。韩国是亚洲信息技术部门发展的领导者，早在 2006 年就通过了《信息通信网络利用和信息保护法》以保护用户隐私，近年来又修订和完善了《个人信息保护法》。我国也先后制定了《网络安全法》《个人信息保护法》以保护个人数据隐私。尽管在线平台对隐私权的负面影响得到了一些关注，但它们对表达自由的影响却没有获得同等重视，很少有国家出台立法来防止在线平台对表达自由产生的潜在负面影响。[1] 这方面波兰于 2021 年提出了《保护社交网站言论自由法草案》，旨在保护用户的在线表达自由，使用户免受科技公司"武断和不公正"的内容审查行为的影响。2020 年巴西《互联网自由、责任和透明度法案》也涉及对表达自由的保护，但最终未获得通过。

关于数字市场、平台监管的专门法规近年来快速发展。2020 年 12 月，欧盟公布《数字市场法案》和《数字服务法案》两份法律草案，针对大型平台的监管内容及监管方式，明确了大型平台的责任，树立了平台治理的欧洲样板，其中《数字市场法案》已于 2022 年 7 月获欧盟理事会通过。2022 年年底，英国发布了《在线安全法案》修正案，强化对互联网未成年用户的保护。2021 年 10 月，我国国家市场监督管理总局发布了《互联网平台分类分级指南（征求意见稿）》与《互联网平台落实主体责任指南（征求意见稿）》，这两个文件被称为"中国版数字市场法"。

总体上，可以说目前全球的法律法规都没有跟上大数据时代算法技术的发展。国内监管重点关注几类风险最高的人权方面，主要是隐私权保护，覆盖面不够广泛，无法解决由平台固有商业模式而引发的所有人权问题。而大型平台的人权影响却是全球性的，但各个国家的监管水平参差不齐，即使是数字经济大国也尚未有信心说已经构建了成熟的监管框架，欧盟《数字市场法案》在实施效果上还有待评估。从这个角度而言，目前各国国内监管措施恐怕难以遏制平台所带来的人权风险。在追责方面，尽管一些国家针对大型平台泄露个人隐私数据开出了巨额罚单，但并不能令巨型平台真正伤筋动骨，受害者如何获得补救也依然是个难题。

---

[1] Rikke Frank Jørgensen. Human Rights and Private Actors in the Online Domain, in Molly K. Land and Jay D. Aronson ed., New Technologies for Human Rights Law and Practice, Cambridge University Press, 2018, p. 268.

（二）企业社会/人权责任举措

1.《联合国工商业和人权指导原则》

"工商业和人权问题"自 20 世纪 70 年代纳入联合国讨论范畴，到 20 世纪 90 年代初发展成为全球议程。随之在联合国层面以及整个国际社会逐渐形成了两种不甚相容的主张：一种是通过自愿性的企业社会责任准则来教化企业行为的"共治主义"，另一种是利用国内法或国际法直接对跨国公司的有害行为进行问责的"规制主义"。一直到 2011 年，由联合国人权理事会主持通过了这一领域的基准——《联合国工商业和人权指导原则》（UNGPs），"共治主义"与"规制主义"之间的激烈争论才有所缓解。UNGPs 建立在三大支柱基础上，即国家保护人权义务、公司尊重人权责任、受害者享有有效救济。UNGPs 旨在为所有公司制定一套通行规则来识别、预防和减轻人权风险，不论其规模、行业部门、业务范围、结构和所有制。因此，UNGPs 也成为期望平台公司努力预防和减轻可能与其做法、产品和服务有关危害的有力工具。

UNGPs 申明了工商业尊重人权责任的依据为国际公认的人权标准，该责任包括三部分：工商业要作出履行尊重人权责任的政策承诺；建立人权尽责程序以识别、预防和减轻人权影响，并对如何处理人权影响负责；建立申诉程序补救其所造成或加剧任何负面人权影响。具体而言，公司应利用各种手段将尊重人权的政策承诺内置于公司战略之中，这需要制定与公司规模和环境相适应的政策和程序，包括得到最高层的批准，贯穿整个业务政策和程序之中，向利益攸关方传达它们尊重人权的意愿（原则 16）。为确认、防止和缓解负面影响，工商企业还应恪守人权尽责原则，一般包括四个步骤：（1）评估人权影响，以确定人权风险的性质和程度；（2）采取行动以预防和减轻对人权的风险，包括将此行动整合在内部职能和流程之中；（3）持续跟踪减轻人权风险措施的有效性；（4）适当沟通在处理人权影响方面的表现（原则 18、原则 19、原则 20）。同时 UNGPs 还强调人权尽责应是持续的，并且应当根据业务和经营背景的变化而变化，在过程中还应注重与受影响的利益攸关方的磋商与反馈（原则 17、原则 18、原则 20）。

UNGPs 为解决平台公司由其商业模式所引发的人权风险提供了一个实用的框架。Facebook、谷歌、西班牙电信等一些大型的平台公司均已根据 UN-

GPs 阐明了它们的人权承诺。欧洲联盟委员会还发布了《信息和通信技术部门执行联合国工商业与人权指导原则指南》。但是，自 UNGPs 发布以来，很多问题仍然难以解决，跨国公司及其全球产业链侵犯人权的事件仍然在每天上演。[1] 从孟加拉国造成 1134 名工人死亡的拉纳广场大楼倒塌，到巴西马里亚纳的布鲁马迪尼奥大坝环境灾难，这些实例无可辩驳地向人们传递了一个明确的信息，即公司仅仅作出人权承诺是不够的。尽管目前有 25 个国家发布了 UNGPs 国家行动计划，但是大多数现有计划仍然严重依赖于自愿的商业行为。"人权尽责"尽管为公司划定了识别、预防和减轻负面人权影响的路线图，但由于缺乏对公司的拘束力，这一过程缺少监督。因此，自愿性的 UN-GPs 在实践中很多时候只是成为平台公司标榜自己负责任的装饰门面。人们一般认为，平台公司的利润就是来自出售用户的信息，除了提供类似于"遮羞布"的企业社会责任项目以掩盖其实际动机，它们对其余事情并没有兴趣。

2. 多利益相关者倡议

在民间为科技公司制定的关于人权方面的软法标准之中，全球网络倡议（GNI）创建的《言论自由和隐私原则》（以下简称《原则》）与《原则实施指南》（以下简称《指南》），二者合称为"GNI 框架"，影响力较大。2008年建立的 GNI 是一个多利益相关者倡议，它的参与者汇集了来自世界各地的 85 名学者、民间社会组织及公司。"GNI 框架"供信息和通信技术企业（ICT）实施，旨在为 ICT 在保护和促进国际人权方面提供方向和指导。

"GNI 框架"基于国际公认的人权法律和标准制定。《原则》的正文包括序言，言论自由，隐私，负责任的公司决策，多方利益相关者的合作，以及治理、问责制和透明度几个部分。序言中要求 ICT 无论在何处经营都应遵守所有适用法律，并尊重国际公认的人权。如果国家法律、法规和政策不符合国际标准，ICT 应避免、尽量减少或以其他方式消除政府要求、法律或法规的不利影响，并设法尽最大可能遵守国际公认的人权原则。在负责任的公司决策部分，"GNI 框架"强调了作出涉及隐私和表达自由重要决策的 ICT 高管层对《原则》应充分了解及推进，并依据 UNGPs，要求各参与公司开展人权尽

---

[1] UN Working Group on Business and Human Rights. Guiding Principles On Business And Human Rights At 10: Taking stock of the first decade, June 2021, available at https://www.ohchr.org/sites/default/files/Documents/Issues/Business/UNGPs10/Stocktaking-reader-friendly.pdf, visited on 2 Mar. 2023.

责调查，以确定、预防、评估、减轻和应对涉及公司产品、服务、活动和运营的表达自由和隐私权风险。"GNI 框架"要求在企业任何有业务控制的地方实施《原则》，并尽最大努力确保商业合作伙伴、投资方、供应商、分销商和其他相关各方遵循《原则》。《原则》还要求开展多方利益相关者合作，促进对相关主题的分享学习，并参与政策倡导，以提高全球表达自由和隐私。《原则》还试图纳入问责和透明度，各参与者将通过对大众的透明度和实施《原则》的独立评估制度来问责，《指南》要求独立评估人员每两年评估一次企业实施原则的进展情况。通过其独特的评估过程，GNI 成员公司对其为实施"GNI 框架"而实施的系统、政策和流程以及它们在实践中实施"GNI 框架"的经验进行定期、独立地审查。

虽然 GNI 是互联网公司之间讨论人权的主要平台，提高了人们对这些企业在保护和促进隐私权和表达自由方面所起作用的认识，但它依然存在很多问题，包括在评估过程中不够独立；缺乏补救机制；设计对隐私的关注不足；缺乏问责等。[1]它还一直被批评缺乏参与，GNI 成员企业数量至今仍然有限，目前只有 19 家科技公司，其中大公司包括雅虎、谷歌和微软。虽然许多其他互联网公司也受到邀请，但几乎都不成功，这决定了其影响极为有限。当然，GNI 仍相对年轻，它所提出的要求将如何影响成员公司的中长期行为还有待观察。

### 四、弥合缺口：责任与问责相结合的国际法规制路径

在数字经济下，各界普遍认为当前国家监管框架未能跟上技术的快速发展，而平台公司进行自我监管的实效受到广泛质疑。特别是在隐私方面，平台公司保护隐私的行动动机充满矛盾，而且非常值得怀疑的是自律隐私措施能在多大程度上取代公共法律法规。UNGPs 等自愿性举措的致命缺陷，在于它并未对公司施加有拘束力的法律义务。鲁格教授也曾直言 UNGPs 只是作为解决工商业与人权问题发轫期结束的标志，它提供了一个全球普遍适用的规范平台，为国家、工商界、社会团体提供了权威的政策指导，可逐步推动进

---

〔1〕 Rebecca MacKinnon. Consent of the Networked: The Worldwide Struggle for Internet Freedom, Basic Books, 2012, pp. 179–182.

展，且不妨碍任何其他大有希望的长期进展。[1]为了遏制平台公司的人权威胁，有必要制定新的政策与监管措施。第一，平台公司权力的持续扩张提示我们，仅依赖各国的国内法监管是不够的，还应当补充国际法规范；第二，现有的自愿性措施缺乏对平台公司的约束力，还须进一步强化对企业的问责制；第三，针对技术的飞速发展，以往的企业社会责任举措可能无法完全适应数字领域的新问题，已经有学者指出这种不适应，[2]为尽快填补该领域的行为规范空白或建立新的企业社会责任举措模型，在这方面也要重视软法责任先行。总体而言，填补治理缺口，对平台公司强化监管应当采取混合的方式，即采取责任与问责相结合的国际法规制路径。

（一）寻求条约共识以强化对平台的人权问责

在广大发展中国家的推动下，2014 年联合国人权理事会成立了"关于跨国公司和其他工商企业与人权的关系问题不限成员名额政府间工作组"来制定具有国际法律约束力的文书，从而在国际人权法中规范跨国公司和其他商业企业的活动。2018 年工作组发布了《在国际人权法中规范跨国公司和其他工商企业活动的具有法律约束力的文书零草案》（以下简称《零草案》），作为日后条约谈判的基础。目前经历了八届会议三次修订，从案文起草到修订过程中能够看出，发达国家和发展中国家在此问题上的深刻分歧，最后形成的文件能否获得通过，以及能否经各国批准生效仍然未知。而且从工商业与人权问题的复杂程度来看，我们也不能指望一项条约能够解决所有问题。考虑到线上平台公司在运营模式、影响范围等方面同线下公司有着很大的区别，对于涉及平台公司的突出问题，应当具体问题具体分析，同时为了在国际法层面尽快凝聚共识，可以寻求在已经具备条约实践或国内立法、司法实践的领域推动条约的达成。目前这样的具体领域可能包括以下几个方面。

1. 强制性人权尽责

近年来，人权尽责在一些国家和地区已经被纳入相关法律之中，法律要求企业承担法律义务，以履行强制性的人权尽职调查要求。原本仅是自愿性

---

〔1〕 John Ruggie. Guiding Principles on Business and Human Rights: Implementing the United Nations 'Protect, Respect and Remedy' Framework, A/HRC/17/31, 2011, p. 13.

〔2〕 See Emily B. Laidlaw. Regulating Speech in Cyberspace, Cambridge University Press, 2015.

的企业人权责任要求开始转变为具有牙齿的法律规范，预示着一种范式的转变，成为工商业与人权问题中最为突出的一项发展。领先的国家包括法国、德国、英国、瑞士等，欧盟在 2020 年年底发布了关于人权尽责的立法草案。2022 年 2 月 23 日，欧盟委员会又提出了一份关于企业可持续发展尽职调查指令的立法提案。该指令要求某些公司履行在人权和环境方面的尽职调查义务，并规定了执行机制，可能对不遵守规定实施制裁和承担民事责任。尽职调查指令中的规则将适用于拥有超过 1000 名员工和全球 3 亿欧元净营业额的大型欧盟公司，或者针对在欧盟产生 3 亿欧元净营业额的非欧盟公司，无论它是否在欧盟设有分支机构或子公司。

目前，关于强制性人权尽责已经形成了较为广泛的共识基础，除了以上列举的领先国家和地区之外，新兴市场的政策框架也受到《联合国工商业与人权指导原则》中人权尽责概念的启发，如中国和印度尼西亚。[1]在迄今为止已发布的"工商业与人权的国家行动计划"中，各国政府重申了对其境内或管辖范围内的工商企业落实人权尽责的预期。[2]包括领先的跨国公司在内的不同利益相关者也对强制性尽职调查措施表示支持。基于这种共识，可以联合国人权理事会为平台，国家间就如何要求企业具体实施强制性人权尽责制定详细的条约文本。《零草案》当中也规定了人权尽责，但是缺乏具体的步骤，可供借鉴的是联合国人权事务高级专员办事处（以下简称人权高专办）的 B-Tech 项目，该项目旨在为科技企业进行人权尽责划定更为具体的路线图，借由人权高专办这一平台，凝聚很多专家学者的智慧。

2. 透明度要求

透明度通常是人权得到尊重的前提，也是实施国际人权标准以强化对平台公司问责的重要一环。平台透明度涉及服务条款、数据政策、广告等，以及相关实施、监控、申诉和审查程序等内容。对平台公司的透明度要求既涵盖信息和数据获取方面的方案，还包括平台公司主动披露信息的相关举措。鉴于平台公司采取个人监控的商业模式，要确保平台没有把利润置于人权之

---

〔1〕 我国在《国家人权行动计划（2021—2025 年）》中承诺"促进工商业在对外经贸合作、投资中，遵循《联合国工商业与人权指导原则》，实施人权尽责，履行尊重和促进人权的社会责任"。

〔2〕《人权与跨国公司和其他工商企业问题工作组秘书长说明》，载 https：//documents. un. org/doc/undoc/gen/n17/218/64/pdf/n1721864. pdf，最后访问日期：2018 年 7 月 17 日。

上，用户有充分的理由要求平台提供透明度。欠缺透明度还会威胁到个人知晓其在线表达自由所受限制以及在权利受到侵犯时寻求适当补救的能力。当前，平台公司的透明度报告虽然提供了大量数据，但仍存在严重不足，并且涵盖的问题和报告方式均不统一，由于难以对比，因而无法呈现该方面的良好实践做法以供推广。提高平台运营透明度的现有举措仍在很大程度上与现实脱钩，缺乏实质性影响，而且彼此之间相对孤立。

全球利益相关方对提高平台运营透明度的支持日益增加。一些国家及地区也在推动关于平台透明度的相关立法。2021 年 4 月，欧盟理事会和欧洲议会就《数字服务法案》（DSA）达成政治协议。根据该法案，数字平台将对其内容审核承担法律责任，其中对平台的推荐算法透明度提出了更高要求，不仅用户可以质疑平台的内容审核决定，特定的研究者还可以有机会获取平台的关键数据以开展在线内容风险的相关研究。2022 年 12 月，美国华盛顿州的参议员提出了《平台问责和透明度法案》（PATA），该法案要求各平台主动而持续地向研究人员或公众提供某些信息。例如，一个全面的广告库；关于内容审核的统计数据；有关病毒式病毒内容的数据；对平台排名的描述和推荐算法。不遵守规定的公司将受到联邦贸易委员会的强制执行。联合国教育、科学及文化组织的使命之一是促进表达自由、信息获取、隐私权和知识的开放共享，鉴于平台对以上方面的影响，该组织着手制定了普遍适用于所有平台公司的高级透明度原则。

透明度与 UNGPs 和其他企业行为准则中规定的公司需要履行尊重人权的法律和道德义务密切相关。随着各界越来越重视平台透明度对人权的影响，平台透明度方面的国家立法、国际组织和民间团体制定的透明度守则等能够为制定单独的平台透明度条约或在有关条约中的具体透明度条款提供样板。

3. 为受害人提供母国司法救济

令人权受害者获得有效补救是工商业与人权问题中最核心的问题，其中独立、有效的司法机制是确保受害者获取补救的关键所在。针对获得补救的各种障碍，《经济、社会及文化权利国际公约》第 24 号一般性意见指出，缔约国有责任采取必要步骤应对这些挑战，以防止出现诉诸司法的机会被剥夺的情况，并确保受害人有获得有效补救和赔偿的权利。[1]鉴于很多东道国无法为受害者提供有效救济，目前，一系列人权文书要求跨国公司母国承担保护域外人权的义务，各人权条约机构已建议跨国公司的母国采取步骤，防止设在其管辖范围内的公司实施与工商业有关的侵犯人权行为。[2]近年来，与美国法院从 2013 年"基奥贝尔诉荷兰皇家石油公司案"开始限制跨国公司的人权受害者到美国寻求补救的司法实践相反，很多国家的法院开始管辖域外人权受害者针对以基地在本国的跨国公司为被告的诉讼。英国法院的跨国侵权诉讼为域外人权受害者提供了司法补救机制，加拿大法院也开始受理此类案件。[3]2021 年荷兰海牙上诉法院在"地球之友诉荷兰皇家壳牌案"的判决中开创性地认定母公司对外国索赔人负有注意义务。与此同时，近年来的双边投资协定或范本开始纳入"投资者义务与责任条款"，要求母国为人权受害者提供司法救济，如 2016 年《尼日利亚与摩洛哥双边投资协定》以及 2019 年《荷兰双边投资协定范本》中规定了对于给东道国造成重大损害、人身伤害或死亡的投资行为或决定，投资者应按照有关其母国管辖权的规则承担责任。

大型平台的母国应当为受害者提供跨国侵权诉讼的机制，切实考虑到受害者在本国诉诸司法所面临的困难，不以"不方便法院""公司人格独立"等问题而拒绝受理案件或者驳回起诉。建议国家，特别是发展中国家，在对外签订双边投资协定或其他包含投资章节的经济协定时应考虑纳入"投资者义务与责任条款"，要求以商业存在方式到他国提供跨境数字服务的平台公司承担人权义务与责任，同时设定母国管辖权的规则，为受害者提供寻求母国司法救济的机会。

---

〔1〕 《关于国家在工商活动中履行〈经济、社会及文化权利国际公约〉规定的义务的第 24 号一般性意见（2017 年）》，载 https://eng. humanrights. cn/2019/01/15/a2964a240ec24ab2b7236b6348e424. html，最后访问日期：2019 年 10 月 11 日。

〔2〕 参见隽薪：《论母国规制跨国公司的域外人权义务》，载《国际经济法学刊》2016 年第 2 期。

〔3〕 例如，英国法院在近年来的 Lungowe v. Vedanta Resources plc、Okpabi v. Royal Dutch Shell 等案件中均认定英国法院对海外子公司侵犯人权的受害者起诉英国母公司的案件具有管辖权，确认了母国对海外子公司侵犯人权的受害者承担着照顾义务。2020 年加拿大最高法院在 Nevsun Resourcs Ltd. V. Araya 案中根据习惯国际人权法开创性地确立了厄立特里亚工人对加拿大母公司索赔诉讼的管辖权。

(二) 重视国际软法的补充作用以内化平台人权责任

多年来，工商业侵犯人权的事件持续发生，受害者缺乏补救，人权倡导者一直呼吁应当令跨国公司及其他工商业承担有拘束力的国际人权法义务，以及为受害者提供有效的补救途径，但同时并不是说否认包括《联合国全球契约》、《经济合作与发展组织跨国公司行为准则》以及《联合国工商业与人权指导原则》等国际软法文件的积极作用。企业人权责任方面的国际软法规范在引导企业内化人权价值、形成尊重人权的企业文化、促进形成行业良好实践方面的作用不可低估。在数字经济时代，针对平台等科技公司带来的人权风险，更加迫切需要国际软法规范发挥以上作用。当前，国际法和国内监管法规的制定速度均难以满足技术快速发展的需要，由政府间国际组织、非政府组织、行业协会等制定的行为守则来及时填补这种需求，可以反映广大社会公众的期待，引导科技向善。[1]但目前该领域的国际软法并不是那么充分。一方面，数字技术是跨界的，其运行速度和规模可能与传统的基于状态的治理模式并不一致，既有的传统企业社会责任规范虽然在一定程度上可以提供指导，但在具体操作上可能无法完全契合新的互联网技术行业，尽管大型科技公司也正在发布行为守则和负责任的承诺，但并未形成该领域的良好实践，而且技术的发展日新月异，在此领域需要进一步填补更具专业性、更注重具体过程指导、能够具有一定未来前瞻性的软法规范。另一方面，当前与技术相关的政策或法规反映出这样一种期望，即技术公司应优先预防和减轻最突出的人权风险，从而将平台公司的人权责任范围缩小到一部分权利。但事实上，联合国人权机构一再强调，人们在线下享有的人权，在线上同样享有，即平台尊重人权的责任适用于所有国际公认的人权，所以，在解决平台行为可能给其他权利带来风险的问题上，应当制定更多的国际软法规范来具体引导平台公司的行为。

我们需要利用数字技术的好处来促进人权，同时也要确保这些技术不侵犯人权。平台公司对广泛使用的公共资源的私人控制，以及它们将各种人类活动转化为有高度价值的数据的能力，缔造了我们这个时代最富有的公司。

---

[1] 有关国际软法的价值与作用，参见何志鹏：《逆全球化潮流与国际软法的趋势》，载《武汉大学学报（哲学社会科学版）》2017年第4期。

然而，目前人们对数据收集、定向广告商业模式的本质尚知之甚少，很多人尚未意识到这种商业模式所固有的人权风险。平台公司日益掌控公共空间而同时却作为私人行为者的双重属性，增加了国家对它们有害行为的监管难度，有必要填补新的政策空白。国际人权法必须适用于数字空间，应当强调人们线下的权利同样也必须在网上得到保护，平台公司无论在何处经营都应遵守所有适用法律并尊重国际公认的人权。当然，正如鲁格教授所言，在解决工商业与人权问题上没有灵丹妙药，也就是说，不存在一种单一或简单的方法能够解决如此庞大而又复杂的问题。[1]因此，我们应当更加倡导包容的方法，综合运用国内法与国际法、软法与硬法，强调多利益相关者参与。虽然平台公司在公共治理方面有替代国家的潜质，但国家目前以及在未来相当长的时间内仍然会站在国际关系舞台的中心位置，必须强调国家任何时候都不应该以人权为代价换取发展，在新的数字经济形势下，令在线平台更好地造福人类，是国际社会的共同责任。国家应致力于构建网络空间命运共同体，在此理念指导下，早日在国际人权法下凝聚新的共识，包括适时推动国际法主体理论变革，令大型跨国平台在国际人权法之下承担义务与责任，以适应数字经济发展所带来的问题与挑战。

---

　　[1] [美]约翰·鲁格：《正义商业：跨国企业的全球化经营与人权》，刘力纬、孙捷译，社会科学文献出版社2015年版，第27页。

# 粤港澳大湾区跨境数据
## 流动的双重治理机制研究*

**摘　要**：数据的跨境流动使数字经济监管面临全球挑战，也成为各国国内数据立法的核心命题。粤港澳大湾区具有的特殊背景，使其跨境数据流动治理问题，需同时关注湾区内部粤、港、澳三地不同治理机制的现实和考察国际跨境数据治理的主导模式。粤港澳大湾区跨境数据流动治理基于技术能力、价值选择、法律文化的根源，在安全范式、规范框架和监管模式方面存在分歧。湾区跨境数据流动，要通过平衡规制目标、参与竞争与合作、发挥司法推动力来实现双重治理，即湾区内数据以自由而有序流动为首要价值，湾区与域外注重参与数据要素全球市场并实现规则体系对接，以多元路径完善粤港澳大湾区跨境数据流动机制。

**关键词**：跨境数据流动；粤港澳大湾区；安全范式；监管模式；规则对接

随着数字经济全球化的迅猛发展，数据要素被各个国家赋予了基础性战略资源以及重要生产要素的基本属性，数据的流动性在其利用过程中显得尤为重要，而且这种流动突破了传统意义上的国家地理边界，为数字经济监管带来全球挑战。于是，各个国家在注重发展数字经济的同时，也将确保数据要素跨境流动的自由价值和安全价值作为各国数据立法的核心命题。作为各生产要素集中且频繁跨境流动的特殊区域，粤港澳大湾区也承载了数据要素的流动与跨境这一区域功能，但是湾区内的多重法律体系和法制传统，使得粤

---

　*　基金项目：本文是广东省社科规划青年项目"行为许可模式下数据交易规则体系建构研究"（项目编号：GD24YFX04）的阶段性成果。
　作者简介：陈婕，广州大学法学院讲师，主要研究方向是宪法学与行政法学。

港澳大湾区跨境数据流动过程受多重因素影响。湾区内以数据自由而有序流动作为首要价值，湾区与域外注重参与数据要素全球市场并实现规则体系对接，从而对粤港澳大湾区跨境数据流动提出了内部与涉外双重治理的需求。

## 一、粤港澳大湾区内部跨境数据流动规制的现状与需求

### （一）粤港澳大湾区内三地跨境数据流动规制框架

粤港澳大湾区内，粤、港、澳三地承担着不同的区域功能，对数据利用也有着不同诉求，所以在跨境数据流动规制中，三地表现为各自探索相关制度和标准，但未形成统一协调的制度框架及要素市场。

1. 珠三角地区：安全有序的双轨多层规则构造

我国数字经济发展迅速，在数字治理全球化发展的外部压力环境下，通过积极构建数字治理法治化路径，推动国家与社会治理范式的变革与转型，尝试兼顾跨境安全、有序、自由等不同价值诉求，提出跨境数据流动治理的"中国方案"。整体上，珠三角地区与国家的跨境数据流动制度规范具有一致性。

第一，国家层面，初步构建跨境数据流动的治理制度框架。《数据安全法》《网络安全法》《个人信息保护法》区分重要数据和个人数据，采取跨境数据流动的"双轨制"模式进行顶层规则设计。其中，重要数据跨境流动强调安全下的自由有序，个人数据跨境流动注重权利保障下的可利用。顶层设计下，各部门针对本行业数据管理的特殊要求基本都有行政法规规章可依。[1]此外，还有《数据出境安全评估办法》《个人信息跨境处理活动安全认证规范》等不同主体发布的不同层级的细则、标准和指南等，为数据出境提供了明确且规范的指引，包括界定重点数据，明确数据出境的安全评估流程、事项和具体要求等。

我国还积极加入双边或多边规则，不断实现与国际规则对接。2020 年我

---

[1] 主要包括：《电子银行业务管理办法》（2006 年）、《中国人民银行关于银行业金融机构做好个人金融信息保护工作的通知》（2011 年）、《征信业管理条例》（2013 年）、《人口健康信息管理办法（试行）》（2014 年）、《地图管理条例》（2015 年）、《网络出版服务管理规定》（2016 年）、《网络预约出租汽车经营服务管理暂行办法》（2022 年）、《互联网域名管理办法》（2017 年）等，均对特殊行业数据的本地化存储做了明确要求。

国正式签署《区域全面经济伙伴关系协定》，与日本、韩国、澳大利亚等国就数据跨境流动达成一致协议；2021 年，我国陆续申请加入了《全面与进步跨太平洋伙伴关系协定》与《数字经济伙伴关系协定》。

监管执法方面，我国内地监管机构繁多且分散，针对各自监管领域的数据利用与流动作出了特殊的规范，如电信、互联网行业数据主要由工信部监管；消费者个人数据由国家市场监管总局负责监管；金融行业数据主要由中国人民银行监管；医疗行业数据由国家卫生健康委负责监管等。数据跨境流动监管强度方面，国内基于防御主义立场，针对多主体设置了数据跨境流动审查、监管机制，包括政府、法人、社会团体内部的数据跨境流动审查机制、法务风控部门的审查义务，更有企业设置数据合规官负责合规审查。

第二，地方层面，广东省通过地方文件和地方立法，尤其是以广州、深圳作为创新实验者，探索如何建设粤港澳大湾区数据平台，尝试数据跨境流动有效监管措施。广州落实建立政府"首席数据官"制度；深圳充分发挥先行示范区优势，出台《深圳经济特区数据条例》，通过立法针对个人信息数据跨境流动中的侵权行为进行了严格规制，明确了法律责任。

2. 我国香港地区：自由流动下的合理限制规范

在粤港澳大湾区内，我国香港地区既是经济自由港，与世界各国经济贸易往来密切频繁，又是国际数据流通中心，世界各地的数据要素在此汇集、交换、流动。再者我国香港地区虽然在立法、执法和司法方面沿袭了普通法系的传统，在数据制度方面针对"个人信息"采取了隐私权保护的立法进路，但从整体价值上更倾向于支持和促进数据自由流动。

以《个人资料（私隐）条例》为核心立法，再通过其他规范性文件《收集及使用生物辨识资料指引》《开发流动应用程式最佳行事方式指引》《直接促销新指引》《跨境资料转移指引》《身份证号码及其他身份代码实务守则》等辅助补充，形成了较为完善的我国香港地区个人数据跨境流动规范体系。

监管机构与监管措施方面，2006 年我国香港地区设立个人资料隐私专员公署，作为专门的个人信息监管机构，其专员由行政长官直接任命，以保障专员有足够的权力基础回应公民的投诉与审查监督案件。[1]在执法权限设置上实行"行政前置"的模式，公署专员有权主动介入调查。

3. 我国澳门地区：以个人权利为中心的强保护模式

我国澳门地区深受葡萄牙的法制传统和法律文化影响，所以立法方面呈现出与欧盟等大陆法系相似的特征。1998 年，早在澳门地区回归前，就通过修改"澳门民法典"，增加个人信息相关内容，后续的个人信息保护制度均以此为基础构建。2005 年我国澳门地区通过的《个人资料保护法》采用了欧盟数据保护指令（95/46/EC）的规则，即在"一般原则"条款中强调"尊重私人生活的隐私"[2]，针对信息跨境流动条件采用严格保护模式，法律位阶、广度和深度上均高于香港地区。但我国澳门地区对于欧盟《通用数据保护条例》（GDPR）持观望态度，并未跟从进行调整。

对于个人信息保护监管执行，我国澳门地区和香港地区一样成立了个人资料保护办公室（以下简称个资办），独立负责监察、协调对《个人资料保护法》的遵守和执行，接受澳门特别行政区行政长官的领导和监督。针对特区内部，个资办共发布 12 篇指引，虽然这些指引并不具备法律效力，但是在不同领域对特殊数据规则进行了细化，从而实现对个人资料的全面保护。我国澳门地区在加强特区内部数据流动规制的同时，也关注加强国际和区域间跨境数据流动规制的交流。个资办代表我国澳门地区被"全球私隐执法网络组织"及"亚太区私隐机构组织"正式接纳为成员，[3]这明显提升了我国澳门地区内部机构执法能力。

（二）粤港澳大湾区内数据跨境流动的现实需求

1. 数字湾区建设的实践需求

粤港澳大湾区自身具备了人口、产业等数字经济发展的基础优势，同时注重基础设施建设，这为打造"数字湾区"奠定了基础条件。具体表现为：

---

〔1〕 付钰禧：《粤港澳大湾区个人信息数据跨境传输与治理的困境探析》，载《现代商贸工业》2022 年第 10 期。

〔2〕 陶宁：《粤港澳大湾区个人信息跨境治理的困境及其应对》，载《广州市公安管理干部学院学报》2021 年第 1 期。

〔3〕 陈欣媛：《数字湾区背景下粤港澳数据跨境流动协同规制》，载《宜春学院学报》2022 年第 10 期。

一方面，基于人才、资金和物资流动具有频繁性和必要性的特点，粤港澳大湾区相较于其他湾区，产生并聚集了海量的个人数据、市场数据和政府数据。粤港澳三地签署《粤港澳大湾区电子签名证书互认管理办法》，粤澳两地构建了"琴澳通"跨境服务创新平台、粤澳跨境数据验证平台，通过这些具体项目开展出境数据互联互通尝试，探索数据跨境机制。另一方面，湾区内强大的互联网基础设施发展和技术积累，也是大湾区初级数据联通、实现数据流动的坚实硬件基础。从国家层面重视粤港澳大湾区互联网布局，加速城际网络建设，尤其是广州、深圳已成为国家级的数据运算和综合处理中心，这些都是其他湾区无法比拟的优势。

此外，粤港澳大湾区作为我国新兴信息技术产业最为集中、发达的地区之一，拥有华为、比亚迪、腾讯等企业，经济的数字化程度居于全国领先地位，数字化产业集中，产业优势明显，数字经济发展动力较强，也为数字跨境流动提供了优良的技术积淀和发展环境。

*2. 治理范式探索的创新需求*

2019 年到 2022 年，国家层面先后发布了《粤港澳大湾区发展规划纲要》《中共中央 国务院关于支持深圳建设中国特色社会主义先行示范区的意见》《关于深圳建设中国特色社会主义先行示范区放宽市场准入若干特别措施的意见》等政策文件来深入探索和创新粤港澳大湾区数据治理范式。从明确建设粤港澳大湾区数据中心和国家化创新平台，到提出探索数据跨境流通机制，再到落实设立数据要素交易场所，这一路径表现为通过在具体业务领域落实跨境数据流动的市场准入机制探索尝试，逐步实现开放数据要素市场。因此，有必要通过双重治理来探索一条推动数据要素跨境流动的有效路径，实现湾区内部数据要素流动的自由和有序价值，在安全的前提下，积极参与全球数据要素市场及规则体系对接。

## 二、跨境数据流动规制的域外模式与演进路径

粤港澳大湾区数据跨境流动，不仅要面对湾区内三地的数据流动、规则及其对接问题，还要考察粤港澳大湾区与其他国家、区域和组织的数据输入与输出问题，所以对其他湾区，乃至域外双边、多边的数据跨境流动及其规则都需要进行考察和比较。基于目前的实践和研究，不难发现，数据流动的

各项规则必须凭借技术实力与经济实力，也就意味着欧盟和美国在数据跨境流动规制规则中居于绝对的主导地位，从而必须对欧盟数据跨境和美国参与的数据双边多边跨境规则体系是怎样，以及如何嵌入、演化进行研究，而全球四大湾区之一的东京湾区位于日本，日本从实践中践行着和欧盟、美国有区别的数据跨境流动规则，所以也有必要对其进行考察。

（一）欧盟：严格保护且内外区分的治理模式

欧盟形成了较为严密完整的"以数据保护为核心"的数据跨境流动规制范式，该范式强调个人数据主体权利及其保护，具有强政府干预的"家长式"控制特征，具体表现为以下方面。

个人数据保护是欧盟跨境数据流动规制的主体规范层面。从《个人数据自动化处理中的个人保护公约》到《数据保护指令》，再到《通用数据保护条例》（GDPR），明确了数据的个人权利属性及主体对其自身数据的控制权，确立了欧盟成员国内部以及从内部向欧盟以外第三国跨境数据流动的"充分保护"原则，在致力推进欧盟内部成员国之间的数据跨境流动的同时，又明确了成员国之间和成员国与第三国转移数据的区别对待。GDPR 通过"约束性规则""行为准则"等增加并细化了数据控制者和处理者的义务，一方面对成员国具有直接法律约束力，另一方面也扩展了域外适用效力。

针对非个人数据流动与个人数据的差异，欧盟颁布了《非个人数据自由流动条例》（以下简称《条例》）[1]，为非个人数据制定了不同的流转规则体系，旨在减少欧盟成员国国内政策阻碍、实现欧盟成员国之间自由流动因素，进而实现欧盟数字经济快速发展和全球竞争力的显著提升，所以明确了禁止以公共安全为正当事由以外的一切禁止数据本地化，确保了相关机关在依法履行职责的前提下有权获取与数据访问有关的信息和资料。欧盟委员会又制定了《非个人数据自由流动框架条例指南》，明确了个人数据、非个人数据、混合数据集的概念，对数据本地化要求和相关原则进行了阐述，一方面通过详细解释明晰了《非个人数据自由流动条例》的具体适用，另一方面也鼓励

---

〔1〕 2018 年 11 月 14 日欧洲议会和欧洲理事会通过了《欧盟非个人数据自由流动框架条例（EU）2018/1807》，公报号：QJL303，2018 年 11 月 28 日发布，再次出现时仅标注《非个人数据自由流动条例》。

各个行业通过制定自律行为准则等行业自治的方式，规范数据服务提供商涉及跨境数据流动服务的行为。

监管机构方面，欧盟个人数据保护的机构有欧洲法院、欧盟数据保护专员、个人数据保护工作组和欧洲网络与信息安全局等，其中欧洲法院在推动规则发展方面发挥了非常重要的作用。

由其制度演进来看，欧盟的数据跨境规则采取了"人权立场+欧盟单一市场"的模式，[1]在对欧盟内部个人数据权利采取严格保护主要措施的背后，通过增加非成员国的合规成本、面临不确定执法的风险等方式实现严格监管。其实质是在对内保证欧盟内部一体化的同时，实现对外遏制区域外的企业创新，防止美国和其他国家利用数据优势地位威胁欧盟成员国的国家安全和主权独立。[2]

（二）美国："数据全球流动+国家安全"的双重模式

美国出于对市场经济利益的追求，鼓励促进数据跨境流入但控制数据跨境流出，在国内建立和完善数据跨境流动法律法规政策体系，保障实现商业利益的数据要素自由流动。

美国的数据及其跨境流动监管的法规规范涵盖《网络安全法案》《澄清海外合法使用数据法案》《国家安全与个人数据保护法案》《出口管制改革法案》《外国投资风险评估审查现代化法案》等。这些立法，通过要求私营部门与联邦政府信息共享、国内网络服务商网络监督实质化，使得美国执法机构对境外数据调取权合法且扩大化。在数据跨境流动环节中，从"新兴和基础"的基础出口许可到敏感的美国公民个人资料审查，再到禁止向特别关注国家直接或间接传输相关数据等制度，构成了全面的安全审查规则。[3]通过建立"数据控制者"的监管模式，大大增强了美国政府对全球数据的掌控能力。

美国一方面积极构建本国跨境数据流动的强势规则体系，另一方面在国际贸易交往中，依靠诸如亚太经合组织（APEC）、世界贸易组织（WTO）等

---

〔1〕 王燕：《跨境数据流动治理的国别模式及其反思》，载《国际经贸探索》2022年第1期。

〔2〕 叶开儒：《数据跨境流动规制中的"长臂管辖"——对欧盟GDPR的原旨主义考察》，载《法学评论》2020年第1期。

〔3〕 胡珍：《数据跨境流动规制范式解析及中国路径探究——以维护本国产业利益为本位》，载《新经济》2022年第8期。

框架，通过签订协议的方式，与不同国家和地区探索跨境数据流动规则适用模式。

综上所述，美国最终确立了"数据全球流动+国家安全"的双重范式，本质是以其在数字科技的主导地位和强大的数据获取能力、灵活的数据治理能力为基础，最大限度地攫取数据价值，扩大商业利益，同时也很重视维护本国国家安全的政治强势地位。

（三）日本："可信数据"的自由流动模式

日本的跨境数据流动，是基于数据流动信任来实现数据的开放，被称为"可信数据自由流动"，再以此为核心，通过禁止数据本地化、禁止源代码和算法的传输和披露请求、禁止"ICT产品加密"披露请求，规范信息跨境转移，实现个人信息保护和消费者隐私保护、知识产权保护和安全保障，从而为数字经济发挥潜力提供制度规范。

从实现路径来看，"可信数据自由流动"选择借助多元灵活的治理方式，如国际贸易交往、法律法规制定、技术标准制定等，形成具有约束性或非约束性的多边、区域或双边规则，对政府、企业或用户等多元主体进行规制与指引。"可信数据自由流动"并不要求全面的标准化和统一化，而是充分发挥解释的功能，对需要的内容通过定义实现相互连接，以弥合各国国内规则的差距。通过建立信任，使所有参与数据的实体都可以放心地使用和传输数据，进而最大限度地释放数据潜力。[1]

需要注意的是，与域外规则融合对接方面，日本需要同时面对具有话语权的美国规则和欧盟规则。所以，日本一方面紧跟美国的政策，以商业为目的促进数据跨境自由流动，积极参与美国主导的多边或双边规则体系，另一方面通过制定补充规则弥补差异性，与欧盟的 GDPR 框架积极对接。日本还推动美日欧三方建立数据安全联盟，旨在促进数据在具有相当安全和保护水平的国家之间自由流动。这种做法在一定程度上限制了中国的竞争优势。日本"可信数据自由流动"理念的形成也是基于其在数据产业方面的考量，旨

---

〔1〕 Data Free Flow with Trust（DFFT）: Paths towards Free and Trusted Data Flows , World Economic Forum（weforum. org）, available at https://www. weforum. org/whitepapers/data-free-flow-with-trust-dfft-paths-towards-free-and-trusted-data-flows, visited on 5 Mar. 2023.

在促进其本国产业发展，并占据国际优势。

### 三、粤港澳大湾区跨境数据流动双重治理的分歧溯源与融合平衡

从以上对粤港澳大湾区内部和域外规则体系的分析来看，很多国家在国内制定包含跨境数据流动内容的数据保护法，以确定本国跨境数据流动基本原则和制度。其实，从数据跨境流动的流转过程来看，必然会涉及国际层面的规制，表现为双边或多边规制，具有不同属性。从文本层面来看，无论是国内立法还是双边及多边规则，规制的对象都是数据的利用与跨境，具有一致性；而差异性体现为国内数据保护法的规制目标主要是保护个人隐私，跨境数据流动规制的目标却同时包括保护个人隐私和确保合理的数据流动。[1]所以，粤港澳大湾区内部和外部跨境数据流动在双重治理过程中必然存在分歧与差异，需要寻求融合与平衡。

#### （一）双重治理中的分歧

相较其他湾区而言，复杂的内外部制度环境使粤港澳大湾区面临制度无法直接对接、治理技术失真或者失效、数据安全存在威胁等多重障碍。

##### 1. "安全范式"的转换

数据领域的"安全范式"正在经历从传统到现代的转换。以信息和网络技术的发展阶段为依据，可以划分为信息安全范式、网络安全范式和数据安全范式。[2]

传统的信息安全范式更关注信息静态的安全边界，认为可以从保密性、完整性以及可用性三个维度考量。我国一直以来既强调信息自身安全，又强调信息内容安全，[3]即信息的内容和表达的思想，必须严格遵循一国的法律法规、意识形态、社会稳定和国家安全边界。这种安全内涵，通常也被表述为"正当性"。

随着网络技术和人类社会信息化的发展越来越倚重基础设施运营，数据

---

〔1〕 黄宁、李杨：《"三难选择"下跨境数据流动规制的演进与成因》，载《清华大学学报（哲学社会科学版）》2017 年第 5 期。

〔2〕 此分类参见刘金瑞：《数据安全范式革新及其立法展开》，载《环球法律评论》2021 年第 1 期。

〔3〕 参见沈昌祥主编：《信息安全导论》，电子工业出版社 2009 年版，第 11 页。

安全范式扩展到网络信息系统的安全问题。所以各国均开始针对"关键基础设施""网络和信息安全"发布政策、进行立法。[1]在这一范式中,网络信息安全和网络系统安全除包含共同的保密性和完整性外,各自也有其他内涵。鉴于传统信息安全范式立法对数据和信息系统有了一定的保护,网络安全范式立法从世界范围来看,无论是美国的"关键基础设施",欧盟的"基本服务运营者",还是我国的"关键信息基础设施",核心都是保护事关国家安全、公共安全的关键性基础设施安全。[2]

数据的跨境流动是数字经济时代最显著的特征,所以数据安全不能从静态来考察,而是贯穿数据流动的全过程,这也必然要求发展一种动态的以数据安全为中心的新安全范式。在风险管控的理念下,更要强调数据利用安全,关注数据要素的可控性。

但从全球来看,传统信息安全范式的要素仍然适用,经济合作与发展组织(OECD)的规制仍然是围绕着"保密性、完整性和可用性"三要素来构建和执行。其 2015 年 9 月发布的《理事会关于为了经济和社会繁荣的数字安全风险管理的建议》认为,数字安全风险是"在任何活动过程中与数字环境的使用、开发和管理相关的一类风险";通过妨碍活动和/或环境的保密性、完整性和可用性,可以危害经济或社会目标的达成,[3]就印证了这点。新范式更侧重于"可控性",所以我国对跨境数字流动的规则构建选择了数据安全的新范式。前三个维度和"可控性"维度并不冲突,但会影响跨境数据流动规制的制度选择。

同样,从前文的梳理和分析可看出,粤港澳大湾区内存在着对"数据""安全"的不同认识,所以不论是立法还是监管措施都选择了不同的规制路径,尤其是我国内地,更强调"安全"的"可控性"要素。粤港澳大湾区的香港、澳门两地区对"数据"和"安全"的认知和理解与欧盟、美国、日本

---

〔1〕 参见刘金瑞:《美国网络安全的政策战略演进及当前立法重点》,载《北航法律评论》2013 年第 1 期。

〔2〕 参见刘金瑞:《我国网络关键基础设施立法的基本思路和制度建构》,载《环球法律评论》2016 年第 5 期。

〔3〕 OECD, Recommendation of the Council on Digital Security Risk Management for Economic and Social Prosperity, October 2015, available at https://doi.org/10.1787/9789264245471-en, visited on 5 Mar. 2023.

等国家、区域或者组织等较为相似，可作为跨境数据流动及规则对接的缓冲带。

2. 立法制度的壁垒

从各国国内数据保护立法来看，各国国内的制度框架表达了不同价值和诉求，对于具体的法律概念也未做统一界定。如世界各国及地区对数字安全、平台监管、数据保护范畴等存在不同认知，从而表现为立法诉求的差异性，即法律概念不统一，数据跨境的限制与开放存在矛盾与争议。

从跨境数据流动区域规则来看，协同规则或区域规则缺位，缺乏规范与指引。数据的跨境流动瞬间完成，传统意义上的国家地理边界无法发挥屏障作用，在跨境数据流动环节，各国的数据保护主义态势日趋明显，立法制度成了流动壁垒，全球化市场也使数字跨境协同治理成为必然。对于粤港澳大湾区内部和涉外数据跨境流通而言，中国对数字贸易及其跨境流动政策还是以数据保护主义为主，限制程度在全球 40 个主要经济体中偏高，阻碍了数据流动。[1]

针对粤港澳大湾区内部数据流动，作为顶层设计的法律仅作出原则性规定，太笼统，缺乏具体措施，在没有区域跨境数据流动立法的情况下，数据流动还面临统筹协调等多方面的难题。

3. 监管模式的差异

世界范围内，欧盟基于人权理念把数据权放入隐私权保护框架，依赖欧盟立法打通成员国壁垒，所以其立法文件强调事前防范机制；美国则基于数据自由流动的主张，侧重借助行业自律、事后问责的监管模式。这两套体系虽然处于相互竞争的态势，但也在个别规则中通过妥协达成融合。在这两套规则体系外，很多国家往往以分散的、单边的方式对跨境数据流动实施规制，却并没有产生直接的国际影响。[2]不仅如此，其他国家、区域或组织还基于经济发展的目的，不断调整国内的规制模式，通过协商、谈判、协议等方式融入美国和欧盟两大规则体系之一。

---

〔1〕 Ferencz, J. (2019-01-23), "The OECD Digital Services Trade Restrictiveness Index", *OECD Trade Policy Papers*, No. 221, OECD Publishing, Paris, available at http://dx. doi. org/10. 1787/16ed2d78-en, visited on 5 Mar. 2023.

〔2〕 雷名洋、孙玉荣：《跨境数据流动的法律规制研究——以数据权利保护为视角》，载《上海法学研究》2021 年第 6 卷。

粤港澳大湾区内部，内地的监管机构呈现分散式的特征，即在跨境数据流动监管缺乏国家层面统一的监管协调机构，而是将数据流动监管的权力赋予了部门和地方。各机关仅负责本领域的数据跨境传输，各地方又根据具体情况享有部分监管授权，往往会出现监管竞争、监管冲突与监管遗漏，还导致了与我国香港地区、澳门地区信息监管模式难以对接，信息共享长效机制缺乏，这些问题成为限制大湾区内信息和数据流动的壁垒。

（二）分歧溯源

具体而言，粤港澳大湾区内部和外部跨境数据流动之所以面临着数据开放利用和跨境数据自由流动的矛盾，有着深层的根源。

1. 技术能力的不均衡

从粤港澳大湾区外部环境来看，数字经济时代，技术成为重要的治理手段，在国际数据跨境流动规制中，技术成为是否享有话语权的重要决定因素。美国大型互联网科技企业的触角遍布全球，这也带来跨国、跨地区个人数据流动和监管的多重问题。例如，美国虽然积极与欧盟签订数据跨境协议，但美国企业强大的技术能力和市场占有率，使美国与欧盟在监管政策和模式上进行了多年的博弈。而从粤港澳大湾区一体化建设来看，与欧盟、美国和日本的技术水平、数字化程度及市场占有率均存在差距，难以站在平等的位置实现规则的对接和融合，反而表现为规则的冲突和难以突破。

粤港澳大湾区内部粤、港、澳三地也同样存在技术发展的差异，这种差异化也是导致监管不平等的原因之一。比如，珠三角地区尤其是深圳、广州相对于香港地区和澳门地区而言，在金融科技这一轮技术驱动的数字经济时代处于优势地位，从而在吸引投资资金方面也呈现出强劲势头，但其他城市则较为弱势，无法对话与对接。所以粤港澳大湾区内的城市之间围绕数字技术存在技术标准冲突、技术布局与战略冲突、数字技术人才资源冲突。技术标准冲突导致数据跨境合规审查的宽松或严格程度有区别、数据安全标准有差异；技术布局与战略冲突使得对跨境数据流动的需求量、挖掘分析的深度和准确性等有差异；技术人才和数据一样作为生产要素，技术人才的流动与需求竞争，会使大湾区内部数据流动监管存在不平衡而从技术层面无法保证自由有序流动。

2. 价值选择的不同位阶[1]

跨境数据流动现有的监管模式可以分为三种价值取向：数据主权安全、数据信息跨境自由流动和个人数据权利保障。在时间和空间限定的前提下，这三个价值目标本身在一国内的立法与治理中无法达成一致，必须有所选择与排序，而跨境数据流动并非只在一国域内流动，也不仅仅需依靠国内规范就可以规制和协调，其复杂性就在于数据对传统地理边界的突破，所以对跨境数据流动规制需要国内与国际规则同时协同，更涉及国家（区域）之间的价值目标分歧，这便是所谓的"三难选择"。粤港澳大湾区的跨境数据流动规制需同时面向域内和涉外两个维度，所以"三难选择"也更为凸显。

从粤港澳大湾区域内跨境数据流动来看，粤、港、澳三地区关于跨境数据流动的立法、监管和司法制度的不同，价值选择也各有偏重。内地立法基于对个人数据和国家数据管辖权的保护，采取了防御式立法模式，监管也凸显了国家主义和行政主导；我国香港地区强调数据自由流动价值和市场主导，立法和监管均采取了进取模式；我国澳门地区却更注重个人数据保护价值，采取了严格保护模式。所以在粤港澳大湾区内数据流动并不自由顺畅，存在壁垒，在跨境数据流动规制统一构建或协调对接上也并不容易。

从粤港澳大湾区涉外跨境数据流动来看，需要考察与域外规制规则的对接。欧盟关注个人数据保护，促进数据信息自由流动，国家管辖权必然受到限制；美国则首选保障数据跨境自由流动，依托自身技术优势，控制其数据利用的规制领域、扩大管辖范围，削弱了对个人数据信息权利的保护。与欧盟和美国不同，中国倾向于加强保护国家数据管辖权和个人数据权利，对跨境数据流动采取严格监管的措施。粤港澳大湾区的数据向外流动监管，尤其是对涉及内地因素的数据从香港地区、澳门地区向国外流动时，势必要以"一国"为根本原则，遵循中国的跨境数据流动价值选择等原则，需要协调湾区内部和涉外的价值冲突问题。

---

[1] 参见广东外语外贸大学粤港澳大湾区研究院课题组：《数据要素跨境流动与治理机制设计——基于粤港澳大湾区建设的视角》，载《国际经贸探索》2021年第10期。

3. 司法理念的冲突

从粤港澳大湾区涉外来看，欧盟的隐私观念源于对"自由"的追求。[1]因此，欧盟对数据跨境中涉及数据保护的司法审查，以"私人生活和家庭受到尊重的权利"和"个人数据保护权利"作为基础性法源。从 2003 年到 2019 年，逐步形成的效力审查机制，2020 年的个案实质审查机制，都是欧洲法院通过司法审查的方式确立了欧盟法扩张解释的基本立场，并实现了司法审查升级为对第三国数据保护水平的实质监管，欧洲法院成为全球数据流动的"新权威"[2]。

从粤港澳大湾区内部来看，三个地区的司法体系存在差异。第一，跨境数据流动的保护救济方面存在差异，如起诉条件、审理依据、保护规范、救济程序等都不尽相同，这势必导致同一跨境数据流动行为在三个地区审理可能出现不同判决。第二，三个地区司法对立法和规则的解释效力也不尽相同，对规则的推动效果也会有不同的进度。第三，三个地区公民的法律观念和法律传统难以趋同，三个地区司法协同机制缺乏信任基础，再转向大湾区对外的面向，也很难通过司法判例和解释制度形成与其他国家、地区和组织的沟通和协调机制。

此外，无论是从大湾区涉外来看大湾区与欧盟、美国、日本等区域和国家，还是从大湾区内部来看粤、港、澳三个地区，从司法结构到法律体系再到法律传统都存在差异，所以跨境数据流动规则也势必不能盲目地全盘接受、法律移植和直接规则对接。[3]

（三）粤港澳大湾区跨境数据流动规制的双重融合与平衡

虽然粤港澳大湾区内部和涉外各种数据跨境规制从法律文化到立法价值选择，再到监管模式和司法审查能动作用都各有不同，但是数据是当下非常重要的生产要素且其跨境流动具有无边界性，所以各个国家和地区还是在分

---

[1] Whitman J. Q., The two western cultures of privacy: Digital versus liberty, Yale Law Journal, 2004, pp. 1151-1221.

[2] 金晶：《个人数据跨境传输的欧盟标准——规则建构、司法推动与范式扩张》，载《欧洲研究》2021 年第 4 期。

[3] 金晶：《个人数据跨境传输的欧盟标准——规则建构、司法推动与范式扩张》，载《欧洲研究》2021 年第 4 期。

歧之下推动规制演进，寻求平衡与融合。

1. 规制目标的平衡性

纵观粤港澳大湾区内部与涉外在跨境数据流动规制中存在价值目标的"三难选择"，这种"三难选择"在全球层面具有共性。所以现有的规制体系并不是追求三种价值目标的统一实现，而是着力在规制目标之间的平衡，各种规制体系就是围绕不同的平衡点选择而构建及演进的。当前的政治、经济、社会、技术等因素势必导致三种诉求的价值选择出现变化，原有平衡点就会被打破，继而推动规制的演进，达到新的平衡点。[1]近年来，跨境数据流动对全球化及经济发展作用更加重要，这一背景下，这种新的平衡也会更加趋于接近。

2. 主体之间的竞争与合作

从目前的规则体系来看，基于数据跨境流动频繁与监管的现实需求，大量的发展中国家又因为技术的弱势地位，一方面加快国内立法对跨境数据流动进行单边规制，另一方面加入现有的多边协议或规则体系。随着发展中国家在全球跨境数据流动中的参与度越来越高，自身规制体系越来越完善，引起主体格局的变化，对原有的美欧主导且均衡的格局带来冲击，美欧必须作出回应与调整，从而对全球的规制产生影响。中国拥有庞大的互联网用户规模，粤港澳大湾区又基于其地理、产业结构等优势，数据载量、携带的信息量都具有独特性，所以必须推进"数字湾区"建设，通过我国香港地区和澳门地区形成缓冲地带，与域外其他国家或地区进行规则推进和融合。

3. 重视发挥司法的能动性

跨境数据流动的规制话题，较多的视角都是从立法和执法监管等角度考量，但是基于前文的考察，可以发现，司法审查虽然在跨境数据流动冲突中扮演了障碍壁垒的角色，但是也推动着规则的演进和对接。以欧盟为例，通过司法审查权，确立了司法强监管的权威，也使欧盟的规则嵌入其内部各个国家而得以适用。对于粤港澳大湾区内部和涉外的规则对接[2]，也可以考虑通过我国香港地区、澳门地区的司法判例来突破规则，实现规则的调适。

---

〔1〕 黄宁、李杨：《"三难选择"下跨境数据流动规制的演进与成因》，载《清华大学学报（哲学社会科学版）》2017年第5期。

〔2〕 文雅靖、王万里：《论粤港澳大湾区的规则衔接》，载《开放导报》2021年第2期。

## 四、粤港澳大湾区跨境数据流动的双重治理理念与路径建构

数据的跨境流动需要规制这一点已在全球范围内达成共识，并且都意识到这一规制既是域内治理问题，也是涉外法律问题。数字经济时代，治理新范式的核心就是要通过数据全方位互通达成治理上的协同，粤港澳大湾区基于自身的特有属性，其数据跨境流动及规制受多重因素影响，但面对打造"数字湾区"的特色发展，必须探索一套统筹域内、涉外的双重治理机制，以多元路径实现粤港澳大湾区跨境数据安全、自由、有序流动。

（一）基本理念与思路

1. 内外部关系的区分对待

粤港澳大湾区在跨境数据流动治理中具有内部和涉外两种面向，在探讨治理模式时，需要先从宏观层面厘清湾区在面向内部和涉外双重关系下的角色定位。由于大湾区的特殊性，湾区内部监管适用于同时保持数据安全和跨境自由流动的模式，而湾区对外监管需要考虑到粤、港、澳三个地区与国外之间数据流动的差异性，因此湾区在处理内部、涉外的多种关系时需要采取不同的方式。[1]

粤港澳大湾区面向国内，跨境数据流动存在三组关系：湾区内部粤、港、澳三地区数据流动，香港地区、澳门地区和内地其他区域，广东与国内其他区域。首先应当明确，这三组关系在处理跨境数据流动时，应遵循"一国"的前提，放在一国领域内来考量。湾区内部可以参照欧盟 GDPR 内部机制，追求区域协调发展并凸显数据自由流动价值，如以大湾区框架协议为基础，针对数据跨境流动签订专门协议实现共享，再区分数据类型建立湾区各类跨境数据共享利用流动平台，从制度和实体上共同支撑湾区数据相对自由流动。至于港澳地区与内地其他区域并未搭建协同共建机制，应从"两制"的差异性考量，以安全作为首要价值，以珠三角作为连接进行数据共享。珠三角与国内其他区域并无异质性，都必须遵循我国数据安全共享利用的规范。

粤港澳大湾区涉外方面，在跨境数据流动中也包含三种主体关系：大湾

---

〔1〕 广东外语外贸大学粤港澳大湾区研究院课题组：《数据要素跨境流动与治理机制设计——基于粤港澳大湾区建设的视角》，载《国际经贸探索》2021 年第 10 期。

区整体与其他国家及地区、珠三角与其他国家及地区、我国港澳地区与其他国家及地区。这三种跨境数据流动方式也各有不同侧重。粤港澳大湾区与其他国家及地区之间，基于"数字湾区"建设的战略地位和作用，不能简单地以安全价值为导向，可以积极通过签订协议、设立数据"白名单"机制和建立信任体系等方式，促进与其他国家、地区及组织的数据流动。在此基础上，再探索积极参与国际规则的制定，充分发挥中国寻求与世界规则对接和融合试验区的区域功能。珠三角与涉外数据流动目前还是要立足国内的规制规范，但作为粤港澳大湾区的组成部分，慢慢按照前述的步骤参与对接和缓冲。我国港澳地区与境外的跨境数据流动也遵循各自的规制规范，并加快规则对接，但在对内的跨境数据流动日益频繁之后，会涉及内地数据通过港澳地区作为中转流向境外的情形，就又回到"三难选择"的冲突。还需先遵循内地的要求对经我国港澳地区出境数据主体属于珠三角的部分进行审查及限制，再随着跨境数据流动的实践，完成缓冲式调整，最终达成平衡与共识。

2. 湾区内部治理的"协同开放+合作监管"模式

粤港澳大湾区内部各区域差异性显著，城市体量、功能定位、产业发展水平、数字经济与跨境数据流动需求等既不均衡也不相同。因此，要实现湾区内部数据要素自由流动，前提条件就是湾区内部实现数据要素市场的协同开放。粤港澳大湾区内部香港地区和深圳居于科技创新产业发展的优势地位，湾区内其他城市相对失衡，湾区内的数据流动具有明显的不对等性，而制约了"数字湾区"的发展。但粤港澳大湾区有别于其他湾区的特点在于，在具体部门和行业领域，各地之间还是存在跨境数据流动的相互需求和相互合作空间。所以粤港澳大湾区内各地政府必须互相合作，以提升湾区整体产业技术水平为目标，协同开放数据要素市场，共享和汇聚湾区内的数据及各生产要素。

当然，协同开放并不意味着任由市场要素完全绝对自由流动，导致市场失灵继而出现垄断等现象，所以协同开放需要湾区内部的合作监管作为保障。鉴于湾区内部各个城市各自制定的规则受到适用范围的限制，珠三角的城市还受制于地方立法权的权限，再叠加城市发展理念、水平的差异，所以必须以湾区内的数据流动专项协议为基准，通过协同开放机制促进数据自由流动，建立合作监管机制以实现数据流动的正当性与可控性，这样才能实现"数据安全"与"促进数字经济动态发展"的价值目标平衡。

3. 湾区与域外协同的"安全下合作共赢"原则

从世界数据跨境流动主要范式来看，无论是欧盟模式还是美国模式，无论是强调个人权利保障还是市场自由，本国自身的主权与数据安全也是必须关注且回应的核心问题。但由于国际社会尚未形成统一的数据规制规则，跨境数据治理如何平衡流动和安全之间的关系，也是世界各国所面临的一大挑战。[1]粤港澳大湾区面向国际维度进行跨境数据流动时，必须秉持"一国"框架下，坚持我国提出的"尊重网络主权、构建网络空间命运共同体"的基本原则，再通过数字经济活动交往中反复的冲突与妥协，进行充分地协商，达成共识与合作，以此探寻跨境数据流动全球规则的兼容性框架，实现网络空间从"相互竞争的主权"转变为"相互依赖的主权"。[2]

（二）湾区内数据有序自由流动的区域协同治理

粤港澳大湾区跨境数据流动的制度规则是零星分散的，"一国两制、三法域、三关税区"的差异对解决区域分割的共性制度建设提出了客观要求。

1. 构建"法律+软法+政策"的规制模式

在数字经济发展过程中，现有粤、港、澳三地区法律法规导致建立区域统一的数据保护制度受到诸多限制，通过硬法保障、软法治理和"一国两制"政策体系为实现粤、港、澳三地区规则对接与融合提供了规则构建的尝试方向。

区域治理及其规则衔接视野下，灵活且能契合区域特色的软法相对粤港澳大湾区内各城市的适切性和被接受度更高，因此在大湾区协同治理中具有不可替代的优越性，跨境数据流动协同治理过程中软法也成为必然首选。适时可以考虑，在《深化粤港澳合作推进大湾区建设框架协议》的基础上，由全国人大制定《粤港澳数据互联互通促进办法》等软法规范，构建在中央政府领导下，粤、港、澳三地区政府协同跨境规制框架，让湾区内数据管理、使用、保护和追溯更具"法定性"和"规范性"。通过制度创新不断突破消

---

〔1〕 魏礼群等：《数字治理：人类社会面临的新课题》，载《社会政策研究》2021年第2期。

〔2〕 参见〔美〕劳伦斯·莱斯格：《代码2.0：网络空间中的法律》，李旭、沈伟伟译，清华大学出版社2009年版，第299-333页。

极的制度约束边界，如在特定区域实现跨境互联网访问逐步放开，跨境数据流动的分级分类联动监管加快进程，从而持续地拓展数据互联互通、合作共赢的发展空间。

如前所述，湾区内存在各方面的分歧与差异，因此湾区的跨境数据流动协同开放与合作监管必然不可能一步到位。除了更多地通过软法协同治理，还要考虑到粤港澳大湾区的政治地位，采用政策推动协同治理。与法律规范相比，政策虽然不具备法律拘束力，但是易于突破和推动现有规制规则，选取领域开展数据互联互通及监管互认等试点，寻找区域合作壁垒的突破口。再者，政策的政治属性，在立法和法律适用中，便具有了指导方针和方向引领的功能与作用。

湾区内部真正实现协同治理，虽然要发挥各种框架协议、指南、标准等软法，连同政策的协同治理之力，但是并不意味着撇弃"硬法之治"。可以考虑进行粤港澳大湾区内数据流动的区域立法，先为湾区内跨境数据流动试点提供合法性支撑，进而再完善国内跨境数据流动规范体系，对接大湾区"示范法"。

2. "机构协同+动态合作"联动监管机制

促进不同跨境数据流动部门的监管协调是影响数据要素流动的关键步骤。我国内地与香港地区、澳门地区的监管模式、机构设置、权限、监管标准等均不一致，也无法做到畅通地对接联动。粤、港、澳三地监管机关处理数据监管事务很容易产生冲突与矛盾，无法达成数据自由有序流动，所以为了实现粤、港、澳三地互联互通、畅通有效沟通协调，在湾区内设立一个统一的数据管理职能机构确有必要。

第一，监管协作方面，以前海、横琴先行示范为依托，在具体领域的数据跨境流通，积极探索与我国香港地区、澳门地区建设监管协作框架，探索与国际通行的数据监管标准及规则体系的对接。对于获得粤港澳大湾区内各区域认可的企业或机构间的数据流动，可实行"白名单"或负面清单制度。[1]

---

[1] 冉从敬、刘瑞琦、何梦婷：《国际个人数据跨境流动治理模式及我国借鉴研究》，载《信息资源管理学报》2021年第3期。

第二，执法监管方面，通过大湾区专门的数据监管执法机构，确保即将出台的法案具有可执行性；为第三方使用数据的方式提供指导和监督，确保所有相关方在数据保护方面的合规性；探索建立"数据海关"，开展跨境数据流通的审查、评估、监管等工作。[1]

第三，替代性争议解决机制方面，授权专门的数据监管执法机构在专业仲裁员的帮助下，采用快速、有效的非诉讼方式解决湾区内部跨境数据流动产生的争议问题。

3. "司法推动+嵌入"的治理衔接模式

现有各类跨境数据流动的治理模式中，除了立法和行政规制手段，司法也扮演了重要推动者的角色。在我国"双规多层次"的数据监管法律框架内，还未出台专门的跨境数据流动法，各规范呈碎片化且效力有限。除从软法协同治理，到硬法确认赋权这种立法构建之外，可以考虑针对粤港澳特殊地理位置和法律体系不同，内地法律对照香港地区、澳门地区既有的规范体系进行评估，寻求通过立法解释或司法解释等技术方式，在一定程度上完成软法和政策的嵌入，以及消解规范供给不足和衔接接口的问题。[2]对于湾区内数据产权问题可能带来的管辖权异议，可以考虑通过补充和完善内地与港澳地区之间民事裁判相互执行的有关规定，明确粤、港、澳三地数据管辖权的一般原则和特殊事项。对于一些涉密或重大数据可以由粤、港、澳三地签订协议，规定此类的产权纠纷由三地联合机构统一处理。[3]从司法保障的角度发挥能动性，弥补或推动湾区内规则的统一和衔接。

（三）湾区与域外跨境数据流动的兼容治理

由于世界范围内的跨境数据治理协同不够，所以跨境数据流动还处于尝试与挑战并存的状态，并呈现出区域间的冲突与不平衡。为真正实现跨境数据流动，粤港澳大湾区与其他国家或地区，在面对冲突与分歧时，应坚持求同存异、协商沟通、兼容并包的原则，才能实现协同治理新范式。

---

〔1〕《广东省人民政府关于印发〈广东省数据要素市场化配置改革行动方案〉的通知》，载《广东省人民政府公报》2021年第20期。

〔2〕 金善明：《跨境数据流动法律风险防范与规制》，载《中国对外贸易》2016年第6期。

〔3〕 广东外语外贸大学粤港澳大湾区研究院课题组：《数据要素跨境流动与治理机制设计——基于粤港澳大湾区建设的视角》，载《国际经贸探索》2021年第10期。

　　治理规则方面，应尽快协调国内法与国际规则。我国目前签署了《G20大阪数字经济宣言》(2019年)、《区域全面经济伙伴关系协定》(RCEP，2020年)，并对规则中的有关数据自由流动条款予以了接受和认可。这些协议的签署和认可并不意味着规则的完全对接，仍需要后续的调研和论证，完成国内立法对国际协议规则的转化与确认，只有这样，才能对我国跨境数据向境外输出行为真正产生法律效力。具体而言，可以粤港澳大湾区为基础，通过积极探索粤港澳大湾区的数据流动规则体系和体制机制，积极参与国际社会数据跨境规则制定，积极探索与部分国家或地区的数据监管框架相协调，在粤港澳大湾区内率先探索与国际规则和标准的对接，并逐渐扩大相应监管框架的国际影响力。[1]

　　监管与合作方面，探索将"数字湾区"打造成"全球数据港"，并利用粤港澳大湾区"一国两制、三法域"的特殊性，借助我国香港地区、澳门地区与其他国家及地区或组织协商与沟通，从而逐步拓展数据等要素共享利用的领域和方式。非个人数据跨境流动方面，可考虑先从公共服务类数据，如气候、海洋、涉外运输等实行流动、共享与利用，发挥粤港澳大湾区数字资源优势面向国际市场的辐射与影响力，最终实现经济效益的持续优势。依靠技术治理技术，通过创新数据安全技术和数据治理方式，保障数据出入境安全，探索围绕金融数据等领域成立联合专责小组，多地协同打通数据安全管理政策壁垒。[2]

　　从司法判例路径解决与民商事规则的衔接，如我国香港地区属英美法系，可以尝试与其他英美法系国家法院相互参考、援引判例，以衔接跨境数据流动纠纷解决规则，再通过香港地区法院的判例来影响及变通湾区内数据流动的规制规则，从而推动国家层面的规则对接与融合。

　　数字治理不能单纯地沿用区域性的治理模式，而应转向为全球治理模式。粤港澳大湾区跨境数据流动的治理，也不是单一面向的问题，应采用域内与涉外的双重治理模式。从内部视角来看，探索湾区跨境数据流动协同治理机

〔1〕 参见王俊美：《建立统一的数字治理体系》，载《中国社会科学报》2021年1月6日，第A02版。

〔2〕 参见曾坚朋等：《打造数字湾区：粤港澳大湾区大数据中心建设的关键问题与路径建构》，载《电子政务》2021年第6期。

制，为打造"数字湾区"，全力保障数据、人员、技术等要素安全自由有序流动，实现生产要素最大效能提供保障。从外部视角来看，粤港澳大湾区跨境数据双重治理探索，为我国应对全球数字经济发展挑战，制定包容审慎的规则框架乃至中国方案提供了实践基础，进一步加强了我国在全球数字治理领域的影响力和话语权。

# 我国澳门地区数字政府建设的法治化路径 *

**摘　要：** 数字法治政府建设面临如何进行的路径难题。我国澳门特别行政区二十余年间数字政府建设的法治经验可形成三重逻辑：一是有法可依的规则之治是给予数字政府建设正当性依据的基石；二是权利保障的价值选择是数字政府权力运作的边界；三是公开透明的理由之治是数字政府建设的机制保障。未来，我国澳门地区数字政府建设的法治化期待体现为深度与广度的拓展以及区域合作的变革，因此在坚持既有法治路径的基础上需要进一步完善跨域合作制度，这亦为内地的数字法治政府建设带来了新的机遇。

**关键词：** 数字政府；我国澳门地区；区域合作；政府行为；法治建设

互联网、大数据、人工智能等新兴科技成为当今时代社会发展的重要力量，其不仅为经济发展提供了强劲的动力，也为政府治理带来了新的机遇与挑战。以"对信息资源的有效分配"与"基于数字基础设施的赋能、协同与重构"为核心的数字政府确立了推进治理现代化的宏观目标。[1]但法学学者对此始终保持冷静的态度，指出现代科技的发展具有不可忽视的负面影响，由于主体意志的不确定性，科技发展与宪法价值之间会存在不协调的状态，产生科技异化现象，突出地反映在宪法所规定的人权保障方面。[2]因此，数字政府的约束机制应运而生。2021 年 8 月，中共中央、国务院印发的《法治政府建设实施纲要（2021—2025 年）》提出了"数字法治政府"概念，2022年 6 月国务院印发的《关于加强数字政府建设的指导意见》指出，要加快完

---

* 基金项目：本文是国家社科基金青年项目"健全特别行政区行政长官对中央政府负责制度研究"（项目编号：20CFX013）的阶段性成果。

作者简介：张强，广州大学法学院讲师，法学博士。

〔1〕 黄璜：《数字政府：政策、特征与概念》，载《治理研究》2020 年第 3 期。

〔2〕 韩大元、王贵松：《谈现代科技的发展与宪法（学）的关系》，载《法学论坛》2004 年第 1 期。

善与数字政府建设相适应的法律法规框架体系。这无疑再次明确了法治之于数字政府建设的重要意义。

既有的研究显然已经注意到数字法治政府建设的问题。这首先需要解决的就是国家权力运行的正当性难题。[1]有学者指出，数字时代法治政府的理念更加强调包容治理、整体治理、智慧治理与风险治理，需要在组织结构和行政程序上进行重塑与再造。[2]但也有论者认为目前没有必要发生颠覆性的变革，通过"打补丁"的方式就可以解决技术与规范之间的失衡难题。[3]换言之，数字政府建设具有基本的必要性共识，但如何建设、如何法治化建设仍然面临路径的争议。

澳门特区近年来也在不断探索数字时代的政府治理方式。在《澳门特别行政区五年发展规划（2016—2020年）》执行情况总结报告中，特区政府公布了《2015年—2019年澳门特别行政区电子政务整体规划》的完成情况，即形成了具有澳门特区特色的发展方式。因此，有必要对澳门特区数字政府建设的法治路径进行总结，探究权力运作与权利保障的平衡模式，以呈现有益的经验。

## 一、我国澳门特区数字政府建设的阶段化演进

### （一）1999—2009年：数字政府的初步规划阶段

数字政府是一个正在发展的概念，其早期主要是电子政府或电子政务的同义词，并承担着信息传递的电子化、无纸化与网络化的核心内容，具体则以对内办公自动化建设、对外政务网站建设为特点。[4]澳门特区政府自成立以来，就高度重视电子政府的建设工作。行政长官在2001年的《施政报告》中就提出了政府"将广泛运用资讯科技成果，加速行政现代化的发展步伐"。2002—2005年，行政长官的《施政报告》中都提到了电子政府建设的有关内容，包括"努力推动电子政府早日全面实现""大力加强电子政府的基础设施""加紧电子政府的建设""完善电子政府功能"等。

---

〔1〕 展鹏贺：《数字化行政方式的权力正当性检视》，载《中国法学》2021年第3期。

〔2〕 金成波、王敬文：《数字法治政府的时代图景：治理任务、理念与模式创新》，载《电子政务》2022年第8期。

〔3〕 余凌云：《数字政府的法治建构》，载《中国社会科学院大学学报》2022年第1期。

〔4〕 马颜昕等：《数字政府：变革与法治》，中国人民大学出版社2021年版，第11页。

2000 年 12 月，在行政长官发布 2001 年施政报告后，行政公职局旋即向行政法务司司长递交了《电子政府初步研究报告》，其中指出，电子政府建设是一项长期和影响深远的工作，必须有一个整体的发展策略和计划，同时在开展跨部门行政工作电子化项目时，必须有一个统筹和协调的机制。[1]行政法务司司长于 2001 年 2 月批示成立了由行政公职局局长担任协调员的专责小组。由此，在行政公职局的统筹下，澳门特区在成立的十年间就电子政府或电子政务编制了两份规划文件（《电子政府策略研究报告（2002—2004）》与《澳门电子政务发展纲领（2005—2009）》），并提出了降低行政运作成本、提高政府内部行政效率、提升公共服务素质、带动本地资讯技术和相关产业发展的规划目标与 102 项相关工作。

在对内办公自动化建设方面，行政公职局在 2001 年的《电子政府策略研究报告》中提出开展建设公共部门休假申报系统、公共人力资源数据收集系统以及公共培训课程申请报读等系统；在《澳门电子政务发展纲领（2005—2009）》中又提出整合各部门需求的行政系统，包括人事、出勤、财务等系统。虽然 2006 年、2008 年的施政报告中也都写入了管理电子化、无纸化，但是上述内部管理系统的建设仍然主要在行政公职局内部试行，并处于优化与完善的阶段。究其原因，主要在于对于大量个人资料安全性的考虑以及配套的法例方面的缺失，如电子签名制度尚处于起步阶段。[2]

在对外政务网站建设方面，《澳门电子政务发展纲领（2005—2009）》提出，以国际标准的跨目录身份管理技术作为政府内部管理的基础，行政公职局开发了 ePass 网上通行账号，以解决一人多账户所衍生的问题。作为公共电子服务账户，ePass 的目的在于让市民有效快捷地使用公共服务、减轻工作人员的压力。行政公职局于 2009 年 11 月 30 日正式推出 ePass，凡年满 18 岁的永久性居民或非永久性居民均可免费申请账号。但多个部门质疑，仅以账户名称与密码作为身份确认存在安全性问题，同时，提供电子服务的公共行政

---

〔1〕《衡工量值式审计报告：电子政务的规划及执行》，载 https://www.ca.gov.mo/files/PA4018cn.pdf，最后访问日期：2020 年 3 月 1 日。

〔2〕《衡工量值式审计报告：电子政务的规划及执行》，载 https://www.ca.gov.mo/files/PA4018cn.pdf，最后访问日期：2020 年 3 月 1 日。

部门也需要据此为每一类电子服务订立行政法规，大大增加了行政成本。[1]
因此，2006 年至 2009 年，仅有 9 个部门安装了该系统。

（二）2009—2019 年：数字政府的初步实施阶段

澳门特区政府的第一个十年主要在于摒弃澳葡政府的"夕阳心态"，解决
"继承性缺陷"与"趋势性问题"，如公共行政的整体性与适应性问题，通过
改善服务态度提升服务效率。[2]而第二个十年则在于科学施政，解决行政机
构、职能与程序的繁杂问题。为此，第三任行政长官提出"阳光政府"的理
念，以听取民意、集思广益、推动决策科学化和民主化、提高执行力、提升
良性互动和监督等作为目标，并贯穿施政始终。在 2010 年的施政报告中，特
区政府提出要深化电子公共服务，强化电子政务平台，通过互联网发布政府
信息，简化行政手续，通过整合各部门网上资料与信息方便市民查找相关资
讯。之后的多个施政报告附录中都为推进电子政务列出了具体的工作时间表，
如 2013 年的工作包括开发市民网上查询个案的系统、开发新一代政府入口网
站、开发电子政务应用流程系统等。特区第一份五年规划——《澳门特别行
政区五年发展规划（2016—2020 年）》中更是将电子政务的发展目标转向为
构建智慧城市与智慧政府。

行政公职局在此期间亦编制了两份规划文件，分别是《MeGOV2014 澳门
特别行政区电子政务整体规划》（2013—2014 年）与《2015 年—2019 年澳门
特别行政区电子政务整体规划》（2015—2019 年）。两份文件聚焦于电子政务
的基础建设、功能扩大与途径增加，并提出了电子公共服务的多元化与公众
参与的新目标。其优势在于社会主体的主人翁地位的获得以及弥补信息技术
上可能的短板，使得行政机关不同于传统的高位与单方行政权运行。[3]

第二个十年间，特区政府在对内办公自动化与对外政务网站建设方面实
现了从规划到实施的改变。对内方面，公务人员管理及服务平台中的人事管
理系统所包含的公共部门休假申报系统、公共人力资源数据收集系统、公共

---

[1] 《衡工量值式审计报告：电子政务的规划及执行》，载 https://www.ca.gov.mo/files/PA4018cn.
pdf，最后访问日期：2020 年 3 月 1 日。

[2] 蒋朝阳：《澳门回归 20 年：公共行政的变革与发展》，载《港澳研究》2019 年第 1 期。

[3] 关保英、汪骏良：《基于合作治理的数字法治政府建设》，载《福建论坛（人文社会科学
版）》2022 年第 5 期。

培训课程申请报读系统分别于 2010 年、2015 年、2015 年正式推出。截至 2016 年年底，绝大多数特区政府的公共部门已加入该系统。但由于加入系统的自愿属性与技术上的不完善，部分部门并未加入或使用率偏低，相应的工作效果仍有待提高。对外方面，ePass 推出后，曾有 13 个部门、58 000 名居民参与该项目。但由于法律制度的缺失，不少部门仍对 ePass 的法律效力存疑，因此参与的部门能够提供的服务限于查询政府的有关信息，部分部门需要当事人于首次使用时前往该部门办理身份文件核实与文件签署业务，部分部门能查询的信息即使无须电子账户也可查询。[1]这都体现出特区政府各部门对法律缺失状态下的电子政务运行的高度警惕。

2018 年 11 月，行政长官颁布了第 35/2018 号行政法规《电子服务》，规定了政府的公共部门和实体设立与提供电子服务的职权，包括电子文件的处理和管理、数字化接待的方式、统一电子平台的设立、使用者账户身份的核实等内容，同时颁布了第 299/2018 号行政长官批示（核准《互操作指引规章》）、第 300/2018 号行政长官批示（核准《使用者账户系统保障水平的技术规格规章》）与第 301/2018 号行政长官批示（核准《统一电子平台使用者账户系统登入方式及条件规章》），这才解决了特区长期以来有关电子服务的合法性争议。在 2019 年 1 月 1 日第 35/2018 号行政法规《电子服务》生效日，特区政府推出了法规规定的统一电子平台"澳门公共服务一户通"，并实现 6 个部门提供的预约及取筹服务、报考公职、社会保障基金供款资料查询、饮食及饮料场所牌照申请审批进度查询等内容。ePass 账户的使用者可以通过自助服务机或亲临方式升级至"澳门公共服务一户通"。

（三）2019 年至今：数字政府的快速发展阶段

澳门特区回归祖国二十多年间建立了适应澳门特区的公共行政管理体系，但也仍然存在一些深层次问题。新一任行政长官就任后即提出一系列完善方案：在 2020 年的施政报告中指出，"公共行政改革不能停留在过去那种翻来覆去的部门分分合合，而必须进行部门功能性的整合，借助新的信息技术和手段，运用大数据，打造'数字政府'"；在 2021—2023 年的施政报告中均

---

〔1〕《衡工量值式审计报告：电子政务的规划及执行》，载 https://www.ca.gov.mo/files/PA4018cn.pdf，最后访问日期：2020 年 3 月 1 日。

明确深化电子政务建设，并打造"一户通" 2.0 版本，提升数据开发利用水平；在《澳门特别行政区经济和社会发展第二个五年规划 （2021—2025年）》中重点论述了推动电子政务、发展数字澳门、将智能技术应用在民生经济领域的政策。有学者称之为"自上而下的自我革命式"改革。[1]

为了"采用崭新的数码化接待方式向市民及企业提供更加便捷的服务"，同时"减轻市民及企业与公共部门联系时的负担和不便"，[2]特区政府在向社会公开咨询的基础上提出了《电子政务》法案，并于 2020 年 3 月 16 日获立法会通过。该法案的核心是解决行政活动以纸本为载体的传统方式与程序所面临的法律效力问题，包括电子证明、数码证照、数码化接待、自动化活动、电子通知等内容。随后行政长官颁布了第 24/2020 号行政法规《电子政务施行细则》作为该法的补充性行政法规，就电子政务的结构、电子证照的续期等内容进行规定。

具体而言，在基础设施建设方面，特区政府已于 2019 年投入运作政府专用云计算中心，同时部署了数据资源平台及数据开放平台，鼓励社会机构创新利用。数据内容涉及旅游博彩、公共交通、医疗卫生、城市环境、体育、教育等领域。在内部管理方面，特区政府推行了"公文及卷宗管理系统"，2020 年实现公共部门非审批性公函电子化，2021 年新增文件内部流转功能，2022 年在手机应用程序中提供了公文审批和流转功能，以此提升效率、降低成本。在对外服务方面，"澳门公共服务一户通"不断完善，目前的 2.0 版本已可提供超过 150 项民生服务，包括生活缴费服务、敬老金等申请服务等。随着第 5/2022 号法律《以电子方式送交诉讼文书及支付诉讼费用》、第 6/2022 号法律《以电子方式出示驾驶车辆所需文件》等生效实施，特区居民的生活便利性也大大提升，特区数字政府建设呈现出快速发展的新面貌。

## 二、我国澳门特区数字政府建设的法治逻辑

### （一）有法可依：数字政府建设的正当性依据

澳门特区二十余年来数字政府的发展明显呈现前慢后快的特征。究其原

---

[1] 简浩贤：《回归以来澳门特区公共行政改革回顾与展望》，载《岭南学刊》2021 年第 1 期。

[2] 《澳门特别行政区立法会第二常设委员会第 1/VI/2020 号意见书》，载 https://www.al.gov.mo/uploads/attachment/2020-02/765695e587be83cbe2.pdf，最后访问日期：2020 年 2 月 26 日。

因，一方面是囿于科学技术本身的发展，另一方面则是更多地聚焦于数字政府何以可能。换言之，数字政府建设的正当性常常遭到质疑，比如早期 ePass 系统因困顿于内部而无法对外服务即是这个原因。或许有意见认为数字政府是"以智慧技术高度集成、智慧服务高效便捷"〔1〕为主要特征，因此建立其正当性无疑来源于行政法中的效能原则，比如《澳门特区行政程序法典》第12条就规定了公共行政当局应"快捷、经济及有效之方式作出决定"。但该原则的确立无法推导出数字政府建设的必然性。因为行政机关"快捷、经济、有效"是一个宏观目标，本身是难以实施的；为了达到这一目标，行政机关需要时常改革行政组织和运作方式，包括地理上的亲近、心理上的接触、建立有私人参与的机构等，这些都是可能的选择。〔2〕数字政府仅是效能原则的一种实现途径，只是必要性的条件。同时，效能原则本身也不是完全没有限制的，《澳门特区行政程序法典》第12条本身已经对快捷、经济、有效设定了亲民的目的要求。申言之，数字政府必须尊重居民的权利，当快捷、经济、有效更多地倾向于政府部门自身管理时，该原则本身已经不能提供正当性的来源依据。

或许还有意见认为数字政府的建设可以被理解为默示地允许任何可以被公平地理解为附随于权力本身或者作为其结果的事务，从而缓解越权无效的基本原则。〔3〕但合理的附随性行为限定于与权力本身所伴随的情形。数字政府建设往往突破了行政机关通常情况下依据法律所获得的授权，特别是在近年来的数字政府需求中，已不再是单纯地通过网络了解政府信息的单一内容，而是更多地体现在多主体参与、程序性改变乃至实质性要件变更等方面。如一体化程序的设定，改变了行政程序的顺序、条件，也对行政主体的责任承担产生了新的疑问。

归根结底，数字政府的正当性依然要从代表民主的法律授权中予以获得。单纯依靠政策的调整难以征得人民的同意。良法善治所强调的第一要义就在

---

〔1〕 中国行政体制改革研究会组织编写：《数字政府建设》，人民出版社2021年版，第2页。

〔2〕 ［葡］Diogo Freitas do Amaral：《行政法教程》（第一卷），黄显辉、王西安译，法律出版社2014年版，第534-535页。

〔3〕 ［英］威廉·韦德、克里斯托弗·福赛：《行政法》，骆梅英等译，中国人民大学出版社2018年版，第161-162页。

于法律授权与法律规制的存在。这包括了谁来做（组织法）、做什么（实体法）以及怎么做（程序法）三个问题。

首先，"谁来做"主要解决的是数字法治政府建设中主体推进部门可能不明确的问题，这对于形成政府合力、维护数字市场秩序与公共利益、保障数字个人权利具有重要意义。[1]自第 24/2011 号行政法规《行政公职局的组织及运作》颁布后，行政公职局即具有了"研究及参与制定电子政务政策，并对政策的实施作出统筹及支援"的职责，其下设的电子政务厅成为专门负责有关事务的机构。第 35/2018 号行政法规《电子服务》更是具体明确了行政公职局是负责统一电子平台的责任实体，避免了数字政府下可能出现的"九龙治水"乱象。

其次，"做什么"旨在授予行政机关数字化建设的职权。当法律未能明确时，行政机关囿于附随性权力至多可以在网站上单方面公布有关政府信息，无法做到双向或多向的互动，无法为相对人提供便利的服务。第 2/2020 号法律《电子政务》等为行政机关以电子化方式作出的行为提供了正当性，但仍存在一些未涉及的领域。比如根据《澳门特区民事登记法典》第 1 条，在澳门出生的事实方列入澳门民事登记的范围，所以在其他地区出生的澳门居民无法使用统一电子平台办理出生证明。[2]因此各单行法规仍然会对数字政府的建设产生诸多掣肘。解决之道仍然在于修法完善。目前，澳门特区政府已计划对电子政务法进行调整。从体系性的角度而言，电子政务法的修改应当立足长远，分门别类地进行整体化、法典化建设，包括统一电子平台的性质、行为的范围、给付行政与秩序、行政数字化的分级与监管等。

最后，"怎么做"是在肯定了行政机关的职权的同时，也为其规定了形式上的限制。尽管电子政务法等一系列法律法规的目的在于减少利害关系人的负担、简化行为的程序，但是数字时代的政府也能够更加容易地不当用权。在澳门终审法院第 135/2021 号案中，作为市政署公务人员的甲 428 次不当使用"登记公证网上服务平台"，大量查询商铺物业资料，严重违反《个人资料保护法》。因此，规范行政机关及其工作人员的行为离不开程序上的要求。除

---

〔1〕 鲍静：《全面建设数字法治政府面临的挑战及应对》，载《中国行政管理》2021 年第 11 期。
〔2〕 《澳门特别行政区政府行政公职局关于立法会施家伦议员书面质询的答复》，载 https://www.al.gov.mo/uploads/attachment/2020-11/926575faa5443af8cc.pdf，最后访问日期：2020 年 10 月 29 日。

了行政机关的自我指引设定，还应当坚持一般的行政程序法内容。由于行政机关对数字政府建设保有资源、能力等多方优势，因此对于利用大数据、统一平台乃至自动化行政的行为，应当视同于行政机关作出的行为，从而确保行政行为的合法性。

### （二）权利保障：数字政府建设的价值选择

数字时代给予国家治理体系和治理能力现代化更大的技术手段，但同时也带来了权利保障的新问题。以"健康码"为代表的数字技术治理，一方面为风险社会发挥了预防与保障的积极作用，另一方面由于权力的天然扩张属性，在实践中常常出现"滑坡效应"，导致公众负担增加，甚至不当限制以隐私权、人身自由等为代表的公民基本权利。[1]同样，基于大数据技术的不断发展，行政机关的治理手段也与时俱进，特别是在警务领域、市场监管领域出现了大数据检查的新型模式。尽管大数据检查在趋势预测、风险筛查等方面扮演了重要角色，但是大数据并不代表必然性，其亦会出现差错，削弱人的主体地位，降低人的自由选择意志，导致人的尊严难以保障。[2]因此，数字技术与权利保障之间存在一定的张力。

究其原因，主要在于对数字手段治理的定性难题。当传统的现场执法转换为线上治理时，转变的不仅是载体，更重要的是改变了公权力侵入私主体的程度，常常在相对人行为前就已经进行了干预，甚至预设了相对人行为的过错结果，或者通过多元主体的参与扩大了权利限制的范围。如若固化地进行行为的定性，那么可能得出不直接对相对人权利义务产生实质性影响的结果，如行政检查等。相对人可能难以进行权利救济。但就本质上而言，人具有自我意识、自我决定与自我形塑的能力，人应当是主体，而非被控制、被决定的客体，这些都是基于最根本的人的尊严而必须具有的，是绝对的。[3]因此当行政机关运用大数据等数字手段进行执法时，尽管在预备阶段或防范阶段，但是依然会对人的基本权利产生重大的影响，其主要体现在"有罪推定"改变了人自我控制的形态，就性质上而言属于具体的行政行为。由于这种行政

---

〔1〕 关保英：《大数据智能时代随身码的行政法地位研究》，载《政法论坛》2022 年第 5 期。

〔2〕 查云飞：《大数据检查的行政法构造》，载《华东政法大学学报》2022 年第 1 期。

〔3〕 刘志强：《论"数字人权"不构成第四代人权》，载《法学研究》2021 年第 1 期。

行为对人的尊严可能产生异化，所以行为本身需要受到严格的限制。在形式要件上应当包含法律保留的要求，在实质要件上应当包括比例原则的检验。

例如，特区立法会第三常设委员会在细则性审议第 2/2012 号法律《公共地方录像监视法律制度》时指出，由于录像监视系统的使用可能会对隐私权、肖像权、言论和表达自由等方面限制，因而必须通过法律的形式确定何种程度上使用录像监视系统，同时有关的限制必须局限在保护其他基本权利的必要限度内，简单地牺牲其中一种利益而满足其他利益并不合法。[1] 因此该法案明确了适用的范围仅限于确保社会治安及公共秩序，并以合法性、专门性、适度性作为一般原则，规定了责任承担的主体，同时也对安装与使用、记录、保存录像监视系统作出了细致的程序性规定，肯定了被摄录的利害关系人有权查阅及删除摄录资料。特区第 10/2022 号法律《通讯截取及保障法律制度》在审议时也强调了为保障居民基本权利，本法案严格地规定了通讯截取的手续与期间，明确其前提是侦查措施的必须性。[2] 法案最终规定仅能由法官批示命令或许可进行，并适用于其他技术途径传达的通信（如微信）；对于提供通信记录，也须是在有理由相信有助于刑事调查工作，且有权限的司法当局批示许可或命令下方可进行。故如若使用其他大数据方法进行社会治理而可能产生对人的自我意识的尊严权利产生影响时，也需要进行严格的权力限制。

与此同时，数字政府建设也离不开对人的意愿的尊重与对权利的救济。数字技术是手段，而非目的，其本身不是利维坦，也不具有独断的权威。相反，数字政府建设的目的是以人的尊严为基础，无法忽视人在数字政府语境下的主体地位。重视人的意愿与权利救济是数字政府得以发展的前提基础。德国学界较早就指出，自动数据处理和传输可能使得政府在个人不知道和不能控制的情况下获取数据并据此实施行政行为，所以机关签名、说明理由以及听证的义务在绝大多数情况下不可省略，除非是行政机关批量的行政行为。[3]

---

〔1〕《第 2/IV/2012 号意见书》，载 https://www. al. gov. mo/uploads/lei/leis/2012/2012 - 02/parecer_cn. pdf，最后访问日期：2022 年 2 月 22 日。

〔2〕《第 3/VII/2022 号意见书》，载 https://www. al. gov. mo/uploads/attachment/2022-06/7030162a7e3831ae01. pdf，最后访问日期：2022 年 6 月 20 日。

〔3〕［德］哈特穆特·毛雷尔：《行政法学总论》，高家伟译，法律出版社 2000 年版，第 438-445 页。

故数字政府不是抛弃过往的行政法，不是颠倒主体与客体的地位，而是在既有程序与内容的基础上创新，重视人的价值本身。

特区在数字政府建设的立法活动中亦一体遵循了行政法的基本理论。第2/2020 号法律《电子政务》第 3 条就规定了自愿使用的基本原则，明确了电子证明服务、数码证照服务、数码化接待及电子通知都属于私人自愿使用。第 32 条明确了电子方式的行为和手续在本法及相关规章规范外需要配合适用《澳门特区行政程序法典》。故减少市民及企业的负担、简化行政程序、加强人们的肯定和信心是澳门特区政府推行信息及通信科技手段的成功经验。对于强制使用的科技手段，如第 10/2022 号法律《通讯截取及保障法律制度》，则对通知义务作出了明确要求，同时也确定了实施主体的行政责任与刑事责任，加强对被截取人的知情权、救济权的维护。

（三）权力监督：数字政府建设的运行保障

法治是现代国家普遍遵循的基本原则，其强调的核心乃是权力受到法律控制，从而保障个人的权利。在数字化时代，尽管数字政府的不断改造升级为人们带来了诸多便利，但是同时数字权力化亦需要特别的警惕。或许有意见认为数字政府的专业知识和规制结果为其带来了正当性依据，但是这种过程安排的正当性依据依然需要建基于规制者本身证明其可问责性，否则数字政府的规制导致了结果的不可预测，有悖于规制的目的。[1]因此，数字政府的建设离不开法治的保障，而如何约束数字政府亦是法治的重要内容。

法律关注过程，所以法治的内涵在于理由之治，强调通过公开、参与、竞争呈现事实和理由，从而将规则转化为实践，体现其理性价值。[2]这就意味着数字政府的法治化需要对数字权力行使的过程进行充分的公开与透明，加强对数字权力的监督。首先，数字政府的监督来源于行政机关的自我约束。行政机关一方面需要加强内部的自我约束，另一方面则需要向公众开放必要的数据，以提升自我监督的效果。对于前者，特区第 24/2020 号行政法规《电子政务施行细则》第 2 条明确规定了行政公职局责任实体的地位，并突出

---

〔1〕 ［英］科林·斯科特：《规制、治理与法律：前沿问题研究》，安永康译，清华大学出版社 2018 年版，第 17-19 页。

〔2〕 王锡锌：《数治与法治：数字行政的法治约束》，载《中国人民大学学报》2022 年第 6 期。

了其协调、规划、发展、推行电子政务以及核准公共部门保障级别、确保统一电子平台资料安全、制作有关指引的职责。第 300/2018 号行政长官批示《使用者账户系统保障水平的技术规格规章》第 30 条则强调，所有实体必须定期进行内部审计，保证使用者账户系统的服务符合相关的要素及要件。故澳门在内部监督的机制设计上具有相对的完整性。对于后者，特区政府自 2019 年年底即推出"特区政府数据开放平台"（data. gov. mo）。目前，已向公众开放旅游及博彩、公共交通、医疗卫生、城市环境、社会保障、公共安全及出入境等 14 个领域、608 个数据集，进一步鼓励了社会机构的创新利用与监督。

其次，数字政府的监督离不开外部审计机关的介入。自己不能做自己的法官，而数字政府效能的实现离不开外部权力的监督，特别是专业的审计机关。审计署作为直接对特别行政区行政长官负责的机关，具有客观的中立性。根据第 11/1999 号法律《澳门特别行政区审计署组织法》第 3 条规定，审计署对审计对象进行"衡工量值式"的监督，即对其在履行职务时所达到的节省程度、效率和效益进行审查。数字政府的显性价值就在于提高行政效率，所以当行政机关投入大量人力、物力、财力进行数字政府建设时必须接受审计署的监督，包括数字政府的流程塑造，也包括在事前、事中、事后阶段性成效的取得等多方面。2018 年 8 月，特区审计署发布的"衡工量值式"审计报告《电子政务的规划及执行》对澳门特区回归以来电子政务发展的问题进行了明确，并向行政公职局提出了审计建议，同时得到了相关答复。这进一步加大了社会的广泛关注，特别是提升了立法会议员的监督力度，促使澳门数字政府在 2019 年后的快速发展。

再次，数字政府的监督有赖于立法会议员的职权行使。特区政府对立法会负责的内容之一在于答复立法会议员的质询。数字政府建设归根结底是行政机关的行为，无论数字技术如何发达，最终决定采用以及多大程度上实现数字政府建设都取决于政府的决策。因此数字政府的约束本质是对行政权的监督。立法会议员的质询目的在于督促政府行为的合法性与合理性，迫使行政机关注意个人的不平之鸣。以第六届立法会为例，议员共提出有关电子政务或数字政府的书面质询共计 19 件，口头质询 1 件，内容涉及电子政务或数字政府的措施、发展规划、工作进展、出现的障碍等，并且呈现出两大特征。其一，质询案数量与数字政府的进程紧密相连。第六届立法会第一会期

（2017—2018 年）提出质询案 8 件，占本届质询案总数的 40%。议员主要就电子政府发展的进度表示忧虑，并要求政府提出完成时间。政府则在答复中解释了原因，并提出了完善的目标与时间表。议员的质询无疑给政府带来了压力与动力，2018 年年底相关法案的出台乃至 2019 年的快速发展都与之具有正相关性。其二，质询案的连续性与数字政府建设的阶段性互相影响。部分议员在第六届立法会乃至第七届立法会中始终就电子政务或数字政府问题予以关注，时刻跟进数字政府发展的状况，既让社会了解最新进展，又通过问题的方式提出相关建议，发挥了相辅相成的作用。

最后，数字政府的监督确立于司法机关的裁判之上。作为最后一道防线，司法机关需要对数字政府可能的权力滥用进行有效制约。法院在数字政府建设中不是破坏者、妨碍者，而是裁判者。数字政府可能产生的行政异化行为需要法院的及时干预以得到矫正。但由于高度的专业性，法院在裁判中亦产生更大的谦抑性。从权利保障的角度出发，其更多的是从正当程序原则、一般经验法则入手。在特区中级法院第 258/2021 号案件中，作为游客的 A 因出示没有有效新冠病毒核酸检测阴性证明的健康码企图进入娱乐场区域而被控违反防疫措施罪。法院在判决中指出，未见有资料显示嫌犯知悉，特别是能够知悉特区卫生局作出的批示内容并执意违反，很难渴求外地人士随时关注，因此认定嫌犯不知悉防疫措施是合情合理的，符合一般的经验法则，有关罪名明显不成立。故法院对数字政府行为的有效性界定成为权利保障的最终屏障。

### 三、我国澳门特区数字政府建设的法治化期待

#### （一）拓展数字政府建设的广度与深度

尽管澳门特区自回归以来就在数字政府建设方面予以重视，特别是近五年取得了较为迅猛的发展，如"澳门公共服务一户通"2.0 版本的推出。但是就其数字政府建设的广度与深度而言，仍然存在可拓展的空间。第一，特区数字政府的服务广度有待挖掘。目前电子服务的范围多局限于政府与居民（G2C）、政府与员工（G2E）之间，所涉及的业务多为上述关系的传统业务线上办理。虽然这极大地提高了行政效率，减少了居民办事的流程，但是在政府与企业（G2B）、政府与社团（G2A）等方面的数位落差较为明显。小微

企业林立、社团组织众多是特区的典型特征，它们的数字诉求包括但不局限于饮食牌照的发放、电子采购的使用等。如若忽视了企业与社团的主体地位，无疑是澳门特区数字政府建设的重大短板。

第二，特区数字政府的参与形式可逐步多元化。共建、共治、共享是数字时代的应有之义。政府的功能不再是过去单纯地管理，以命令服从作为主要模式，而是转向为多元参与的治理，所以倾听各方意见，特别是使用者与参与者的声音尤为重要。澳门特区过去建立了以咨询组织为代表的过程民主形式，形成了行政长官与四司统领的咨询体系，体现了法治国家、法治政府与法治社会统一的目标。[1]数字政府建设中离不开咨询组织的发展与完善，但目前一方面咨询组织中并未专门设立数字政府委员会，相关用户意见无法系统地收集与整理，不利于数字政府的改进；另一方面咨询组织的形式以传统的线下会议为主，数字化力度的欠缺不利于吸引更多民众参与。

第三，特区数字政府的行为机制需循序渐进地深化。在线政务服务是特区现有数字政府行为机制的主要内容，具体体现在针对居民所创设的"澳门公共服务一户通"中。在部分领域，如交通事务中涉及智慧监管执法的事项，但数字政府在多数执法事项中仍处于空白状态。至于通过数据和算法参与而形成的自动化行政，尚未完全进入社会公众的视野。作为数字政府建设的引领者，特区政府需要审时度势、循序渐进促进机制的创新。

数字政府的上述完善同样需要遵循法治原则，因此厘清拓展广度与深度的路径边界尤显重要。首先，坚持规则之治是数字政府拓展的正当性来源。无论数字化手段如何先进，当其与权力交融产生行为时，就可能限制民众的权利。现代政府的正当性论证方式唯有民主，所以可能限制民众权利的行为必须由民众同意。这也意味着数字政府广度与深度的拓展需要建立在立法健全的基础上。当数字政府不断深化时，立法机关的专业性逐渐不足，委托立法将具有更大需求。为了保证数字政府仍然能够在规则范围内行使权力，相应的参与和监督必不可少。在加强既有监督模式的情况下，包括审计监督、立法会监督、司法监督等，还需要拓展民众的参与力度，特别是专业技术人

---

[1]　张强：《拓展过程民主的澳门故事：咨询组织的制度实践》，载《公共治理研究》2022 年第 2 期。

员，从而讨论技术标准的法律属性，确保专业、效率与民主的价值平衡。

其次，坚持理由之治是数字政府拓展的重要依据。过程的公开与透明是理由之治的载体与依托，并至少具体表现在两个方面。一是外在的程序与平台的完善。以电子采购为例，在法律基础明确的情况下，澳门电子采购模式仍然需要进一步革新，由政府建立电子采购平台，确立采购方与参与方在筹备、投标、开标、评标、判给、订立合同等各阶段的程序要件。[1]当特区数字政府拓展至政府与企业、政府与社团等多重关系时，亦需不断完善有关内容，确保程序的可预期性。二是内在的决策因素与算法的可视化。线上政务服务方面，数字政府的理由之治在于公开何部门为何作出有关决定。智慧监管执法、自动化行政则涉及了算法的运用。算法的本质仍然是行政机关的行政行为，因此不能将算法归结于不可公开的秘密，而应当可视化，让民众了解其中的原则与规律，尤其是在遭受质疑时能够及时地追溯与追责。[2]

最后，坚持救济之治是数字政府拓展的思维导向。无救济则无权利。数字政府向广度与深度拓展的过程中必然产生救济的难题。在面向整体政府改革的新型理念下，行政主体理论需要重塑，从而回归公共行政的场域。[3]因此数字政府下在线政务服务、智慧监管执法、自动化行政的出现也倒逼了行政主体概念的数字化创新。为了保障民众的合法权益，确定数字政府的责任主体，特别是跨部门协调之下的责任主体规定十分必要，否则民众状告无门，所谓数字权利就成为一张废纸，数字政府也将丧失合法性的底色。目前特区行政公职局所承担的职能在未来发展的过程中也需要与之相适应。

（二）区域合作的数字化变革

澳门特区土地面积狭小，区域合作是应对社会发展需求的必然之举。回归以来，我国内地同澳门特区、香港特区都开展了多样的合作，如《关于建立更紧密经贸关系的安排》（CEPA）的签订即是实质性成果的体现。2019年中共中央、国务院印发的《粤港澳大湾区发展规划纲要》为内地同澳门特区、香港特区的区域合作指明了新的方向；2021年中共中央、国务院又正式公布

---

[1] 邓达荣：《探讨澳门特区政府可实施电子采购的模式》，载《行政》2021年第4期。
[2] 马长山：《数字法治政府的机制再造》，载《政治与法律》2022年第11期。
[3] 王敬波：《面向整体政府的改革与行政主体理论的重塑》，载《中国社会科学》2020年第7期。

了《横琴粤澳深度合作区建设总体方案》，为粤港澳大湾区建设奠定了新的高度。其中，《粤港澳大湾区发展规划纲要》提出要建成智慧城市群，探索建立统一标准，开放数据端口，建设互通的公共应用平台，并通过电子化、信息化手段促进人员货物往来便利化。这对数字政府的区域合作提出了新的期待，但实践中以"健康码"为代表的区域合作却显示出困难重重。2020 年以来新冠疫情快速蔓延，粤、港、澳三地通关也因此产生障碍。内地率先推出"健康码"作为数字化防控手段，实现了内地的全范围互通，加快了内地的复工复产步伐。但香港、澳门两特区却无法同步进行：澳门特区随后于 2020 年 5 月推出"澳康码"，并与广东"粤康码"实现转换。

有学者从事务性驱动力、领域性驱动力和区域性驱动力的角度展开原因分析，提出协作进程引发了"木桶效应"。[1]而驱动力的背后亦反映的是区域法治的不协调问题。第一，粤港澳大湾区数字政府合作的法律基础不明确。既有的"纲要"无法直接产生约束力，故大湾区的法律制度供给需要另寻他处。协同立法、示范法等都成为学界热议的形式，[2]但目前相关内容的阙如使数字政府的合作只能依赖于各方的动力，甚至存在动力依然面临合法性质疑，无法接受立法机关、司法机关等部门的监督。第二，粤港澳大湾区数字政府合作的组织机构不明确。以"健康码"为代表的合作治理中，存在多方主体，同时还存在相应政府与卫生部门的联系，当进行合作时各方的职权与职责尚不清楚。同理，在数字政府的其他领域合作中也面临上述问题。第三，粤港澳大湾区数字政府合作的权利保障方式不协调。数字政府在提升效率的同时也将促进个人信息快速地流通。当粤、港、澳三地区对以隐私权为代表的基本权利的认知不一致、保障方式不一致时，合作的阻力也倍增。

因此，尽管我国澳门特区在"健康码"通关问题上圆满解决，但数字政府的区域合作问题仍然需要进行法治化的构建与完善，尤其是当下横琴粤澳深度合作区的建设，诸如"澳门新街坊"等项目的推进更加呈现出紧迫的局面。横琴粤澳深度合作区执行委员会作为横琴主要的执行机构，应当成为推进横琴数字政府建设的主要力量。但横琴与澳门特区分属不同层级，当两地

〔1〕 唐斌：《"码上通行"缘何难难重重？——非对称关系下粤港澳健康码互认协作分析》，载《电子政务》2023 年第 5 期。

〔2〕 董暐、张强：《推进粤港澳大湾区建设的法律制度供给》，载《法学评论》2021 年第 5 期。

数字政府进行合作时属于"跨层协调",[1]二者之间的合法性问题仍然难以圆满解决。在用足、用好经济特区立法权的基础上,中央亦有必要对横琴的法律地位与职权职责再次明确,有助于横琴粤澳数字政府合作机制的进一步健全。

澳门特区数字政府建设以电子化为起点,并顺应时代科技发展趋势,逐步转变为电子服务、线上政务、智慧执法等多种方式并存的新局面。二十余年间,数字政府建设的步伐也逐步加快。尽管与内地相比,澳门特区数字技术仍处于相对弱势的地位,但从法治化的视角可以看出,澳门特区仍有借鉴之处:遵循有法可依的基本原则,确保公权力始终在规制之治的前提下运作;同时,以权利保障为核心的价值追求亦给予民众自愿且有尊严的方式选择;行政机关、审计机关、立法机关、司法机关等对数字政府的行为的多重监督有力确保了理由之治的实现。澳门特区数字政府的法治化路径并非完美,在时代的背景下亦存在诸多亟须回答的难题,但这未尽的内容也给内地数字法治政府建设带来了新的契机。粤港澳大湾区数字政府的建设或许正是理论与实践交融的新阵地。

---

〔1〕 方木欢:《分类对接与跨层协调:粤港澳大湾区区域治理的新模式》,载《中国行政管理》2021年第3期。

# 数字政府建设视域下自动化行政的法律规制<sup>*</sup>

**摘　要：** 随着当前各领域数字化、信息化发展，我国行政管理开始探索自动化行政的管理方式。当前自动化行政主要运用在数据的收集整理、政务活动以及直接作出行政决定等情况中；自动化行政在提升政务机关行政效率的同时，也对现行的行政行为法律规制方式提出了挑战。自动化行政带来的法律挑战主要有自动化行政权力的正当性证成风险、自动化行政核心程序权利实质性限缩风险、自动化行政侵扰个人信息权和数据保护风险。针对这些风险，主张通过两种路径去规制：保障公民私权利和限制政府公权力。具体通过确定自动化行政的主体制度，建立自动化行政相对人的构建程序救济制度，数据权利保障制度来完成。建立自动化行政的法律规制制度有利于提升政府执政精准性，推进数字政府建设。

**关键词：** 数字政府；自动化行政；正当性；权力保障；程序救济

随着第四次科技革命的爆发，人工智能、物联网、虚拟现实以及新能源等逐渐成为各国主动布控的新领域；人类的生产生活方式也随着科技的进步逐渐发生改变。人类已经逐步迈入以自动化、智能化为核心的数字时代。因为科技给人类生活带来的巨大变化，国内外各个专业都掀起了研究自动化的热潮，自动化也逐步被应用到社会和国家生活中。近年来，我国也努力建设数字国家、数字政府，科技也正在推动着我国行政体系朝着自动化的方向发展。然而，虽然自动化行政具有便利性、高效性等特点，但是由于自动化行政与传统的行政活动存在主体、程序、裁量等方面的差异，因此隐含着许多

---

\* 基金项目：本文是 2023 年度广州市哲学社会科学规划一般项目"新时代广州公共安全应急框架体系研究——以'公共数据安全'为例"（项目编号：2023GZYB70）的阶段性成果。

作者简介：代诗琪，广州大学法学院宪法学与行政法学硕士研究生。

不可预测的风险，正是这些隐含的风险使研究者对此引发的法律问题充满忧虑，开始寻求解决之策。聚焦到法律层面上，自动化行政带来的诸如信息收集、处理的错误风险，对个人隐私和数据保护的侵扰风险以及算法不透明所引发的法律风险等亟须得到规制，因此需要从法律层面对其加以规范化。只有厘清自动化行政法律规制的要素，明晰自动化行政的法治困境，才有助于我们对我国现存的法律体系进行思考，进而构建自动化行政法律规制制度体系。

## 一、我国自动化行政的法律规制现状

### （一）自动化行政的法律规制现状

我国自动化行政的法律规制现状主要分为三个方面：电子沟通类仅涉及行政事实行为认定、电子告知类受"当事人同意"原则限制和电子申请类缺乏有效的监督评价规范。

首先，电子沟通类仅涉及行政事实行为认定。电子沟通类顾名思义就是指自动化行政行为所起的是沟通交流的作用。目前大部分自动化行政行为设计的都是半自动化行政行为的阶段，电子沟通类的法律规制主要是由法律规定行政主体应该公布电子邮箱或者其他的电子沟通渠道以便民众可以实时地交流和投诉等。关于电子沟通类的立法在我国多部法律法规中有所体现。例如，《食品安全法》第115条、《广告法》第53条。《国务院办公厅关于进一步优化地方政务服务便民热线的指导意见》要求各地政府在做好"12345"服务热线建设工作时建设网上投诉渠道。从法律规定上来看，法律条文的表述大多还是用电子邮件来完成电子沟通。然而实际上，随着社交工具和通信工具的更新迭代，行政机关沟通或者处理投诉的方式也逐步地多样化。电子邮件不再是唯一的电子沟通类工具。目前行政机关通过网络平台的留言板块、微信公众号的服务推送、微信等社交工具对当事人进行说明、告知、咨询、服务、建议等也逐渐普遍，而行政机关通过社交工具进行的电子沟通也应该被视为自动化行政程序的一部分。[1]

其次，电子告知类受"当事人同意"原则限制。电子告知类主要受"当

---

[1] 查云飞：《人工智能时代全自动具体行政行为研究》，载《比较法研究》2018年第5期。

事人同意"原则的限制。电子告知类也包括电子送达。这一类型是指政府以数据电文的形式将行政活动的结果送达或者告知当事人。例如，我国的《商标法实施条例》第 10 条。从以上法律法规文件可以看出，自动化行政中涉及电子告知和电子送达类的都要求以当事人同意为原则。在研究这一类型的自动化行政立法文件时同时需要注意数据电文的概念。数据电文不是书面形式，只是在一定条件下视为书面形式。[1]电子送达或者电子告知的自动化行政行为做出方式大部分都是数据电文的形式。从我国各种文件的具体规范来看，电子告知或者送达类的法律规范都要求以当事人同意为前提，受到"当事人同意"原则的限制。因此，我们可以推断出，自动化行政的法律为电子告知和电子送达类的自动化行政行为设置了两个法定要件：数据电文形式和当事人同意。

最后，电子申请类缺乏有效的监督评价规范。电子申请类包括电子申报类，主要是指使用行政机关公布的自动化行政系统申请或者申报相关事项，主要包括行政许可或者行政缴税等。《食品经营许可管理办法》第 8 条、《商标法》第 22 条、《政府信息公开条例》第 20 条都是电子申请类相关规范。但是，电子申请类缺乏有效的监督评价规范，法律规范不足。例如，河南郑州储户被赋"红码"事件就是疫情下政府部门乱赋码的集中体现。维权储户被莫名赋"红码"限制行动以后，政府部门不知是谁赋码、是何原因赋码体现的也是"健康码"缺少完善的监督评价机制。被乱赋码的民众甚至找不到反馈的机关。

（二）自动化行政的法律规制变革分析

自动化技术在行政领域适用的深度和程度并不一致，要想对自动化行政进行更加深入细致的法律规制，就必须对其进行更加深入的研究和细致的分析。参照自动驾驶领域的自动化分级思路，经过两轮分级，最终可以将自动化行政分成五个级别：零级——无自动化行政；一级——自动化辅助行政；二级——部分自动化行政；三级——无裁量能力的完全自动化行政；四级——有裁量能力的完全自动化行政。第四级的自动化行政因为具有了裁量能力，

---

〔1〕 刘颖：《我国电子商务法调整的社会关系范围》，载《中国法学》2018 年第 4 期。

可以在一定的空间内自主作出决策。[1]

基于以上的分级结果，新的法律问题是随着自动化行政级别的提升而产生的。要对新产生的法律问题进行规制，就必须对不同级别的自动化行政所处的情况进行类型化分析，针对性地作出法律规制意见。目前，我国经历了自动化行政的第一次法律变革，使得自动化行政在我国实现了从无到有，带来的法律挑战来自自动化行政行为性质确定等方面；自动化行政的第二次法律变革以无人干预自动审批系统为代表，这个阶段的自动化行政将面临来自裁量裁判、监督、责任承担和适用场景等方面的法律挑战；而自动化行政要面临的第三次法律变革是由三级到四级，这个阶段的自动化行政将会进入行政裁量领域进行自动化决策。行政裁量在行政活动内占有举足轻重的地位。自动化行政最终要做到自动决策就必须讨论行政裁量在自动化行政行为上的适用。法律适用指的是案件事实、法律解释、涵射以及结果的确定。

（三）自动化行政法律规制的实践分析

各地政府的自动化行政建设在实践中的规制路径不同，采用的具体措施也大有不同。例如，浙江是"信用+联动"的信用生态重建；广东是数据整合与开放共享的程序设计；上海是自动化行政安全责任制。但是在实践中各地的规制措施还是不够完善。以深圳市公安局人才引进的无人审批系统为例，申请人只需要在网上提交材料，只要材料符合要求就可以实现"秒批"，全程只需要申请人线下去派出所一次就可以完成入户流程。该系统充分地将自动化行政高效便民的特点展现出来，但是系统也暴露出了几个方面的问题，这些也是当前自动化行政系统普遍忽略的问题。

首先，自动化行政系统缺少行政相对人的有效反馈。在深圳市公安局人才引进的无人审批申请页面，申请者只需要将自己的有效资料填入系统就可以完成入户申请。但是，在申请流程完成后，缺少了申请者反馈的设置。无法得到及时有效的反馈，不利于行政机关针对民众的需求完善系统，也无法促进自动化行政系统的自动化级别由低向高的转化。

其次，使用自动化行政的各个行政部门之间的对接缺失。部门间的良好

---

[1] 参见马颜昕：《自动化行政的分级与法律控制变革》，载《行政法学研究》2019年第1期。

协作和权责分工明确是提升行政效率和便利行政相对人的重要方面。但是由于自动化行政模式不同于原有的人工行政模式，不适宜完全照搬原有的部门间的有关部门对接的相关法律法规，因此，当前关于使用自动化行政系统的各个行政部门的对接方式、规则以及责任分配等需要根据实际情况以及实践反馈作出新的调整或制定新的规定。

最后，当有外部技术主体介入后所产生的责任问题。因为自动化行政系统是由外部的行政技术主体提供的，我国各级政府在机构设置和人员配置上也设置了系统研发部门和技术人员，但是研发部门和使用系统的部门是不同的部门，如果因为系统故障或者不完善导致行政行为出错侵犯行政相对人权利时责任如何分配？首先应当明确的是，法律拟制的行政主体，始终是行政法律关系中承担责任的主体。[1]在大陆法系的行政赔偿制度中，一般将行政赔偿责任分为公务员违法侵权的"人的行为"责任和公共设施设置和管理有欠缺所产生的"物的瑕疵"责任两大类型。由于我国自动化行政系统尚处于部分自动化阶段，自动化系统出现错误，导致权利人权利受损的赔偿责任应该以"物的瑕疵"作为类比。因此，自动化行政的赔偿责任也应当适用无过错责任。但是自动化行政因为系统错误导致的赔偿责任与一般的物的责任是不同的。"物的瑕疵"责任依照我国现行法律的规定一般是按照民事程序处理，但是由于自动化行政系统的特殊性，这种程序和救济方式是明显不合适的。随着自动化技术的不断发展，这种"不合适"将会越来越明显，因此有必要建立新的制度去适应自动化行政的发展。

## 二、自动化行政的法治困境

互联网技术和人工智能技术的迅速发展使信息数字社会全方位地影响着社会成员的交往方式。政府的治理方式面临数字化的改革，自动化行政的方式也越来越成为政府主要的行政方式。作为电子政务的制度延伸，数字化行政的效果正在向包括实体决定在内的行政程序全程自动实施跃迁。[2]然而，自动化行政作为传统行政方式上的演进，其权力行使路径必须要符合《宪法》

---

〔1〕 参见马颜昕：《自动化行政方式下的行政处罚：挑战与回应》，载《政治与法律》2020 年第 4 期。

〔2〕 展鹏贺：《数字化行政方式的权力正当性检视》，载《中国法学》2021 年第 3 期。

规定。从目前自动化行政的实践来看，自动化行政所面临的法治困境主要包括三个方面：自动化行政权力的正当性证成风险、自动化行政核心程序权利实质性限缩风险以及自动化行政侵扰个人信息权和数据保护风险。

（一）自动化行政权力的正当性证成风险

当前我国的自动化行政面临的主要宪法难题是自动化行政权力的正当性证成风险。在世界范围内，以前的政府改革都是以宪法为基础的。作为一个国家的母法，宪法可以规定政府改革以宪法为依据，确保改革的合法性。但现阶段中国的数字建设缺乏宪法基础，原因是宪法制定时没有预见到社会的数字化进程如此之快，在系统设计中没有为数字结构和数字法治建设预留法治空间，因此自动化行政改革缺少宪法支持。所以，作为数字化改革突出表现的自动化行政方式也在权力的运行方式上遭遇了宪法空白。主要体现在"组织—人员"正当性要求受到挑战、"实体—内容"正当性要求受到挑战以及"制度—功能"正当性证成受到挑战三个方面。

首先，"组织—人员"正当性是指，承担着宪法规定的国家行政权的国家机关和实际上承担着职务的国家工作人员，他们的工作应当是处在宪法规范下的一个完整的正当性链条中。这个正当性链条应当是完整的、没有中断的且可以回溯到人民的，而自动化行政的"组织—人员"的"正当性链条"是不完整的。一是自动化行政的"组织—人员"的"正当性链条"缺少权力的分配过程。我国《宪法》规定了国家权力。行政权作为国家权力的一部分，其权力分配和行使以及法定的行使机关——中央和地方各级人民政府及其组成的确定，都是由立法机关在人民意志的影响下完成的。但是自动化行政缺少《宪法》规范，其权力分配及行使过程没有得到立法机关的确认。二是自动化行政的"组织—人员"的"正当性链条"打破了科层制的行政命令执行途径。然而数字政府建设要求政府实行扁平化的治理模式，将以往的线下严苛的科层制模式转变为纵向协同治理模式，政府业务活动突破了线上线下的限制，使得线上线下的活动开始融合，上传下达的传统科层制模式被打破。

其次，从"实体—内容"的层面来看，我国目前自动化行政的程序改造主要来源于行政政策、规范性文件或者实践创新，[1]而在法律层面却缺少相

---

〔1〕 展鹏贺：《数字化行政方式的权力正当性检视》，载《中国法学》2021年第3期。

应的规定——现有的法律规定不仅零散而且主要的立法考虑是以早期的电子政务所应用的电子化技术为主。在目前这个阶段，这些零散且相对过时的规定无法为自动化行政的高速发展提供足够的法律支持，从而使得自动化行政在"实体—内容"的第一个层面也就是法律优位上缺少足够的支持。自动化行政系统的算法黑箱风险和编程人员的意志影响风险都可能会影响制约效果的实现：实体法内容上的正当性是否切实地应用在了自动化行政上。从"实体—内容"的第二个层面来看，在某些立法授予行政机关较大形成空间的情形下，实际的判断余地和裁量空间也会被缩减。内部层级间的命令传递和人大的监督都会显得有点乏力。例如，尽管上级可以为下级制定裁量基准，但是行政机关现阶段的自动化行政行为大部分是无裁量的行政行为，制定的裁量基准应用空间有限。因此，自动化行政的"实体—内容"正当性证成受到了挑战。

最后，行政权力的"制度—功能"正当性证成标准主要是指，宪法为了实现特定的行政目标和任务，通过规则在"制度—功能"上直接授权，允许在特定的领域、以特定的方式来实施行政权。[1]其目的是保障特定功能目标的实现，由宪法规范直接明确规定国家权力的具体行使。经由"制度—功能"直接授权的行政权力，其行使的正当性无须再由两项一般性标准验证。"制度—功能"作为行政权力正当性验证的例外模式其正当性效果不能被过分放大。然而自动化行政具有的技术特性会使行政权的正当性传递陷入不特定的状态，虽然法律不事先预设权力的行使方式，但是在程序法上来说"一般认可+特别授权"的规范构造，还存在正当性水准上的瑕疵。同时，"制度—功能"标准下的行政权是由宪法规范授权得到的正当性，然而我国自动化行政目前只有政策性和规范性文件支撑，缺少宪法层面的法律授权，不能保证自动化行政正当性的检视。

（二）自动化行政程序参与权的实质性限缩风险

有学者认为"法治的伟大成就之一是使主权者为其决策负责并赋予人民基本权利"，[2]随着人工智能的广泛运用，政府的运作方式也在发生改变，现

---

〔1〕 参见展鹏贺：《数字化行政方式的权力正当性检视》，载《中国法学》2021年第3期。

〔2〕 参见刘东亮：《技术性正当程序：人工智能时代程序法和算法的双重变奏》，载《比较法研究》2020年第5期。

代社会的权力形态和权力结构都在悄然地发生变化。在这种背景下，传统的行政程序在自动化行政的适用场景中逐渐失去效用，不能发挥其应有的功能，特别是"听取意见""说明理由"等陈诉申辩性的权利保障措施，在几乎是瞬间作出决定的自动化决策的场景中没有适用的空间，行政相对人的权利形同虚设，因此，自动化行政存在行政相对人程序参与权实质性限缩的风险。

首先，虽然对正当程序的判断标准业界还没有形成统一，但通说认为行政相对人的程序权利基本包括通知、提出意见和得到解释。具体来说就是在参与行政程序时，行政相对人有权利对自身人身权利、财产权利产生重大影响的行政行为；就案件事实和有关的法律规定进行陈诉申辩的权利，享有知情权、听证等程序性权利，也就是在行政相对人接受行政行为时，必须是以处在监督下的方式接受的。但是由于自动化行政系统的数字性和瞬时性，自动化行政决策极易在未通知行政相对人的情况下作出。这种现象会使得行政相对人参与行政活动的规则被架空，公民失去陈诉的机会。换言之，公民的程序参与权如通知、听证的权利实际上是形同虚设的，正当程序的基础不复存在，程序无法使行政相对人信服，其自动化决策结果也有可能会与制度设计初衷相悖。

其次，在自动化行政系统做出特定的行政处罚时，是否已经达到了证明标准？虽然说对于行政处罚的标准，学界尚未有统一定论，但是一般观点认为，像拘留、吊销证件等对行政相对人的人身权利、财产权利有重大影响的行政处罚案件，应当适用最高的证明标准，也就是确凿证据标准，需要排除任何合理怀疑才可以作出这类行政处罚，而人工智能算法所作出的结论难以被解释，也无法被行政相对人理解，是很难构成确凿证据的基础的，换句话说，行政相对人对算法黑箱的质疑某种程度上也构成一种合理怀疑。因此，使用人工智能技术所产生的算法黑箱风险也使得自动化行政行为存在潜在的正当程序问题。

（三）自动化行政侵扰个人信息权和数据保护风险

自动化行政方式因为高效的优势，被迅速应用在各个行政领域，并且在诸如行政许可和行政处罚等领域发挥了重要的作用。但是自动化行政的高效性可能会导致正当程序的缺失，并且带来另一个法律风险。高效一方面可以节约行政活动中的成本和便利当事人，另一方面也有可能使自动化行政侵扰个人信息权和数据保护风险，自动化行政缩减了裁量空间、自动化行政瑕疵指令影响个人权利保护和自动化行政相对人抗辩权法律规范缺失。

首先，自动化行政将要涉及的行政裁量类型主要存在于事实要件裁量和法律后果裁量两种情境下。行政行为的正确性和合法性，第一步就是对案件事实的正确认识，但是由于算法技术的限制，法律不能完全准确地被翻译成算法语言。系统算法只会对提供的数据进行分析处理而无法像人脑一样考虑一些潜在的、相关的和可能影响决策结果的数据。此时的自动化行政系统是将不同的案情归为不同的参数进行类型化的分析，这种类型化极有可能带来"信息专制"，个案裁量的空间将会被压缩，自动化系统无法做到个案权衡，进而损害个案正义。

其次，自动化行政瑕疵指令影响个人权利保护。自动化行政指令是依靠算法系统作出的，在算法系统本身就存在黑箱风险的前提下，自动化行政的隐私权保护和个人信息保护的权利保护命题显得非常突出。

最后，自动化行政相对人抗辩权法律规范缺失。目前，我国法律规范对于自动化行政相对人的抗辩权救济是缺乏的，法律只是规定了行政相对人在利益受损失时有申诉、申辩的权利，没有规定抗辩的权利。自动化行政所存在的种种法律风险从法学层面上来看，原因就是现行的传统的法律制度和法律规制手段在自动化行政场景下只能部分甚至无法发挥应有的法律效果。因此，要想对自动化行政进行法律规制就必须打破行政行为现有的法律规制体系，重构一个适合自动化行政的规制体系以保证其形式的正当性。

### 三、自动化行政的法律制度构建

（一）构建自动化行政的责任制度

首先，明确自动化行政的责任主体。行政主体是一种法律拟制，目的是明确行政法律关系中当事人双方的地位，明确双方的权利义务和责任，更有效地限制公权力以保护私权利，保障相对人的利益，提供更有效的救济路径救济行政相对人。如前文所述，现阶段，自动化行政行为的真正行为主体依然是行政机关，无论自动化行政行为的最终作出主体是人还是人工智能，无论自动化行政主体的错误是系统错误还是操作者的故意还是过失，结果的承担主体都应该是行政机关，由其对行政相对人所遭受的利益损失承担责任。对行政相对人来说，由直接作出的自动化行政行为的行政机关承担赔偿责任，无须考虑自动化行政行为作出过程中有多少技术主体的介入。关键问题就在于行政相对人如何去确定自动化行政行为的最终作出行政机关。因此，行政相对人有权利维护自己的程序性权利，了解自动化决策作出的过程，要求自动化决策机关对自动化行政相关信息公开。除此之外，自动化行政机关还需要承担监督和管理的责任，必须对自动化行政系统进行系统性的监管，而不是将监管的责任推由技术主体承担，行政机关必须掌握规制权，对行政系统做出行政行为的各个环节进行监督。当然，如果是其他主体导致的错误，在机关承担责任以后可以向其他主体追偿。

其次，明确自动化行政主体的责任承担方式。在行政赔偿的责任承担方式下，自动化行政的赔偿责任也应该满足传统行政法的违法性的构成要件。判断自动化行政主体行为是否构成违法可以从两个方面进行考虑：其一，是对行政相对人的合法权益造成侵害，即被侵害的权益必须是合法的。其二，是必须对行政相对人造成实际的损害，即若是对行政相对人的程序性权利造成损害或者该损害是由行政相对人的过错导致的，那么便不能主张行政赔偿。在行政补偿的责任承担方式下，行政补偿针对的是合法的自动化行政行为对自动化行政相对人造成的损害的补偿。现阶段我国对行政补偿的规定主要是以信赖利益保护原则为依据制定的，自动化行政的行政补偿责任也应该适用信赖利益保护原则。因此，我国需要确立自动化行政补偿责任的相关制度。例如，补偿的范围，补偿应该参照的标准，并且建立有关补偿的监督和救济程序。

（二）构建自动化行政的程序救济制度

首先，以"相对人同意"原则为构建基础。为了保障相对人的权利，"相对人同意"原则是自动化行政行为的前提。在以电子方式告知的场景下，行使裁量权的基础就是"当事人同意"原则。虽然在现行法律下，送达人同意原则规定在民事诉讼法中，但是对公法也有借鉴意义。规定"相对人同意"原则的原因是无法期待相对人都有接收自动化行政行为内容的设备以及可以及时查收信息。

其次，明确自动化行政行为生效时点。行政行为的送达和生效将会直接影响到行政相对人行使权利的实效性，直接关系到程序保障的充分性，此外，行政行为的生效时间与送达时间紧密联系，行政行为送达时，其内容对外发生效力，为了法律秩序的安定，避免对自动化行政行为的生效时间和地点产生争议，应该明确规定自动化行政行为的生效时点。其一，到达行政机关的时点。根据我国相关法律规定在行政相对人以数据电文的形式向行政机关传送信息时，此时的到达主体就是行政机关。在行政机关指定了特定系统时，只要数据电文已经进入了该特定系统，系统内部的延迟不能成为抗辩时效延迟的理由。因此，到达行政机关的时点可以以行政机关的自动确认为准。其二，到达行政相对人的时点。行政行为生效意味着行政行为产生了法律确立的法律效果。此处我国可以借鉴德国法的相关规定，相对人必须在终端设备点击接收，为了防止通知无法点击或者无法接收，设置了十日期限终结拟制，如果行政机关发送通知 10 日内，权利人未点击获悉，十日期限到达后则视为未告知，需再次进行告知[1]。在立法中规定一定期限的终结拟制条款的点击获悉条款，能够确保信息被相对人及时知悉，使相对人及时行使自身权利。

最后，保障自动化行政相对人的程序选择权。相对人的程序选择权包括拒绝使用和选择使用。对于一些不愿意或者不能使用自动化行政系统的相对人来说是有权利拒绝使用自动化行政系统的，相对人可能出于某些考虑拒绝使用自动化行政系统，此时的相对人保留有使用传统方式的权利。对于某些相对人而言自动化行政系统在形式和程序上更加公平和客观，降低了个体的主观影响。在自动化行政的场景下，正当程序必须由程序机制来执行，包括决定的通知，以及提出质疑要求回复的权利。除此之外，包括听证权利、调查权利以及阅卷权等程序性权利都需要通过更多的机制得到保障。

（三）建立自动化行政相对人数据权利保障制度

早就有人提出人工智能问题下的公民隐私权问题，但是随着数据共享升级，以及人工智能的发展，公民的隐私权和信息权受到了更大的挑战。现代

---

〔1〕 查云飞：《人工智能时代全自动具体行政行为研究》，载《比较法研究》2018 年第 5 期。

技术的发展使得信息的快速及全面收集成为可能，因此可以对信息收集的各个阶段进行规制。除了对信息的来源和处理方式进行合法性审查外，还需要对数据的使用进行合理的限制。单一的信息价值可能不大，被侵害的风险也比较小，但是一旦信息聚集在一起，成为海量的信息库之后被侵害的风险就会大大增加，此时就应该加强对信息主体的监管，监管其是否合法合理地利用数据，对于隐私权的保障，应该抱有谨慎态度，防止过度开发与利用。

数据权利的保障制度构建可以从两个角度展开。首先，对政务数据进行合目的性限制，政务数据虽然具有非常强的公共性，但是其本质上不属于政府的私产。政府对政务数据的规制和利用更多的是基于一种特定目的的公共管理权。数据作为一种特殊公物，应该依照特定的程序，直接服务于公共利益或者行政活动。也就是说，数据应该承载了一定的公共目的，数据的使用应该是受到一早就已经确定的特定的公共目的的合目的性约束。将数据纳入公物法的规制领域，可以很好地限制自动化行政机关对数据的滥用。因此，可以针对各种政务数据的不同情况，事先设置好公共目的的不同范围，实现精准规制。其次，对个人数据权利的扩张。以往隐私权是个人数据权保护的基础，但是随着人工智能的快速发展以及社会的迅速变化，隐私权无法及于公共空间，传统的隐私权保护范围不包括公共领域的摄像头或者公共网络的信息足迹。因此，必须对个人信息和数据进行扩张以解决信息收集错误的问题，以此来保障公民的数据权利。在制度建立过程中应该考虑比例原则以及透明化原则，在保障公共利益的同时也应该对所获取的个人信息进行保护。

自动化行政行为应用空间广泛，其在未来的应用规制上也需要进一步的探索。由于自动化行政行为的技术特性，特别是随着人工智能的发展，自动化行政行为越来越智能化，导致原有的法律规制机制不能有效地发挥效用。新的行政方式的出现，不仅会对传统的行政法理论造成挑战还会带来许多新的风险，侵害相对人的程序权利以及实体性的权利。在对自动化行政行为的法律规制中，需要明确自动化行政的责任主体，才能更好地保障相对人的实体权利和程序性权利。科技会促进行政法的更新，行政法也会反过来对科技的实践产生影响，二者互相影响交织。本文虽然讨论了自动化行政的相关规制方法，但是依然有许多未解决的问题。例如，在算法智能提供结论不能提供理由时，说明理由应该如何具体地操作？对相对人程序性权利制度如何进行完善？在行政诉讼中，自动化行政行为的无效与撤销是否与传统的无效与撤销行为相同？行政系统与科技的结合使自动化行政的发展和完善对传统人工行政的压力越来越大，对传统法律体系的挑战和冲击也会越来越大。我们必须直面我们现存的问题，提出解决方案，继续探寻如何规制自动化行政行为，提高行政效率，保障行政相对人的权利，推进数字政府的数字化治理。

# 个人信息保护的惩罚性赔偿制度研究 *

**摘　要**：在个人信息保护上，公法存在介入不足的局限，私法呈现出损害赔偿不充分、威慑力不足、受害者维权积极性不高的问题。惩罚性赔偿制度因具有损害填补、惩罚、遏制和鼓励私人执法的功能，可以弥补公、私法保护个人信息的不足，实现个人信息侵权的有效治理。在构建个人信息保护的惩罚性赔偿制度时，应注意发挥制度的功效：在适用条件上，主观要件包括故意与重大过失，客观要件不以实际损害为必要。在金额确定上，实际损害或侵权获利过于微小、无法计算或不存在时，适用惩罚性最低损害赔偿额；实际损害或侵权获利明显存在时，适用基数倍数法确定惩罚性赔偿金额。最后，由于法定损害赔偿与精神损害赔偿的补偿属性，惩罚性赔偿可与二者同时适用。

**关键词**：个人信息；惩罚性赔偿；主观要件；客观要件；赔偿金额

大数据时代，侵害公民个人信息权益的现象层出不穷（如非法收集、非法使用、故意泄露和传播个人信息等），严重危及公民的人身、财产安全。为了加强个人信息保护，我国于 2021 年出台了《个人信息保护法》。该法在第 69 条第 1 款规定了个人信息侵权损害赔偿的过错推定原则，并在第 2 款规定了"个人损失和侵权获利难以确定的，根据实际情况确定赔偿数额"的法定损害赔偿制度。无论是过错推定原则还是法定损害赔偿制度，都旨在降低被侵权人的举证责任，个人信息侵权责任本质上仍然适用传统补偿性损害赔偿。但是，由于单条个人信息的价值微小，损害后果难以量化，补偿性赔偿仅以

---

* **基金项目**：本文是 2022 年度广东省社科规划一般项目"个人信息保护的民事公益诉讼机制研究"（项目编号：GD22CFX06）的阶段性成果。

作者简介：王欣雨，广州大学法学院 2022 级法律专业（法学）硕士研究生。

实际损害或侵权获利为限，对侵权人的威慑力远远不够。有学者指出，有必要将惩罚性赔偿引入个人信息保护领域，从而强化私法救济和威慑水平，规制个人信息侵权愈演愈烈的乱象。[1]欲构建个人信息保护的惩罚性赔偿制度，需要分析和解决以下三个方面的问题：第一，现有法律手段能否解决个人信息保护的难题，从而有必要适用惩罚性赔偿制度？第二，如何把握惩罚性赔偿制度在个人信息保护中的功能定位与运行机理？第三，在具体的制度构建上，如何确定惩罚性赔偿在个人信息保护民事诉讼中的适用条件、赔偿数额以及与其他制度的关系？本文拟针对上述三个问题就个人信息保护的惩罚性赔偿制度展开研究。

## 一、适用肇因：个人信息保护的现实困境

### （一）公法在个人信息保护方面存在的局限

个人信息的公法保护主要是通过刑事定罪和行政执法来追究侵害人的刑事责任和行政责任。刑法手段的局限性主要体现在以下两点：第一，刑法的调整范围决定了刑法对侵害个人信息行为的打击范围有限。由于罪刑法定原则，刑法的制裁对象只包括非法提供、获取、泄露个人信息的行为，不包括滥用个人信息等以其他方式侵害公民个人信息的行为。[2]同时，刑法的谦抑性决定了刑法只能惩治侵害个人信息情节严重，具有严重社会危害性的行为。没有达到犯罪门槛的个人信息侵权行为不能通过刑法进行规制。第二，刑法的执行依赖国家公权力机关，但国家监管、执法资源的有限性致使侵害公民个人信息权益的行为难以得到及时、有效地规制。个人信息侵权隐蔽性、迷惑性的特点也使相当一部分侵害公民个人信息的犯罪行为难以被公安、检察机关直接发现，从而得不到相应的刑罚处罚。

行政法上的个人信息保护表现为对违法行为的行政监管和处罚。理论上，刑法不能调整到的个人信息侵害可以由行政法来调整。但是，行政法手段的

---

〔1〕 参见徐明：《大数据时代的隐私危机及其侵权法应对》，载《中国法学》2017 年第 1 期；张新宝：《侵权责任编起草的主要问题探讨》，载《中国法律评论》2019 年第 1 期；孙鹏、杨在会：《个人信息侵权惩罚性赔偿制度之构建》，载《北方法学》2022 年第 5 期。

〔2〕 李川：《个人信息犯罪的规制困境与对策完善——从大数据环境下滥用信息问题切入》，载《中国刑事法杂志》2019 年第 5 期。

保护同样存在缺憾。第一，行政执法也要依赖国家公权力机关主动行使职权，个人信息保护的效率与力度受到国家监管、执法资源的制约。个人信息侵权案件在互联网上具有广泛性、易发性的特点，而行政机关在个人信息保护领域的监管、执法资源却是有限的。即使行政机关加大在个人信息保护方面的执法力度，由于侵犯个人信息的行为都是在互联网上隐蔽进行，行政机关还是难以及时、高效地介入很多个人信息侵权案件。第二，个人信息的行政保护容易存在缺位问题。《个人信息保护法》第 60 条第 1 款规定，国务院有关部门依照本法和有关法律、行政法规的规定，在各自职责范围内负责个人信息保护和监管工作。可见，个人信息保护和监管工作缺乏专门、统一、独立的行政机构负责，行政监管呈现分散局面。由于个人信息侵权可能发生在消费、保险、医院等各个领域，分散的监管格局容易造成各个监管部门之间功能界限不清、某些行业领域的监管不足、个人举报投诉无门等，导致个人信息的行政保护缺位。此外，行政执法过程中还容易出现各部门之间推诿扯皮、执法人员收受贿赂、地方保护主义等各种各样的问题，使个人信息的行政保护难以达到理想效果。

综上所述，个人信息的公法保护存在介入不足的局限。公法的调整范围以及公共执法能力、资源的有限性是难以解决的困境。因此，个人信息保护不能一味地依赖公共执法，需要更高效的手段协同刑法、行政法惩治个人信息侵权行为。

（二）私法在个人信息保护方面存在的问题

公民的个人信息权益作为一种私权，在受到侵害后，民事救济应是首要的保护手段。然而，受个人信息侵权特点和传统补偿性赔偿的制约，私法在个人信息保护方面并没有呈现出显著效果，其问题主要表现在以下方面。

其一，损害赔偿不充分。个人信息侵权的损害后果难以认定和量化，补偿性赔偿难以完全填平受害人的所有损失。首先，侵犯个人信息权益导致的新型损害难以获赔。个人信息侵权会导致诸如"社会分选和歧视、消费操纵和关系控制、数据泄露或监控下的焦虑不安与自我审查"等新型损害，[1]此类损害能否得到赔偿尚未在理论上达成共识。其次，由于精神损害赔偿遵循

---

〔1〕 参见叶名怡：《个人信息的侵权法保护》，载《法学研究》2018 年第 4 期。

忽略轻微损害的原则，只是单纯的个人信息权益被侵害，没有附带肖像、隐私等重要人格权的损害，一般难以认定为"严重精神损害"，不能得到侵权损害赔偿的支持。但是个人信息权益作为人格权的一种，被侵害后就会给信息主体带来一定程度的痛苦和代价。尽管还有停止侵权、恢复原状、赔礼道歉等非金钱赔偿方式，但在个人信息被泄露等情形下，即使断开链接，也无法恢复到如同损害未发生的状态。[1]最后，在个人信息泄露领域，未来下游损害发生的潜在风险等非现实损害只能由受害者个人承担。个人信息泄露的普遍后果是对信息主体的人身、财产安全造成下游侵害，如短信骚扰、电话诈骗、敲诈勒索甚至跟踪杀人等。下游侵害发生的可能性不仅会引发信息主体的不安与恐惧，而且会在未来一直持续存在。[2]这类非现实损害同样不能被认定和量化，导致受害人难以获得救济。因此，传统补偿性赔偿实际无法填平受害人的所有损害。

其二，威慑力不足。个人信息保护的民事诉讼中，一方面，常常因无法证明或不存在现实可见的实际损害、侵权获利的情形，如 App 未经用户同意收集剪切板信息、泄露行程信息等，侵权人只需承担"停止侵权、排除妨碍、赔礼道歉"等非金钱赔偿的责任方式。由于绝大部分个人信息侵权是侵权人为了获取经济效益所为，这种责任承担方式完全不能抑制侵权人的侵权冲动。另一方面，存在现实损害、侵权获利的情形下，如果没有发生下游侵害，囿于单条信息的财产价值并不大，针对个人信息的赔偿数额也并不高。况且真正发现并被起诉的个人信息侵权只是少数，侵权人所支付的损害赔偿数额与可能获得的潜在利益完全不成比例。因此，补偿性的赔偿责任难以威慑和遏制个人信息侵权行为。

其三，受害者维权积极性不高。由于维权能力较为薄弱，加之个人信息侵权的实际损失或侵权获利往往无法量化、难以证明，或者即使能够证明数额也不大，大部分受害者并不愿意耗费时间、人力、物力、财力追究侵权人的民事责任。即使提起诉讼，受害者的维权所得与花费的维权成本在很多情

---

〔1〕 参见王利明：《论人格权请求权与侵权损害赔偿请求权的分离》，载《中国法学》2019 年第1 期。

〔2〕 参见商希雪：《侵害公民个人信息民事归责路径的类型化分析——以信息安全与信息权利的"二分法"规范体系为视角》，载《法学论坛》2021 年第 4 期。

况下也不成比例，还可能因举证不能承担败诉的风险。受害者的维权积极性受抑制，甚至一部分受害者对个人信息被侵害的事实习以为常，丧失了维权意识。于是，在个人信息保护的民事诉讼维权成本高、难度大、收效甚微的情形下，大部分受害者不愿主动提起诉讼追究侵权人的侵权责任，私法手段便无法惩治个人信息侵权，发挥威慑个人信息侵权、保护公民个人信息的作用。

### （三）迈向惩罚性赔偿

公法受调整范围以及公共执法能力、资源的制约，在个人信息保护上介入不足，而私法受个人信息侵权特点和传统补偿性赔偿的制约，难以调动受害者的维权积极性，不能有效威慑和遏制个人信息侵权。因此，治理广泛而频发的个人信息侵权，保护公民个人信息权益，需要寻求更为有效的手段。惩罚性赔偿制度与私法的补偿性赔偿相对应，是指由法院判决的赔偿数额超出了权利人实际损害数额的赔偿。这一制度在我国最早适用于《消费者权益保护法》，经过不断演进和发展，现已在多个领域适用。究其原因，在于惩罚性赔偿制度的优越性。有学者指出，惩罚性赔偿是对传统侵权法损害填平原则的修正，能够弥补一般损害赔偿的缺陷，符合实质正义的要求。[1]还有学者指出，惩罚性赔偿实质上是公私法二分体制下，以私法机制执行，由公法担当的惩罚与威慑功能的特殊惩罚制度。[2]此外，在个人信息保护的民事诉讼中适用惩罚性赔偿制度，能够利用超额赔偿的方式动员广大受害人参与个人信息侵权的监督，从而缓解公共执法资源的压力和私法救济的乏力。可见，惩罚性赔偿制度可以成为解决个人信息保护问题的关键。

## 二、适用逻辑：惩罚性赔偿功能契合个人信息保护的现实需要

惩罚性赔偿制度的功能在国内外存在"三功能说""四功能说""五功能说""七功能说"等多种学说。在不同领域上，惩罚性赔偿制度的功能定位有所区别。在个人信息保护领域，惩罚性赔偿可以发挥损害填补、惩罚与遏制、鼓励私人执法的功能，契合个人信息保护的现实需要。

---

〔1〕 参见王利明：《美国惩罚性赔偿制度研究》，载《比较法研究》2003 年第 5 期。

〔2〕 朱广新：《惩罚性赔偿制度的演进与适用》，载《中国社会科学》2014 年第 3 期。

(一) 损害填补：救济个人和社会整体利益

惩罚性赔偿最早在英国确立，在美国得到了广泛的运用。其成立之初是为了填补侵权法未予救济的精神痛苦、情感伤害等无形损害，使受害人的损失得以完全补偿。后期由救济个体性损害转变为救济社会性损害，出现了填补社会性损害理论的学说。该学说认为，惩罚性赔偿具有填补受害者本人以外的社会性损害的功能；其适用于不法行为损害社会上大多数人利益的案件，通过补偿原告来填补不法行为对社会整体利益造成的损害。[1]惩罚性赔偿广泛适用于产品责任、食品安全和环境污染等领域，正是因为此类侵权行为不仅损害了受害者的个人利益，而且给整个社会的交易安全、生存环境带来了损害，需要通过个案的惩罚性赔偿来保护社会整体利益。[2]

在个人信息保护上，惩罚性赔偿的补偿功能既可以填补受害者个人的全部损害，又能救济社会整体利益。在个人层面，惩罚性赔偿可以填补补偿性赔偿未予救济的未达到严重程度的精神损害，以及下游损害发生的潜在风险等非现实损害。这与惩罚性赔偿产生之初的价值目标（为了补偿受害人的非具体损害，弥补一般损害的缺陷）相契合。在社会层面，一方面，个人信息产生并存在于公共领域，信息的生产和传播来源于社会成员的普遍参与，其成本由社会整体承担。[3]这就决定了对个人信息的保护就是对社会成员共同利益的保护。另一方面，信息时代，每个公民的个人信息几乎都在网络上存储。个人信息被不法侵害的常态使网络环境安全堪忧，给广大网络用户的日常活动和心理状态带来了持续负面影响，这是个人信息侵权给社会整体带来的无形损害。因此，惩罚性赔偿制度不仅可以填补受害者个人损害，而且能够救济社会公共利益。

(二) 惩罚与遏制：加强私法威慑力度

惩罚性赔偿的主要功能在于惩罚被告不可容忍的行为并遏制被告及其他人在将来再次实施类似不法行为。很多学者认为，惩罚性赔偿的惩罚和遏制

---

〔1〕 See Catherine M. Sharkey, Punitive Damages as Social Damages, 113 Yale Law Journal, 2003 (2), pp. 347-453.

〔2〕 参见马新彦：《内幕交易惩罚性赔偿制度的构建》，载《法学研究》2011年第6期。

〔3〕 参见高富平：《个人信息保护：从个人控制到社会控制》，载《法学研究》2018年第3期。

功能是不可分的。[1]惩罚是手段，遏制是真正目的。一般情况下，民事侵权责任关注对受害人的补救，欲使受害人恢复到未被侵害的圆满状态。但是，当不法行为人通过利益权衡选择加害他人来换取自己的行为自由或经济利益时，如果行为人对赔偿数额并不在意或者能够获得更大的潜在利益，补偿性赔偿将继续纵容其行使不法行为。对行为人来说，这相当于一场以等额的损害赔偿交换损害的交易。但受害人却是非自愿地承受损害，成了行为人实现自己目的的工具。社会上的公平正义关系由此被破坏。这时，就需要对行为人的不法行为进行惩戒和遏制。虽然惩罚的功能一般应由公法来实现，但公法可能因各种原因无法或难以追究行为人的公法责任。于是，在私法上适用惩罚性赔偿制度成为有效治理此类不法行为的最优方式。惩罚性赔偿制度一方面注重对行为人主观过错的制裁，惩戒不法行为人；另一方面通过高昂的侵权成本迫使行为人和其他人考虑该不法行为的成本效益，从而威慑和遏制类似不法行为的再次发生。因此，通过惩罚与遏制的功能，惩罚性赔偿能够实现有效的社会治理，维护社会秩序。

在侵害个人信息的案件中，绝大部分的侵权者是受利益驱使，为了获取可观的经济效益而非法收集、使用和买卖公民个人信息。侵权人在单个案件中支付的补偿性赔偿数额与侵权人所能获得的潜在利益不成比例。于是，在个人信息保护的民事诉讼中适用惩罚性赔偿，使侵权人支付远高于侵权获利的赔偿数额，既可以增强对个人信息侵权的制裁力度，又能从利益机制上威慑和阻遏个人信息侵权。通过增强私法的制裁与威慑力度，惩罚性赔偿能够保障大多数公民的个人信息不被恶意侵害，维护信息社会的安全、有序发展。

（三）鼓励私人协助执法：激励受害者维权

在公权力机关执法不力、不便的情形下，惩罚性赔偿能够作为一种报酬或奖金，激励受害人对不法行为追诉、向侵权人索赔，实现协助公权力机关执法、加强社会管理的功能。惩罚性赔偿作为一种利益机制，一方面可以利用更高的侵权成本威慑与阻遏不法行为，另一方面又能通过超额赔偿激励许多原本不情愿诉讼的受害人主动提起诉讼，使不法行为尽量受到追诉，

---

〔1〕 张新宝、李倩：《惩罚性赔偿的立法选择》，载《清华法学》2009年第4期。

实现增进法律执行的目的。此外，受害人的积极维权又能形成一股巨大的社会监控力量，甚至可以起到即时监控的作用，[1]既能有效缓解公共执法资源的不足，又可以制裁和威慑公法难以或无法调整到的不法行为，完善社会治理。

在大部分侵害个人信息权益的损害赔偿案件中，如果造成的损害范围并不大，即使诉讼成功，受害者获得的赔偿数额与其花费的人力、物力、财力也极不相称。还有很多因无法举证而索赔不能的案件，更加抑制了受害者维护个人信息权益的积极性。惩罚性赔偿在个人信息保护领域的适用，可以作为报酬或奖金，激励越来越多的受害者对侵权人提起诉讼。在公法的调整范围有限，公权力机关的执法又难以顾及很多隐蔽的个人信息侵权行为时，广大受害者的积极维权可以实现对个人信息侵权行为的严密监控和有效制裁，而随着越来越多的侵权人被追责和惩戒，惩罚性赔偿制度便可最大限度地威慑与阻遏个人信息侵权行为的发生。

### 三、适用进路：个人信息保护的惩罚性赔偿制度的构建

构建个人信息保护的惩罚性赔偿制度，是发挥惩罚性赔偿功能的前提与基础。在制度的具体构建中，需要解决三个方面的问题：一是明确惩罚性赔偿的适用条件，二是确定惩罚性赔偿金额的计算方法，三是确定惩罚性赔偿与个人信息保护民事诉讼中其他制度的关系。

#### （一）个人信息保护惩罚性赔偿制度的适用条件

惩罚性赔偿的适用条件是判断侵权人是否应当承担惩罚性赔偿责任的标准。在我国，惩罚性赔偿的适用条件相比于一般侵权行为更为严格。《民法典》第 1207 条产品侵权惩罚性赔偿责任规定了适用条件为主观上"明知"，客观上造成"严重损害"；第 1185 条知识产权侵权惩罚性赔偿责任规定了"故意"和"情节严重"；第 1232 条环境侵权惩罚性赔偿责任规定了"故意"和"严重后果"。可见，为了发挥制度的功效，也为了防止惩罚性赔偿的滥用，不同领域对惩罚性赔偿的适用条件在主客观方面存在不同要求。个人信息保护领域适用惩罚性赔偿责任的条件也需要从主观要素和客观要素方面审

---

[1]　参见王利明：《美国惩罚性赔偿制度研究》，载《比较法研究》2003 年第 5 期。

慎探讨，以恰当地发挥惩罚性赔偿的制度功能，实现有效治理个人信息侵权的目标。

1. 主观要件：故意与重大过失

从《民法典》规定的不同领域的惩罚性赔偿责任来看，主观要件一般要求达到"明知""故意"的心理状态。这是因为惩罚性赔偿主要是为了惩罚和遏制侵权行为，只有当侵权人的主观过错较为严重时，才有必要通过增加侵权的额外成本进行惩罚和遏制。因而，通说认为适用惩罚性赔偿的主观条件一般包括故意。个人信息侵权领域，行为人为了获利而非法获取、泄露、传播和使用他人个人信息，表明了其对他人权益损害希望和放任的主观心理状态。适用惩罚性赔偿是法律对侵权人的强烈谴责，也是对社会正义和秩序的维护。除了故意，因重大过失的心理状态侵犯个人信息能否适用惩罚性赔偿也有讨论的余地。由于对重大过失的理解和界定存在不同，重大过失能否作为惩罚性赔偿的主观要件存在争议。从比较法上看，美国侵权法第二次重述采纳"鲁莽"的术语支持惩罚性赔偿，统括除一般过失之外的所有非故意侵权，意为故意或不合理地漠视一种极可能导致严重损害的风险，有些州法院将重大过失视为鲁莽的一种形态。[1] 我国台湾地区在"消费者保护法"中规定无论故意还是过失，均可适用惩罚性赔偿，只是数额不同。[2] 我国《食品安全法》规定生产者"生产不符合食品安全标准的食品"适用惩罚性赔偿，实际上也包括过失行为。个人信息侵权领域的重大过失表现为，信息处理者故意漠视应尽的注意义务导致侵害个人信息权益的后果。例如，信息保管者对敏感个人信息有妥善保管义务，但未采取国家规定的相应安全保障措施；信息处理者对存在的系统风险漏洞视而不见导致个人信息泄露；信息处理者应当做出信息脱敏、加密处理而未做等。重大过失的主观心理状态表现了侵权人毫不顾及、极不尊重他人的个人信息权益，同样会对个人和社会造成恶劣影响，因而具有高度可谴责性。适用惩罚性赔偿进行谴责和否定，可以引导信息处理者重视个人信息保护，提高注意义务，积极采取措施防止信息安

---

〔1〕 参见朱广新：《美国惩罚性赔偿制度探究》，载《比较法研究》2022 年第 3 期。

〔2〕 我国台湾地区"消费者保护法"第 51 条规定：依本法所提之诉讼，因企业经营者之故意所致之损害，消费者得请求损害额五倍以下之惩罚性赔偿金；但因重大过失所致之损害，得请求三倍以下之惩罚性赔偿金，因过失所致之损害，得请求损害额一倍以下之惩罚性赔偿金。

全风险，实现惩罚性赔偿威慑和阻遏的功能。鉴于个人信息侵权责任适用过错推定原则，个人信息侵权的惩罚性赔偿责任可同样适用过错推定，即由侵权人主张自己没有故意或重大过失的主观心理状态，从而确定其是否承担惩罚性赔偿责任。认定侵权人对损害结果是否具有重大过失时也要综合考虑其行为的目的和方式，充分衡量其是否超出了公众的合理期待以及超出的程度。

至于一般过失，是指行为人轻微违反注意义务而侵害个人信息权益的主观心理状态，没有如此大的主观恶意。如果适用惩罚性赔偿，会造成个人信息侵权的预防过度，限制个人信息的流通和利用，反而不利于社会的发展和进步。因此惩罚性赔偿的适用条件不应包括一般过失的主观心理状态。

2. 客观要件：实际损害非必要条件

损害后果在惩罚性赔偿责任构成中的地位存在争议。传统观念认为，惩罚性赔偿依附于补偿性赔偿，即惩罚性赔偿责任的前提是补偿性赔偿，无损害则无惩罚性赔偿。但也有学者指出，基于惩罚性赔偿责任的制裁功能，其完全可以演化为"无损害的损害赔偿"，如《食品安全法》第 148 条第 2 款和《消费者权益保护法》第 55 条第 1 款，并没有将实际损害或情节严重作为必要条件。[1]笔者认为，为发挥惩罚性赔偿在个人信息保护领域的功能，个人信息保护惩罚性赔偿责任的适用条件不必以实际损害为前提。第一，前文已述，个人信息被侵害后，信息主体所遭受的轻微精神痛苦以及非现实损害难以被认定为实际损害，因而无法获得赔偿。若仍以实际损害后果为要件，惩罚性赔偿便不能在个人信息保护领域发挥其损害填补功能。第二，惩罚性赔偿的核心功能在于惩罚与遏制，通过惩罚侵权人，威慑和遏制未来可能的侵权行为，从而实现有效社会治理。当前个人信息侵权已对社会秩序和公共利益造成了极其恶劣的影响，要尽可能阻遏可能发生的个人信息侵权。这是一种宏观价值导向，不应拘泥于受害人的实际损害，而应充分考虑侵权行为的潜在危害。再者，个人信息附着信息主体的人身、财产利益，个人信息被侵害后没有实际损害，但很可能导致下游侵权，再由下游侵权造成实际人身、

---

〔1〕 参见朱晓峰：《论〈民法典〉中的惩罚性赔偿体系与解释标准》，载《上海政法学院学报（法治论丛）》2021 年第 1 期。

财产损害。要遏制下游侵权和实际损害的发生，首先要遏制上游个人信息侵权。第三，由于单纯侵害个人信息权益造成的损害范围一般不大，若按照严重损害的标准，大部分受害者仍然会因损害微小而放弃诉讼，从而无法调动受害者的维权积极性，实现鼓励私人执法的功能。因此，个人信息保护的惩罚性赔偿责任不必以造成实际损害为客观要件。

（二）个人信息保护惩罚性赔偿金额的确定

个人信息保护的惩罚性赔偿制度需要明确赔偿金额的标准，并确保惩罚力度处于合理范围内。如果赔偿数额过低，则不足以威慑和阻遏个人信息侵权行为，过高则可能导致信息处理者过于谨慎，进而阻碍个人信息的合理利用和流通。因此，必须合理设定惩罚性赔偿金额，才能切实发挥惩罚性赔偿的功能，实现个人信息侵权的有效治理。

就惩罚性赔偿数额的设置方式而言，我国惩罚性赔偿通常采用基数倍数法确定赔偿数额。《消费者权益保护法》和《食品安全法》还规定了惩罚性赔偿的最低赔偿额，分别为 500 元和 1000 元。基于我国的制度基础，针对实际损害或侵权获利明显存在的情形，可以通过基数倍数法设定惩罚性赔偿的数额；针对实际损害或侵权获利过于微小、无法计算或不存在的情形，则可以设定惩罚性赔偿的最低赔偿额。

1. 以"实际损失"或"侵权获利"为计算基数

采用基数倍数法设定惩罚性赔偿数额时，基数和倍数应当围绕着惩罚性赔偿的核心功能来设计。以被侵权人的实际损失或侵权人的实际获利为计算依据，能够反映惩罚性赔偿的惩罚和遏制的核心功能。以"实际损失"为计算基数，是因为实际损失大小反映了个人信息侵权行为的严重程度，而惩罚力度的大小与侵权行为的严重程度成比例合乎情理。以"侵权获利"为计算基数，使被告被迫支付数倍的侵权获利，被告将因此得不偿失，从而遏制类似侵权行为的发生。此外，在以"实际损失"为计算基数时，还需要考虑侵害个人信息后又发生下游侵害导致的人身、财产损害是否作为计算基数。若下游损害不是由信息侵权者直接造成，惩罚性赔偿的计算基数不应包括全部下游损害，但应包括信息侵权者应当承担的损害部分，即考虑下游侵害造成的损害是否应当由侵害个人信息的侵权人承担、在多大程度上由其承担赔偿责任的问题。[1]

2. 以"一倍以上五倍以下"的弹性模式为计算倍数

我国惩罚性赔偿的倍数设置既存在"三倍""十倍"的固定模式,[2]也存在"一至五倍""一至三倍""二倍以下"的弹性模式。[3]采用弹性模式,法官可以充分考虑各种因素并利用自由裁量权实现个案的过罚相当,发挥惩罚性赔偿的惩罚和遏制功能。因此,笔者认为,个人信息保护领域可以参照知识产权领域确定"一倍以上五倍以下"的倍数。同时,法院在个人信息侵权案件衡量惩罚性赔偿倍数时可以考虑如下因素:第一,侵权人实施侵权行为的可谴责性,如侵权人的主观状态、侵权次数和持续时间长短、侵权所涉个人信息的类型和数量、受害人数量、是否以侵权为业、信息处理者侵权后的态度和采取的措施等。第二,对侵权人的威慑程度,如侵权人的财产状况、是否已被处以行政处罚或刑事罚金等。

3. 最低损害赔偿额

个人信息侵权领域有必要借鉴《消费者权益保护法》与《食品安全法》的模式,设定惩罚性最低损害赔偿额。一方面,侵害个人信息权益造成非现实损害时,需要设置一定数额的惩罚性赔偿金来补偿受害者,威慑和遏制侵权人和潜在不法行为人;另一方面,在侵权行为造成实际损害或存在侵权获利,但由于单条信息价值不大导致计算基数的数额过于微小时,即使适用多倍的惩罚性赔偿金,计算出的惩罚性赔偿数额仍然较小。仅仅几元、几十元的惩罚性金额,既不足以产生威慑和遏制效果,也无法调动受害者的维权积极性。受害者的维权积极性是私法手段保护个人信息的关键问题,不能激励受害者主动维权,就无法达到以私法手段惩治个人信息侵权行为的目的。因此,需要设定最低损害赔偿额,激励受害者利用私法手段维护个人信息权益。至于最低损害赔偿额的具体数额,可区分为侵害普通个人信息和敏感个人信息,分别设定最低赔偿标准为每人每一事件 500 元、1000 元。当实际损害或侵权

---

〔1〕 参见谢鸿飞:《个人信息处理者对信息侵权下游损害的侵权责任》,载《法律适用》2022 年第 1 期。

〔2〕 参见《食品安全法》第 148 条第 2 款;《消费者权益保护法》第 55 条第 1 款。

〔3〕 参见《商标法》第 63 条第 1 款;《旅游法》第 70 条第 1 款;《消费者权益保护法》第 55 条第 2 款。

获利过于微小、无法计算或不存在时，按照侵权人侵害个人信息的类型适用最低损害赔偿额。以基数倍数法计算的惩罚性赔偿金不足最低损害赔偿额的，直接根据最低损害赔偿额确定赔偿数额。此外，在同一案件涉及受害人数量众多时，为防止出现赔偿畸高的情形（如侵犯 10 万人的个人信息，按照 1000 元每人就要赔偿 1 亿元），可以参考我国台湾地区"个人资料保护法"规定最高总额的相关规定。采用"同一事实原因"对当事人请求的惩罚性赔偿的总额进行合理限制，但在侵权人造成的损害或侵权获利通过基数倍数法计算高于该总额时不受此限。

（三）个人信息保护与惩罚性赔偿的制度关联

惩罚性赔偿的适用需要与现有个人信息侵权的损害赔偿规则相协调。《个人信息保护法》在第 69 条第 2 款规定了"个人损失和侵权获利难以确定的，根据实际情况确定赔偿数额"的法定损害赔偿制度。那么在实际损害或侵权获利现实存在但难以确定具体数额，同时又符合惩罚性赔偿的适用条件时，有必要厘清法定损害赔偿与惩罚性赔偿的关系。法定损害赔偿要求法院根据"实际情况"确定赔偿数额，此处的"实际情况"指的是存在实际损害或实际侵权获利但无法用充分证据证实具体数额的情况，其立法主旨是降低权利人的举证责任而非惩罚侵权人。[1]因而法定赔偿本质上仍然是补偿的基本属性，应当纳入惩罚性赔偿的计算基准。在司法实践中，个人信息侵权造成的损害或侵权人获取的财产利益微小而法律并未规定惩罚性赔偿，法院在酌定赔偿数额时往往附有惩罚性条款。例如，在"凌某某诉北京微播视界科技有限公司隐私权、个人信息权益网络侵权责任纠纷案"中，法院因侵权人对个人信息的采集和利用能够获得商业价值为由酌定赔偿 1000 元。[2]但是单条个人信息的价值实际十分微小且难以计算，此时的法定赔偿便有了惩罚性。在确定了惩罚性赔偿制度后，类似案件可直接适用惩罚性的最低损害赔偿额。而法定赔偿应回归立法原意，适用于实际损害或侵权获利明显存在但难以确定具体数额的案件，并在符合惩罚性赔偿的适用条件下，与惩罚性赔偿同时适用。这种制度协调方法在比较法上也有立法例，如《美国版权法》第 504

〔1〕 孙鹏、杨在会：《个人信息侵权惩罚性赔偿制度之构建》，载《北方法学》2022 年第 5 期。
〔2〕 参见北京互联网法院（2019）京 0491 民初 6694 号民事判决书。

条规定版权侵权的法定赔偿金为 750 美元到 3 万美元，如果经权利人举证，法院认定侵权行为是故意实施的，可酌情决定将法定赔偿金增加至不超过 15 万美元，即最高法定赔偿金 5 倍的数额。

此外，《个人信息保护法》第 69 条第 2 款规定的"个人损失"是否包括精神损失在学理上还存在争议。有学者认为，该款可同时适用于侵害个人信息造成的财产损害和精神损害，精神损害赔偿的严重标准应适度淡化。[1]也有学者认为，精神损害赔偿仍然要适用《民法典》第 1183 条第 1 款，以严重精神损害为要件。[2]但无论如何计算精神损害赔偿，个人信息侵权所造成的精神损害在性质上仍属于补偿性赔偿，不具有惩罚性，而惩罚性赔偿的主要功能在于惩罚和阻遏侵权行为。因此，当侵害个人信息权益的行为给受害人造成严重精神损害，同时又符合惩罚性赔偿的适用条件时，两者可以同时适用。

信息时代，每个公民的个人信息几乎都在网络中存储。个人信息保护关乎每个公民的人身、财产安全和社会公共利益。在个人信息的保护方面，公法受调整范围以及公共执法能力、资源的制约，难以追究所有侵害公民个人信息行为的公法责任；私法因个人信息侵权特点和补偿性赔偿数额的限制不能调动受害者的维权积极性，也无法威慑和遏制个人信息侵权行为。有鉴于此，本文探讨在个人信息保护领域适用惩罚性赔偿制度来解决现有公法与私法手段保护个人信息的困境。惩罚性赔偿制度不仅可以强化私法救济和威慑水平，还能激励广大受害者追究侵权人的侵权责任，实现个人信息侵权的严密监控和有效制裁。在惩罚性赔偿制度的具体构建中，应借鉴我国惩罚性赔偿适用于食品安全、消费者权益保护和知识产权领域的制度经验，并注意发挥惩罚性赔偿损害填补、惩罚、遏制和鼓励私人执法的功能，实现个人信息侵权的有效治理。

---

[1] 参见彭诚信、许素敏：《侵害个人信息权益精神损害赔偿的制度建构》，载《南京社会科学》2022 年第 3 期；程啸、曾俊刚：《个人信息侵权的损害赔偿责任》，载《云南社会科学》2023 年第 2 期。

[2] 参见杨立新：《侵害个人信息权益损害赔偿的规则与适用——〈个人信息保护法〉第 69 条的关键词释评》，载《上海政法学院学报（法治论丛）》2022 年第 1 期。

# 个人信息侵权纠纷中的诉讼
## 管辖权审视及制度完善 *

**摘　要**：平台经济的发展，在便利人们日常生活的同时，也带来了一些管辖规制难题。其中，隐私政策与网络服务协议是网络平台与用户关于平台服务的重要缔约依据，在发生纠纷后往往据此确定管辖权属。通过司法案例实证分析，发现在平台个人信息侵权纠纷中存在以下管辖问题：管辖条款效力认定争议、管辖条款规制方法混用、诉讼双方管辖利益失衡，而这些问题正是由于：个人信息的网络负面属性、弱者保护与形式审查的错位、诉讼双方的权利势差所造成。为此，针对涉平台个人信息侵权纠纷的管辖规制难题提出以下制度完善建议：第一，建立个人信息侵权纠纷的专业化管辖机制；第二，制定管辖协议和消费者保护规范；第三，强化平台管辖风险预防功能。

**关键词**：个人信息；侵权；管辖权；网络服务协议；制度完善

随着互联网时代的到来，人们对于网络平台的使用愈加频繁，P2C 模式、第三方支付等各种新模式、新业态不断涌现。平台使用行为成为人们生活中的日常行为，在提高生活效率的同时也带来了法律规制难题。用户在使用网络平台提供的服务过程中，难免会出现纠纷，如平台基础服务类纠纷、知识产权侵权纠纷、涉网人格权的平台责任认定纠纷、个人信息侵权纠纷、数据存储管理纠纷等。审视我国目前互联网平台个人信息侵权纠纷不难发现，不仅案件数量呈现激增趋势，而且管辖制度也存在一些问题。平台在预先制定好的隐私政策中单方拟定了关于用户个人信息的使用、收集等条款，在服务

---

　* 基金项目：本文是广东省社科规划一般项目"个人信息保护的民事公益诉讼机制研究"（项目号：GD22CFX06）的阶段性成果。
　作者简介：刘宇涵，广州大学法学院（非法学）法律硕士研究生。

协议中单方约定了管辖条款。双方发生个人信息侵权纠纷诉讼后，往往对管辖条款的效力发生争议。此条款是否采取了合理的提示方式，各地法院对此所采取的规制方式是否相同都是值得我们关注的事情。对此，下文将以个人信息侵权纠纷为研究对象进行深度剖析，并针对现存问题提出相应的制度重构路径。

## 一、个人信息侵权纠纷管辖制度现存问题

众所周知，互联网所创造的虚拟空间，既依托于物理空间的支持，又改造和颠覆着物理空间的构造要素、运行方式和生活节奏，并日益呈现出分布式、破碎化、扁平化、原子化的趋势。[1]数字时代下，社会矛盾纠纷的性质随着互联网的普及发生了变化，新型个人信息侵权纠纷是司法实践中无法回避的问题。尤其是在市场经济的作用下，数据不再是人们网络行为的"遗迹"，而是与人身、财产有着紧密联系的资源[2]。审视我国的司法实践，个人信息侵权案件往往存在侵权管辖与协议管辖的竞合情况。此时审理法院通常通过协议管辖的效力认定来进行管辖权属判断。涉平台个人信息纠纷的管辖权属判断，应基于争议焦点分析用户协议和管辖条款本身，避免概括式适用或否定，故下文将对隐私政策与服务协议的效力及规制方法进一步分析。

（一）管辖条款效力认定存在争议

为满足海量用户的实际需求与高效、便捷的用户体验，网络平台所提供的隐私政策与服务协议均为事先单方拟定的呈现形式。由于网络平台众多，现选取包含购物服务平台、旅游服务平台、社交娱乐平台等典型网络服务涉足领域的 18 个互联网平台服务协议作为实证样本。对以下平台提供的服务协议中的管辖条款进行分析，具体情况见表 1。

通过分类归纳，可以发现平台提供的管辖条款有以下五种不同形式："被告所在地""协议签订地""协议履行地""公司所在地""直接约定地"。其中，不论是"协议签订地"还是"协议履行地"都与平台所在地相同。故可

---

〔1〕 马长山：《互联网时代的双向构建秩序》，载《政法论坛》2018 年第 1 期。
〔2〕 张玉洁：《国家所有：数据资源权属的中国方案与制度展开》，载《政治与法律》2020 年第 8 期。

将平台提供的管辖条款分为两类："被告所在地"与"公司所在地"。因各平台隐私政策与服务协议的不可协商性，便产生了关于管辖条款是否有效的争议。隐私政策与服务协议中的管辖条款，其性质既与传统的格式条款不同，又与一般的协议管辖有所区别，故其效力需从公法私法结合的双重法律视角进行认定。一方面，网络平台提供的管辖条款从实体法的视角审视属于格式条款的认定范畴。另一方面，从程序法的视角审视管辖条款又属于协议管辖的维度。少数平台如淘宝提供的管辖条款为"被告所在地"，被告所在地法院与涉案纠纷必然存在实际联系。从程序上看，该管辖条款似乎并未违反关于协议管辖的合法性要件。并且，在网络服务合同中平台和用户都有可能成为案件被告，管辖条款约定为被告所在地并不必然增加用户的诉累。然而，管辖协议是我国《民事诉讼法》第 34 条明确规定的一种诉讼契约，消费格式合同管辖协议则是一种特殊的管辖协议。[1]根据程序法相关规定，合同纠纷案件的法定管辖联结点不是单一的，即对同一诉讼多个法院都有管辖权，且《民事诉讼法》第 35 条赋予原告在多个具有管辖权的法院中选择其一进行诉讼的权利，而该管辖条款却将管辖权的联结点限制为单一的"被告住所地"。[2]消费者在使用平台前必须勾选同意不可协商的隐私政策与服务协议，导致消费者在实质上丧失了选择诉讼的权利。因此，在部分个人信息侵权纠纷案件中，消费者往往据此提出管辖权异议。

**表 1  各平台管辖条款约定地**

| 平台 | 条款约定管辖地 | 平台 | 条款约定管辖地 |
|---|---|---|---|
| 淘宝 | 被告所在地法院 | 腾讯 | 协议签订地法院（深圳市南山区） |
| 拼多多 | 协议履行地法院（上海市长宁区） | 百度网盘 | 度友公司所在地法院（北京市海淀区） |

---

〔1〕 肖建国、刘文勇：《消费格式合同管辖协议效力研究——兼论〈民诉法解释〉第 31 条的规定》，载《北方法学》2019 年第 6 期。

〔2〕 胡安琪、李明发：《网络消费格式管辖条款三维规制体系论：方式、对象及逻辑顺位》，载《河北法学》2020 年第 11 期。

| 平台 | 条款约定管辖地 | 平台 | 条款约定管辖地 |
|------|------|------|------|
| 京东 | 协议签订地法院<br>（北京市大兴区） | 今日头条 | 协议签订地法院<br>（北京市海淀区） |
| 美团 | 协议签订地法院<br>（北京市朝阳区） | 虎牙直播 | 协议签订地法院<br>（广州市番禺区） |
| 唯品会 | 协议签订地法院<br>（广州市荔湾区） | YY | 广州互联网法院、<br>广州市番禺区人民法院 |
| 网易云音乐 | 被告所在地法院 | 斗鱼 | 斗鱼所在地法院<br>（武汉市东湖新技术开发区） |
| 抖音 | 协议签订地法院<br>（北京市海淀区） | 微博 | 北京市海淀区法院 |
| 快手 | 协议签订地法院<br>（北京市海淀区） | 携程 | 上海市长宁区法院 |
| 西瓜视频 | 协议签订地法院<br>（北京市海淀区） | 同程 | 同程履行运营所在地法院<br>（苏州市工业园区） |

（二）管辖条款规制方法混用

个人信息侵权纠纷中，法院在对管辖条款效力认定时进行审查的对象可归纳为以下两点：（1）协议管辖格式条款的提示方式是否合理；（2）协议管辖格式条款是否不合理的加重了消费者的管辖负担。第一种规制方法主要通过审查管辖条款的信息提示方式是否合理。因为其不干涉当事人意思的实质内容，从调整信息提示方式，从而促进当事人微观知情决策的角度来看，此种方法又称为"信息规制"。第二种规制方法则是对条款的内容进行实质审查，从而判断平台单方拟定由被告所在地或公司所在地法院管辖的条款是否存在免除平台自身责任、排除消费者主要权利等不合理情形。这种审查方式深入管辖条款的内容，并非仅停留在程序法上的形式审查，故又称为"内容控制"。

综合个人信息侵权案件的管辖条款争议案件来看，不同的法院对同一平台格式管辖条款效力评价所采用的规制路径并没有统一的标准。例如，辽宁省沈阳市于洪区人民法院在"李某某与宁波太平鸟电子商务有限公司、浙江天猫网络有限公司网络侵权责任纠纷案"中认为,《淘宝平台服务协议》及《隐私权政策》中约定的管辖条款是格式条款,仅通过信息规制的方式审查条款并据此否定该条款的效力。[1]淘宝公司不服该裁定向沈阳市中级人民法院提起上诉,称其在被上诉人注册账户时做了明显提示,又在上述两份协议中对管辖条款额外做了加粗提示,已尽到合理的提示义务,协议约定的管辖条款合法有效,本案应由其公司所在地人民法院管辖。而沈阳市中级人民法院则采用信息规制+内容控制的双重审查方式,[2]认为虽然淘宝公司对管辖条款履行了提示义务,但实际生活中消费者多不会阅读,而是直接点击同意,难以保证管辖协议的公平性,该约定管辖条款并非消费者真实意思表示,对双方不具有法律约束力,淘宝公司提出的上诉理由不能成立,驳回其上诉并维持原判。经过案件分析,不难看出在司法实践中,法院规制格式管辖条款的方法并未形成统一的标准,影响诉讼双方的利益,亟须予以统一。

(三)诉讼双方管辖利益失衡

隐私政策与服务协议在线上交易领域呈现出行业同质化样态,在降低交易成本的同时,也产生了大量的不公平条款。其中,管辖条款系与用户维权难度、维权成本紧密相关的条款,其不可协商性导致了互联网平台与用户之间的利益越发失衡,冲突越发复杂。Frank Pasquale 教授将互联网平台与用户之间信息不对称的情形比作"单向镜"(One Way Mirror)生态。在此生态下,互联网平台站在可以窥见用户一举一动的单向镜后掌控全局。具体到隐私政策与服务协议中,互联网平台在拟定协议时便可设立对自己有利的条款,并可以随时对其进行修改且不需要用户的二次同意。而用户站在单向镜的另一面,首先必须同意平台单方拟定且不可协商的隐私政策与服务协议,其次才能注册成为网络平台的会员,最后方可使用平台服务。且该同意的意思表示即使面对经过后续不断修改的服务协议也没有撤回的途径,若最初拒绝同意隐私政策与服务协议便无法使用网络平台所提供的完整服务。故网络平台所提供的隐私政策与服务协议是具有准入性质的网络服务合同,是用户使用网络平台完整服务的必要条件。毫无疑问,要么完全接受要么不得使用的缔约

---

〔1〕 参见辽宁省沈阳市于洪区人民法院(2020)辽 0114 民初 383 号民事裁定书。

〔2〕 参见辽宁省沈阳市中级人民法院(2020)辽 01 民辖终 289 号民事裁定书。

方式在一定程度上属于"强制性缔约",严重剥夺了用户一方的诉讼利益与缔约自由,背离了民事主体平等自由协商的原则。

由于隐私政策与服务协议的不可协商性,导致用户丧失了选择管辖法院的权利。各平台用户地理位置的广泛分散性决定了若只审查管辖条款的形式合法性,便会出现大量用户与平台发生矛盾后只能异地诉讼的局面。审视个人信息侵权纠纷案件可见,此类案件多为小额诉讼,其诉讼成本与用户胜诉后可得利益差额巨大。对数量如此庞大的用户群体而言,如果根据隐私政策与服务协议的管辖格式条款来确定管辖法院,可能使得非平台所在地的用户负担大量额外的、相比交易价格明显不合理的差旅和时间花费,导致消费者的诉讼权利难以顺利实现,故隐私政策与服务协议管辖格式条款属不合理的加重了消费者在管辖方面的负担。此时,经济实力薄弱或无法负荷诉累的用户便会放弃维权,最终平台便可逃脱法律的追究。如"杜某诉腾讯案"〔1〕中,原告杜某向黑龙江省哈尔滨市香坊区人民法院提起诉讼,受理法院以约定管辖有效,裁定移送至广东省深圳市南山区人民法院处理。杜某不服该裁定,认为因侵权行为地位于黑龙江省哈尔滨市香坊区,此纠纷应由黑龙江省哈尔滨市香坊区人民法院管辖,于是向哈尔滨市中级人民法院上诉,而哈尔滨市中级人民法院认为一审法院所作裁定,符合法律规定,对上诉人杜某的请求不予支持,驳回其上诉,维持原裁定。〔2〕最终,杜某撤回起诉,由此腾讯摆脱了自己的法律责任。若不对此管辖利益失衡现象进行矫正,平台便可肆无忌惮地侵害用户的合法权益,格式管辖条款便会成为平台规避法律责任的工具,用户维权之路将会变得更加艰难。

## 二、个人信息侵权管辖制度问题剖析

### (一) 个人信息的网络负面属性

在互联网经济社会中,个人信息侵权纠纷案件的管辖制度与传统纠纷存在显著差异。通过对个人信息侵权纠纷的裁决书进行分析,发现法院判断管辖条款效力的方式有:(1)通过判断服务协议的效力从而判断管辖条款的效

---

〔1〕 参见黑龙江省哈尔滨市香坊区人民法院(2017)黑 0110 民初 4931 号民事裁定书。

〔2〕 参见黑龙江省哈尔滨市中级人民法院(2017)黑 01 民辖终 522 号民事裁定书。

力。管辖条款作为隐私政策与服务协议的一部分，其是否以合理的方式对消费者进行提醒决定着属性为格式合同的隐私政策与服务协议是否有效。此时，若服务协议直接被认定为无效，则无须再对管辖条款进行单独审查。（2）通过对管辖条款的程序性审查来判断其效力。格式管辖条款本身是否以合理的方式进行提示。对此，各个法院有不同的判断。各个法官在面对"合理"的判断上，拥有自己的价值观，所以即便是同一条款，不同法官认定其效力结果也不同。（3）通过管辖条款的实质内容设置判断其效力。审视表1中众平台的管辖条款规定，大部分平台将管辖地单方确定为对自身有利的公司所在地法院管辖。此时，法院具体到条款的实质内容，判断其是否属于排除对方主要权利、加重对方责任的情形。

虽然此种审查判断方式并非个人信息侵权纠纷所独有，但互联网属性的加持导致了在发生纠纷后用户对管辖条款的异议更大。即使网络服务合同与线下服务合同都属于格式合同，但网络服务合同的不可协商性要远远高于线下实体合同。首先，对象不同。消费者在注册成为平台用户时，处于单独缔约状态，面对的只有平台预先拟定好的隐私政策与服务协议，可以做出的行为只有选择同意或不同意后不得使用平台的完整服务。此时，消费者没有途径可以与服务提供者进行沟通。而在线下实体合同缔约时则不同，消费者面对的是同样作为缔约方的经营者。此时消费者在发现问题或有疑惑时可以直接询问经营者，通常经营者会做出相应回复。其次，呈现方式不同。隐私政策与服务协议通常仅以超链接的形式出现在消费者注册页面的底部，即消费者在进行注册时只可看到隐私政策与服务协议的名字，而内容不点击超链接则无法看到，更不要提通常位于底部的管辖条款了。即使消费者点击超链接进行查看，也需要其进行持续性地下拉才可以看到管辖条款。但线下实体合同的内容则通常通过打印到纸上的方式来呈现，消费者可以通过翻动纸张来查看协议内容。此时，消费者对于管辖条款的寻找与线上的持续下拉方式不同，可以是跳跃式的直接翻看。故线下实体合同的内容暴露度远高于网络服务合同。最后，缔约方式不同。在线上注册过程中，消费者不需要阅读文本，只需要点击同意便可以注册成功。而在线下缔约过程中，消费者进行缔约的方式为签字或捺手印。从消费者心理角度出发，同意选项与签字选项带给自身的量感并不能等同。在合同中签下自己的名字对于消费者来说分量或缔约仪式感的体量要远远大于注册页面小小的同意勾选框。基于此种心理状态，在发生纠纷后，消费者往往会对管辖条款的效力提出质疑，从而导致了关于管辖条款效力认定的问题。

（二）弱者保护与形式审查的错位

"抽象的实体正义"只是一种先验的、理想的公正裁判结果，在司法实践中往往表现为一些相互对立的价值要求。[1]格式管辖条款与一般基于充分自由决策权所达成的协议不同，作为缔约一方的用户虽然拥有选择同意或者拒绝的权利，但该权利是经过取舍后被"阉割"过的权利。此类合同的成立并非基于完全且纯粹的合同自由。此时，实质正义的实现则需要司法机关——法院来介入对其进行矫正。具体到案件中，对于格式管辖条款效力存在争议的案件，仅采用信息规制方法的法院，通常站在市场利益与社会效率的角度进行形式审查，强调消极的实质正义。而采用"信息规制+内容控制"双重审查的法院，则进一步增添了弱者保护主义色彩，更加重视对弱势用户的保护，追求更为积极的实质正义。这种双重规制方法与域外司法中弱者保护趋势与理念、国际民商事诉讼制度立法相契合。如在国际立法上，意大利首创性地在其民法典中对格式管辖条款作出特殊规定："订立仲裁条款或不同于法律规定的司法管辖条款，必须以书面形式明确表示同意方能肯定其效力。"[2]《法国消费者法典》第 R132-2 条第 10 款将"限制或排除消费者诉权"的条款定义为"不公平条款"，通过实体法否认其有效性。由此，不论是域外各国所作出的程序法限制还是实体法规定，均表明针对格式管辖条款需进行内容实质审查，以达到保护消费者权益的现实需求。

审视我国法律现状，也对弱者保护作出了立法回应。《最高人民法院关于适用〈中华人民共和国民事诉讼法〉的解释》第 31 条专门针对使用格式条款订立管辖协议的情况作出规定，[3]此条系程序法首次对实体问题作出回应。

---

〔1〕 陈瑞华：《论程序正义的自主性价值——程序正义对裁判结果的塑造作用》，载《江淮论坛》2022 年第 1 期。

〔2〕 参见《意大利民法典》第 1341 条第 2 款。

〔3〕《最高人民法院关于适用〈中华人民共和国民事诉讼法〉的解释》第 31 条规定，经营者使用格式条款与消费者订立管辖协议，未采取合理方式提请消费者注意，消费者主张管辖协议无效的，人民法院应予支持。

这表明了格式管辖条款兼具程序+实体双重利益属性，其通过维护消费者程序性利益的方式，借此达到保障其实体权益的目的。从此，我国程序法不再是仅追求程序正义的实现与司法权威的维护，开始向着实体正义迈进。同时，司法常被赋予中立的立场与独立的品格，而规范法官自由裁量权的行使、统一法律适用，是人民法院维护国家法治统一与权威尊严的必然要求。"同案同判"制度更是确保人民群众生活在法治之下。一方面，法院作为司法审判机关，具有独立的审判权。其在审判案件的过程中，要根据法律与事实来裁判案件。另一方面，公平正义是法院裁判结果的价值追求，当诉讼双方处于不平等地位时，法院应根据内容从实质上对双方当事人的利益得失进行判断。审视上述案件，各地法院在针对平台格式管辖条款审查时存在的法律适用不一致、裁判标准不统一问题，正是由于法院对于形式审查与消费者弱者保护的职能错位，故两者并不是割裂与对立的关系，对于格式管辖条款不能仅局限于形式合法性的审查，还需致力于当事人权益保障的实质审查。

（三）诉讼双方的权利势差

司法权设置的目的在于通过设置救济途径处理纠纷来实现公平正义，但实践中却没有那么容易。卡夫卡在《在法律门前》中对此也有所隐喻。人们可以走近"法律之门"，但难以迈入门内，更难观测门内的设置、工序流程和决策机制。[1]一方面，平台对隐私政策与服务协议进行了复杂、精密、专业的条款设计，旨在最大程度上规避自己的责任风险。然而作为合同的另一方，用户却没有任何机会参与协议的制定过程中，同时面对平台单方拟定的隐私政策与服务协议没有途径提出不同意见。在用户勾选同意注册成为平台会员后，属于用户与平台之间的服务合同便成立。法律规定，合同签订后，一方不得未经对方同意而随意变更或修改合同内容。但网络平台基于自身优势地位，却可以随时、单方、不经通知地变更隐私政策与服务协议的内容，用户面对后续的内容修改只能被动接受。如果接受注册协议，便代表日后无论平台对条款的修改是否对用户不利，用户都必须受到该协议的约束。平台用户基数之大，并非全部都是法律专业人士，面对枯燥且冗长的条文，无法看透条款的真正含义。对于抱有使用平台目的的用户来说，其直接放弃阅读协议文

---

[1] 马长山：《司法人工智能的重塑效应及其限度》，载《法学研究》2020年第4期。

本，不经思考直接勾选同意，当下无须付出任何代价就可以享受服务。同时，人们还总是不切实际地乐观，倾向于将低概率风险等同于零概率风险，[1]基于当下的利益而随意地作出与自身未来利益紧密相关的决策。人的理性是有限的，即使用户注意到服务协议中存在不利己的条款，同样会持过于自信而轻信可以避免的心态来勾选同意，置自身于不确定的风险中。另外，涉网纠纷具有当事人分布跨地域、行为虚拟化、交流在线化等新要素，按照现有管辖规则进行诉讼，成本高、流程长、难度大。[2]发生纠纷后，用户可能需要付出远高于可得利益的诉讼成本从而放弃维权。此时，管辖条款就变成了平台企业在博弈场上用来制胜与逃避责任的利器。

另一方面，用户在注册使用平台时要同意两个以上的格式文件，如服务协议、隐私政策等，每份文件中都包含多条格式条款。由于受显示设备屏幕大小的限制，平台无法为用户同时显现全部条款。综观所选平台样本，各平台往往通过在注册页面插入超链接的方式为用户提供完整文件。超链接跳转全文的方式是平台在面对有限的屏幕展示时所做出的变通，但若未对超链接以合理的方式进行提示，缺乏醒目的特征则无法引起用户的注意。若用户在注册使用时便不会注意到其存在，就更不用说进一步点击阅读内容了。除此之外，平台所提供的隐私政策与服务协议篇幅较长，需要用户花费较多时间进行阅读。既然用户选择线上平台而非线下实体服务商，必然是基于更快捷、方便地获得平台所提供的服务。此时，他们更注重短期利益的满足而忽视了具备长期不确定风险的管辖条款，往往容易冲动依赖直觉简化决策过程。面对如此高昂的阅读成本，纵然其点开协议文本后，多数被互联网驯服而变得浮躁的用户会选择随意滑动而非仔细阅读。正如海因·克茨所述，消费者屈从于格式化交易条件的原因并不是受到"强有力的工业或商业巨头"的强迫，而是因为谈判的成本、取得必要信息的成本或找到更有利要约的成本与其因此而取得的有利条件相比完全不成比例。

---

[1] 胡安琪：《数字图书馆注册协议格式条款实证风险解构及法治路径构建》，载《图书馆学研究》2021年第13期。

[2] 李占国：《"全域数字法院"的构建与实现》，载《中外法学》2022年第1期。

### 三、个人信息侵权纠纷管辖制度的完善路径

#### （一）建立个人信息侵权纠纷的专业化管辖机制

互联网协议的发展与网络服务的兴衰紧密相关。电子格式合同的特殊签订方式导致其成为平台限制竞争、排除用户主要权利和无限制谋取利益的工具[1]。正因如此，建立一个涉平台纠纷的专业化管辖机制则具有必要性。对于互联网的独特属性带给服务合同管辖条款的负面影响可以通过以下方式进行解决。

第一，分类管辖。2017年，随着全国首家互联网法院——杭州互联网法院的设立，我国开启了以互联网方式治理网络纠纷的新篇章。目前，互联网法院管辖的涉平台纠纷主要为网络服务合同纠纷，此类纠纷中的平台多为兼具管理与服务的大型企业。其中，除了在线服务纠纷，还包含大量个人信息侵权纠纷。无论是依据《民法典》个人信息保护条款还是依据《个人信息保护法》提起诉讼，都应将其视为类似向独立监管机构提起的申诉，而非传统民事侵权之诉。[2]基于个人信息侵权纠纷的网络属性，在司法中可通过不同的实体法律关系区分管辖。由于各平台架构下的应用程序、服务性质、条款价值取向、商业模式都不相同，故应当根据案件的不同情况进行分类管辖。如侵权纠纷、信息存储与管理纠纷等。目前，这些涉平台个人信息保护纠纷需要相关部门深入梳理其背后的实体法律关系，明确不同案由，以便可以在司法实践中对个人信息侵权纠纷进行更加精细化的治理。通过司法优化平台内部的运行治理结构与行业环境的途径，满足构建多元互动的平台数据治理需求。

第二，引入行政管辖理念。网络平台私权力的崛起打破了传统的"公权力—私权利"的二元架构，"公权力—私权力—私权利"的三元乃至多元新架构逐渐显现。[3]从此视角审视平台个人信息侵权纠纷，可将其分为以下三类：

---

[1] 肖梦黎：《平台型企业的权力生成与规制选择研究》，载《河北法学》2020年第10期。

[2] 丁晓东：《从个体救济到公共治理：论侵害个人信息的司法应对》，载《国家检察官学院学报》2022年第5期。

[3] 周辉：《网络平台治理的理想类型与善治——以政府与平台企业间关系为视角》，载《法学杂志》2020年第9期。

侵权纠纷、数据存储管理纠纷、私权力纠纷，并呈现出递进式的类行政纠纷属性。故可适当导入涉网类行政管辖的理念，从而对此类纠纷进行更加全面的体系优化。

（二）制定管辖协议和消费者保护规范

管辖条款作为非核心条款，往往处于协议尾部，用户仅有有限的注意力而忽视了此类关乎风险分配的条款。即使注意到不利条款的存在，用户也同样会基于当下服务的获取需求而错误地作出有损自身未来管辖利益的决策。在这种情况下，仅仅使用信息规制方法审查格式条款是否有效，可能会导致用户的诉讼利益受到压缩。我国立法与司法实践均未能解决目前格式管辖条款的规制方式混乱问题。现从司法裁判中的分歧入手，对实体与程序进行交叉研究，通过制定管辖协议消费者保护规范，为平台所提供的隐私政策与服务协议中的格式管辖条款规则的完善指出方向，清除司法盲区。管辖协议消费者保护规范的制定应当包括以下几个方面。

第一，明确统一的格式管辖条款规制方式。可以通过立法或司法解释出台相关文件，统一效力认定标准。从而确保法院在对平台所提供的隐私政策与服务协议中的格式管辖条款进行效力认定时，不会出现同案不同判的情况。一方面，在出台的文件中，应预先分配缔约双方的管辖利益。此时，制定机关处于中立地位，可以更好地考虑缔约双方的实际情况从而平衡双方的诉讼利益。但诉讼利益的分配上也不能过于保护消费者而有损平台利益。另一方面，为网络服务提供商与平台用户设定彼此的义务与法律风险，使得诉讼双方对未来可能出现的风险与需要承担的责任具有可预见性。在文件出台后，网络服务提供者会根据法律要求设计出更合理的方式来协议管辖，也可使用户在此后的类似缔约过程中提高自己的理性与注意力。

第二，赋予用户申请移送管辖的权利。我国台湾地区民事诉讼制度规定，在除小额诉讼纠纷外的其他普通程序中，赋予非经营者一方订立管辖协议的权利。若管辖协议显失公平，双方的管辖利益出现失衡，则赋予非经营者一方申请移送管辖的权利。此种规定为诉讼弱势一方开辟了一条救济路径，结合我国大陆地区司法实践，可以同样赋予消费者申请移送管辖的权利。具体来说，在法院认定平台格式管辖条款有效后，此时用户可以提出移送至自身住所地法院进行管辖的申请，而原审法院在收到该申请后，结合实际情况进行判断是否同意其申请。此举可以在一定程度上减少用户的诉讼成本，便于其更好地维护自身合法权益。

第三，增加管辖选择。关于平台个人信息侵权纠纷，其管辖权不应仅局限于平台所在地法院拥有。一方面，考虑到目前我国各地法院在线诉讼的开展并未全面普及，故可以要求平台在管辖条款中增加互联网法院的选项。与传统的诉讼活动不同，互联网司法的程序运行基础方式发生了根本性变革，在线沟通取代纸质沟通，电子证据取代纸质证据，起诉、立案、送达、举证、庭审、宣判等诉讼各环节全面网络化、信息化、数字化。[1]在此模式下，诉讼双方都可以通过线上方式进行起诉、应诉，大大减少了彼此的诉讼成本。另一方面，纠纷不应只有一种解决方式，可以要求平台在管辖条款中增设仲裁解决方式来供消费者进行选择。大部分平台个人信息侵权纠纷的案涉数额不大、法律关系简单、事实清楚。仲裁解决方式与诉讼解决方式相比，其时间短、速度快、成本低、程序简便、方式灵活、保密的特点更适合网络个人信息侵权纠纷的解决。增设仲裁可选项拓宽了消费者维权的途径，可以帮助消费者付出更少的金钱、精力、时间成本实现自己的利益最大化。

（三）强化平台的风险预防功能

市场经济体制下，同质化模仿造成用户视觉疲劳，麻木公众的维权意识。[2]当市场上所有的服务提供者都使用相同的策略方式制定平台格式条款时，用户的自由选择权便受到了阻碍。虽然，格式条款提高了缔约效率，但也存在诸多潜在风险。不过，隐私政策与服务协议的不可协商性并不是平台受到法律非难的原罪。为了平衡诉讼双方的利益，可以从服务协议的设计与政府部门的介入两方面来强化平台管辖对于此类风险的预防功能。

第一，平台的技术设计。服务协议以超链接的方式指向协议正文，那么让用户注意到超链接的存在并点击链接阅读，对于保障消费者权益具有必要性。隐私政策与服务协议中包含了许多与消费者个人信息与利益息息相关的

---

〔1〕 李占国：《互联网司法的概念、特征及发展前瞻》，载《法律适用》2021 年第 3 期。

〔2〕 沈平生、马龙倩：《短视频视野下的知识共享许可协议研究》，载《东南大学学报（哲学社会科学版）》2020 年第 A2 期。

条款，若用户不需要阅读隐私政策与服务协议就可以成为服务合同的缔约者，那么需要因自己在意识欠缺状态下的同意行为而受到合同约束。根据知情同意的民事原则，网络平台的合理提醒作为用户知情同意的前提，应予以优先实现。故平台必须以合理有效的方式对消费者提示协议的存在，以足以引起其注意的显著字号、字体或颜色进行页面设计，并可以通过弹窗提示消费者该链接所指向协议的重要性。既然冗长的服务协议因设备的限制不能完全地呈现在注册界面上，那么平台就必须运用技术手段使消费者阅读协议变成其完成注册的必经程序。此时，平台可以通过技术设置来让消费者可以更轻松简捷地将与其利益息息相关的条款阅读完毕。如弹窗提醒、时间与屏幕滑动双重限制等技术手段。同时，在消费者点击超链接后，平台应在开头提示注册协议的简单目录，并在目录中标注出包含事关消费者利益条款的章节。以便消费者定位阅读，减少阅读成本，节约缔约时间，提高缔约效率。除此之外，平台应提供可供消费者保存下载用户协议文本的渠道，有条件的可以提供历史版本供消费者阅读。

第二，政府部门的介入。隐私政策与服务协议的制定，在维护用户权益的基础上同时也要考虑网络平台缔约的特殊性。隐私政策与服务协议是互联网服务提供者与使用者签订的关于双方提供和接受互联网服务的合同，该协议由平台拟定，用户通过点击"同意"或"已阅读"选项与平台达成"意思表示一致"，协议签订后对双方具有同等约束力。[1]即使用户拥有纯粹自由的选择，大部分用户也因内容条款的高度专业化而无法理解其中的些许条款与意义。用户协议是"确立网络平台运营商与网络用户间法律关系的基础"，[2]隐私政策又涉及消费者个人信息的合理利用与有效流通，故网络平台除了在保证审慎编纂不损害用户合法权益的基础上，还可以主动将隐私政策与服务协议提交给相关部门进行监督管理。一方面，平台可以主动向相关部门提交隐私政策与服务协议进行备案审查，当相关部门发现平台所提交的隐私政策与服务协议提示方式设置不合理，不足以引起消费者注意时，应当责令其进行整改。换言之，通过个案定性分析，注重平台纠纷类型，强化对平台规则制

---

〔1〕 胡丽、何金海：《互联网用户协议中用户数据授权模式实证研究——以40个互联网平台用户协议为样本》，载《河北法学》2022年第10期。

〔2〕 孙山：《短视频的独创性与著作权法保护的路径》，载《知识产权》2019年第4期。

定权、日常管理权、违规处罚权、纠纷调解权的规制和矫正，将其涵摄于相应数字法治治理规范之中。[1]另一方面，相关的行业协会或政府部门应当积极出台示范模板供平台服务商进行选择或模仿借鉴。平台可以根据自身的 App 设计风格或使用方式，在合理范围内进行适当改动。有关部门应当对平台注册流程进行定期检查，发现不当之处可与平台进行探讨设计并监督其修改。

"互联网+"与"大数据"是这个时代无法回避的命题，平台经济是互联网发展到一定阶段而形成的新型业态。电子商务平台使用大数据技术广泛分析和深度利用个人信息，是 5G 社会以及电子商务持续发展的基础。[2]平衡平台企业与用户对个人信息的权益，解决目前我国平台个人信息保护纠纷司法现状中已经暴露出来的问题十分迫切。完善涉平台个人信息侵权诉讼制度是规范平台、限制平台私权力不可或缺的一环。除本文提出的解决方案外，个人信息保护最终还需要平台企业、行业以及政府等主体配合来保障。相信随着对此类问题的进一步关注与解决，我国个人信息侵权纠纷必然会由乱到序，走出一种具有中国特色的时代之路，向世界贡献涉平台个人信息侵权纠纷管辖制度的中国方案。

---

〔1〕 洪学军：《关于加强数字法治建设的若干思考——以算法、数据、平台治理法治化为视角》，载《法律适用》2022 年第 5 期。

〔2〕 史沐慧：《电子商务平台个人信息民事管辖问题研究——基于 2018—2020 案件实证剖析》，载《海南大学学报（人文社会科学版）》2022 年第 1 期。

# 互联网法院管辖范围：理论、规范与适用 [*]

**摘　要**：互联网法院的设立是回应互联网时代司法需求的重大举措，同时，"互联网+"的模式为传统诉讼规则带来了新的挑战，互联网法院的管辖范围为其中之一。尽管法律明确规定了互联网法院的管辖范围，但是诸如与互联网法院的定位关系、协议管辖以及互联网法院管辖的界限等问题仍未明确。从理论上看，因互联网的虚拟性和无边界性，传统管辖理论难以发挥现实之功用，而向专门法院转型则需突破地域管辖的约束。从现有规范上看，互联网法院管辖范围采取"互联网"为中心的列举式规定，具有集中性和针对性的特点；互联网法院不属于专门法院，不具有专门法院的法定性和专业性。构建互联网法院的管辖规则，需要结合互联网法院的定位思考，重视网络空间与现实世界的牵连性以及思考互联网法院在"跨域立案"改革中的优势。

**关键词**：互联网法院；管辖范围；协议管辖；受理权；规范适用

当前，我国互联网与数字经济正处于蓬勃发展的态势之中。中国互联网络信息中心（CNNIC）2023 年 3 月发布的《中国互联网络发展状况统计报告》显示，截至 2022 年 12 月，中国网民规模已经达到 10.67 亿人，互联网普及率达 75.6%。我国网络支付用户规模达 9.11 亿，网络购物用户规模达8.45 亿，网络直播用户规模达 7.51 亿，网上外卖用户规模达 5.21 亿，在线旅行预订用户规模达 4.23 亿，互联网医疗用户规模达 3.63 亿。[1] 由此，互联网经济的司法回应也应运而生。实际上，早在 2017 年 6 月 26 日，中央全面

---

[*] 作者简介：宋尧玺，法学博士，广州大学法学院讲师，硕士生导师，剑桥大学访问研究员。陈映彤，中国政法大学民商经济法学院 2022 级经济法学专业研究生。

〔1〕《中国互联网络发展状况统计报告》，载 https://www.cnnic.net.cn/n4/2023/0303/c88-10757.html，最后访问日期：2023 年 3 月 2 日。

深化改革领导小组就审议通过了《关于设立杭州互联网法院的方案》。同年 8 月 18 日，杭州互联网法院揭牌。基于杭州互联网法院在实践中运行的经验，最高人民法院于 2018 年 8 月 9 日印发了《关于增设北京互联网法院、广州互联网法院的方案》（以下简称《方案》），明确了北京、广州互联网法院的管辖范围、上诉机制和案件审理方式等规定。2018 年 9 月 3 日，最高人民法院通过了《关于互联网法院审理案件若干问题的规定》（以下简称《规定》），再度明确了互联网法院的案件管辖范围、在线审理机制和上诉制度以及诉讼平台建设的规则。2018 年 9 月 27 日，广东省高级人民法院正式发布了《关于广州互联网法院案件管辖的规定》，规定了广州互联网法院集中管辖的 11 类一审案件。2019 年 12 月 4 日，最高人民法院发布了《中国法院的互联网司法》白皮书，总结回顾了互联网司法诞生以来的基本路径、创新举措和主要成果。互联网法院的管辖规则是建立在传统管辖规则的基础上的特定性管辖，传统管辖规则受到的挑战仍未得到解决。随着互联网技术的发展，互联网与传统管辖规则的冲突则日趋显著，若此时不重视互联网新型管辖规则研究，而满足于现有管辖制度，互联网法院日后亦难以尽其所用。本文拟从理论、规范与适用三个方面，对互联网法院的管辖范围作出整体性评价，并指出互联网法院管辖范围的进路，以进一步明确构建新型网络治理规则的方向及其理论和实践意义。

## 一、互联网法院管辖问题的由来

最高人民法院的《规定》明确指出北京、广州、杭州三家互联网法院案件管辖范围，其管辖所在辖区内有关互联网的案件，然而对互联网域内案件管辖范围的规定绝不能止步于该规定，互联网日益发展，地域间的边界日益模糊，传统管辖对范围的认定难以在互联网空间"推定"适用。截至 2020 年 2 月，北京、杭州、广州三家互联网法院受理的有关管辖权争议的案件有 3 万余件，[1] 争议类型集中在侵权纠纷、知识产权纠纷、不正当竞争纠纷等民事案件。[2] 对此类争议的解决，法院以是否便于争议事实的审查和相应判决的执行为标准，采用对传统管辖规则的解释，综合考虑管辖权的确定性和可预

---

〔1〕 根据"openlaw"网站的统计，载 https://openlaw.cn/，最后访问日期：2020 年 2 月 20 日。

〔2〕 根据"北大法宝"网站的检索，载 http://szlx.pkulaw.cn/case/szlx，最后访问日期：2020 年 2 月 20 日。

期性、管辖权确定的基本原则认定管辖的法院。[1]基于互联网诉讼的特性，对管辖范围的考察，有必要跳出传统地域管辖的视野，探讨在突破传统管辖规则的情况下，互联网空间管辖规则该何去何从。

（一）互联网法院定位的专门性

对于互联网法院的定位，目前并没有相应的法律法规加以规定，《方案》规定了互联网法院按照城区基层人民法院单独设置。"互联网法院的目标定位、其与传统法院的关系，会影响互联网法院涉网案件地域管辖规则的构建。"[2]因此，对互联网法院管辖范围的讨论自然绕不开对其定位的讨论。

洪冬英教授认为，互联网法院目前拟定的管辖范围是集中管辖辖区内的涉网案件，这是改革之初的"试点性"尝试。结合杭州互联网法院的运行分析，互联网法院属于新型专门性法院，是全面对接互联网产业多元化的法院，其案件管辖权不仅针对专门性事务，还应当具有跨行政区划能力。随着改革的深入和经验的积累，互联网法院将实现从地域特殊性向管辖事由专门性转型。[3]杨秀清教授指出，涉网案件审理与民事诉讼具体制度、程序规则之间发生冲突的主要原因是对互联网法院的定位理解出现了偏差。只有将互联网法院定位为专门法院，才能够突破现行民事诉讼的管辖制度，实现专业化审判。

学者对互联网法院成为专门法院的观点近乎一致，然而互联网法院向专门法院的转型还需阶段性改革，发挥互联网法院的专门化优势——专门的地域选择、专门的司法需求、专门的审判机制，使互联网法院符合专门法院的法定性、专业性、跨域性和特殊性，[4]才能巩固互联网法院的专门法院定位，进而明确互联网法院的管辖规则。

（二）互联网管辖范围的界限

有学者认为，"互联网法院管辖的案件应当是所有案件事实和证据材料均

---

〔1〕《北京高院：2015 年度北京法院知识产权十大案例及十大创新性案例》，载 http://xinhua-net. com/politics/2016-04/14/c_ 128892689. htm，最后访问日期：2023 年 7 月 6 日。

〔2〕 肖建国、庄诗岳：《论互联网法院涉网案件地域管辖规则的构建》，载《法律适用》2018 年第 3 期。

〔3〕 参见洪冬英：《司法如何面向"互联网+"与人工智能等技术革新》，载《法学》2018 年第 11 期。

〔4〕 参见程琥：《论我国专门法院制度的反思与重构》，载《中国应用法学》2019 年第 3 期。

发生在互联网上的案件"。[1]杭州互联网法院倪德锋副院长的观点与其相似，他认为：就专门管辖而言，互联网法院应当只管辖纯正的互联网案件，即"法律关系产生、变更、消灭于互联网，主要证据产生和存储于互联网"的案件。[2]更有学者认为，随着技术发展，互联网法院的"案件受理范围会逐步向部分行政案件乃至刑事案件扩展"。[3]

总体而言，大部分学者肯定互联网法院管辖民商事案件，对是否应拓展至行政案件、刑事案件意见相左。根本原因在于互联网法院的诉讼审理模式与当事人主体平等的要求应当到何处，是必须双方当事人平等，还是可以涉及不平等当事人之间的利益？

### （三）互联网法院对协议管辖的掣肘

洪冬英教授对协议管辖在互联网法院的适用前景持肯定态度：互联网法院如果有权力处理网络上的协议管辖，具有与仲裁机关类似的协议管辖规则，则可以充分尊重当事人的意思自治权，最大限度地减少管辖权争议。[4]然而有学者认为，互联网无边界性的特征使得确定协议管辖中的连接点成为一个难题。[5]有学者从实务的角度出发，互联网平台会利用格式条款事先确定管辖法院，目前的协议管辖规则已不足以应对。[6]

此外，还有学者认为互联网法院的协议管辖会造成互联网审判中"挑选法院"的现象，对司法的统一适用不利，而有学者认为互联网法院协议管辖的优势在于可以"通过网络平台完善协议管辖中的提示规定和操作流程"。[7]

因此，互联网法院在充分利用协议管辖优势的同时，需重视司法适用的

---

〔1〕 杨秀清：《互联网法院定位之回归》，载《政法论丛》2019 年第 5 期。

〔2〕 陈杭平、李凯、周晗隽：《互联网时代的案件审理新规则——互联网法院案件审理问题研讨会综述》，载《人民法治》2018 年第 22 期。

〔3〕 涂永前、于涵：《互联网法院：传统法院转型的一种可能性尝试》，载《互联网天地》2018 年第 4 期。

〔4〕 参见洪冬英：《司法如何面向"互联网+"与人工智能等技术革新》，载《法学》2018 年第 11 期。

〔5〕 参见陈杭平、李凯、周晗隽：《互联网时代的案件审理新规则——互联网法院案件审理问题研讨会综述》，载《人民法治》2018 年第 22 期。

〔6〕 参见郑旭江：《互联网法院建设对民事诉讼制度的挑战及应对》，载《法律适用》2018 年第 3 期。

〔7〕 郑旭江：《互联网法院建设对民事诉讼制度的挑战及应对》，载《法律适用》2018 年第 3 期。

统一性，规避当事人"挑选法院"的风险，充分发挥协议管辖制度的作用。

（四）互联网法院管辖规则的进路

对于互联网法院管辖问题的解决，现有的研究主要集中在以下两个方向：
（1）在传统管辖规则下调整；（2）建立不同于传统管辖规则的新型互联网管辖规则。

其一，在现有的管辖规则框架内进行调整。刘哲玮教授指出："有关管辖问题的地方性尝试，仍需做到基本守法。首先，互联网法院目前并非专门法院；其次，民事诉讼法规定的基本连接点规则，如合同履行点、侵权行为点、当事人住所地，也不能被破坏。"[1]部分学者认为对管辖范围的考量不能忽略地域因素，原因在于：理论上，网络空间与物理空间具有牵连性；实践中，互联网法院确定管辖时仍要参照现实的地域。

综上，学者提出，在传统管辖规则框架下制定互联网管辖规则需要注意：一是规则的构建应着眼于网络空间的独立性。互联网法院的设立可突破行政区划的限制，管辖权连接点的确定也可突破既有规则的束缚。二是规则的构建应着眼于网络空间与物理空间、现实世界的不可割裂性和牵连性。[2]基于此，提出关于如何构建互联网管辖规则的方案：（1）规范解释。网络空间的法律关系与现实中的相同，因此没有必要将传统案件的管辖连接点从涉网络案件中剥离出去。持此观点的学者称其为改良模式，该模式认为对案件管辖范围的认定是技术层面的问题，可以通过对现有规范的解释确定。（2）当事人自主选择。在考虑地域因素的同时"赋予当事人在多重管辖连接点下的选择权，待全国互联网法院布局形成后，再通过立法确定管辖布局"。[3]

其二，构建新型管辖规则——独立管辖理论。独立管辖理论指将网络空间视为独立于现有法定管辖空间的另一个空间，在网络空间重新建立一套不同于现有管辖规则的管辖机制。笔者认为，该理论直接否定了现有规范的可适用性，"造法"需要建立在无法从现有规范处寻求救济的基础上，然而就目

---

〔1〕 陈杭平、李凯、周晗隽：《互联网时代的案件审理新规则——互联网法院案件审理问题研讨会综述》，载《人民法治》2018 年第 22 期。

〔2〕 肖建国、庄诗岳：《论互联网法院涉网案件地域管辖规则的构建》，载《法律适用》2018 年第 3 期。

〔3〕 王玲芳：《互联网法院建设的四点战略》，载《人民法院报》2018 年 7 月 25 日，第 2 版。

前看来，现有规范与互联网的冲突仍可通过"修法"解决；同时，该理论隔断了网络与现实生活之间的联系，即便能够建立一套新型互联网管辖机制，那么也是缺乏现实根基的。

## 二、互联网法院管辖范围的理论分析

### （一）传统管辖理论之未竟事宜

传统的管辖规则主要是地域管辖和级别管辖。根据《民事诉讼法》中有关级别管辖的规定，划分级别管辖的一个极其重要的标准是"是否有重大影响"，而在司法实务中，区分不同层级法院之间级别管辖往往使用另一项更为重要的指标，即案件标的金额的大小。[1]概言之，划分级别管辖有两大标准：其一是法定标准，即"是否具有重大影响"；其二是实务标准，即案件标的金额大小。在互联网的语境下，上述两项标准亦可当然适用，其原因如下：第一，尽管《民事诉讼法》对"是否有重大影响"的认定有地域的限制，如"在本辖区内""在全国"，但这只是对"重大影响"量化的判断，借地域之大小定影响之大小。显然，由于互联网空间的无边界性，该套认定影响大小的标准不能发挥作用，但是并不意味着无法认定。笔者认为，在互联网认定案件影响的大小更为轻易且科学，互联网域存在大量反映人们日常活动的数据，是人们对案件关注度的绝佳量化材料。基于此，只需要确定量化标准，即可发挥与传统级别管辖认定中的"地域"因素同等效用。第二，互联网空间不影响"数字"本身使用和传递，"案件标的金额的大小"作为区分不同层级法院之间级别管辖的另一项指标，在互联网是同样适用的。因此，"互联网+"对传统管辖规则的地域管辖的冲击更大，地域管辖在互联网空间的适用中面临许多难题。

#### 1. 一般地域管辖的难题

根据《民事诉讼法》有关地域管辖的规定，一般地域管辖的原则是"原告就被告"，即原告提起的民事诉讼，由被告住所地人民法院管辖。然而互联网空间无法划分行政区划，民事主体进行民事活动的地点无法确定，更无从谈及被告之"住所地"。鉴于当事人住所地在互联网空间难以查找，一般地域

---

〔1〕 参见王亚新：《民事诉讼管辖：原理、结构及程序的动态》，载《当代法学》2016 年第 2 期。

管辖陷入了僵局。

2. 特殊地域管辖的难题

在网络空间，特殊地域管辖中管辖权的连接点，即确定管辖权的法律事实的所在地难以界定。如网络购物合同或网络服务合同案件，根据《民事诉讼法》的有关规定，合同纠纷案件的管辖权连接点有"合同履行地、合同签订地、原告住所地、标的物所在地等与争议有实际联系的地点"，然而在互联网空间，一些情况下不存在或不易确定合同履行地、签订地及标的所在地。[1]

3. 协议管辖的难题

《规定》第 3 条指出，当事人可就协议约定管辖法院，沿袭了《民事诉讼法》第 34 条的立法精神，充分尊重当事人的程序选择权。然而两者之间在形式上、地域的选择上以及协议管辖的效力上有区别。[2]基于互联网空间的无边界性和虚拟性，协议管辖效用的发生机制已然不同于传统协议管辖，由于协议管辖带来的"挑选法院"的问题也使得其是否能在互联网法院发挥应有的作用成为问题。

（二）互联网法院定位之探讨

从实然角度出发，互联网法院不属于专门法院。现有对互联网法院作为专门法院的研究，更多的是基于实用主义的考量，[3]然而实用主义无法解释互联网法院作为专门法院的合理性。

互联网法院向专门法院的转型，最重要的一点是需要突破地域管辖、级别管辖等一般管辖规则。原因如下：（1）专门法院的司法管辖区与行政区划是完全分离的。我国的专门法院具有很强的"跨域性"。[4]（2）专门法院对案件的专业化管辖需要突破地域管辖限制。互联网法院管辖案件类型的明确性、同质性赋予互联网法院不同于传统法院管辖的特色。譬如，互联网法院

---

[1] 参见于海防：《涉网络案件民事诉讼地域管辖问题的一般性研究：以法律事实发生地的空间定位为基础》，载《法律科学（西北政法大学学报）》2010 年第 5 期。

[2] 《互联网法院的协议管辖及意义》，载 http://www.mzyfz.com/cms/fayuanpingtai/xinwenzhongxin/fayuanxinwen/html/1071/2018-09-28/content-1363336.html，最后访问日期：2023 年 7 月 6 日。

[3] 参见谷佳慧：《我国互联网法院发展的实用主义倾向》，载《学术探索》2019 年第 4 期。

[4] 程琥：《论我国专门法院制度的反思与重构》，载《中国应用法学》2019 年第 3 期。

受理网上侵害作品信息网络传播权的知识产权类型的案例时，由于此类案件诉讼标的、侵害形式、损害结果甚至是索赔额度单一，互联网法院对该类案件的处理能够形成一套固定的模式，进而快速、高效地进行诉讼活动，而传统法院处理的知识产权案件比互联网法院更为多样，因此只能个案审理，无法实现模式化的审理。显然，对互联网法院专业性的考量不是一个非此即彼的问题，互联网法院管辖案件类型的专业化是毋庸置疑的，但是这个专业化只能在一般管辖的框架下体现，因互联网法院无法突破一般管辖的模式，其管辖的案件类型不是专门法院的"专业化"，因此不具有专门法院之案件管辖专业化特征。

（三）诉讼主体地位与互联网模式的联系

如前文所述，互联网法院的管辖范围是否应拓展至行政案件和刑事案件，应当考量的是互联网法院的诉讼模式对诉讼主体地位的要求。民事诉讼中，诉讼主体之间的地位是平等的，双方之间的争议围绕"私权"进行；刑事诉讼中，诉讼主体一方是公诉人或者是自诉人（通常称"控方"），而另一方是被告人，所进行的诉讼更多的是有关被告人的"回应式""抗辩式"诉讼；行政诉讼中，诉讼主体一方是行政主体，一方是行政相对人，双方之间的诉讼可被视为行政相对人通过法院向行政机关表达异议的过程，更多的是有关行政机关的"回应式"诉讼。

基于以上三种诉讼模式的不同，彼此诉讼模式下的诉讼主体地位也有所差异。对于民事诉讼而言，诉讼主体间是平等的，双方的诉讼过程可视为"争权"的过程，彼此之间除身份赋予的法律关系和基于意思自治而产生的法律关系外，无额外的法律关系，因此，民事诉讼主体双方在诉讼过程中的权利义务是具有对称性的。对于刑事诉讼而言，诉讼主体之间的关系是控辩关系，双方围绕"犯罪与刑罚"的问题展开辩论，但是控方可以指控被告人而反过来却难以进行，因此，刑事诉讼主体双方在诉讼过程中的权利义务流转是沿着"攻—守"的主线发生的，是交互式的诉讼模式。对于行政诉讼而言，诉讼主体之间是国家公权与公民个人的关系，双方在诉讼过程中不同于民事诉讼的对称性，也不同于刑事诉讼的交互性，而是公民个人向公权力的运作表示异议的过程，相较于民事诉讼和刑事诉讼，行政诉讼的调解纠纷手段较为温和。

互联网法院将起诉、调解、立案、庭审、判决、执行等诉讼环节全程网络化，根据《规定》，互联网法院目前管辖的主要是有关互联网的民事案件和行政案件，且行政案件归互联网法院管辖的只限定在因行政机关作出互联网信息服务管理、互联网商品交易及有关服务管理等行政行为而产生的行政纠纷和指定管辖的范围内，由此可见，目前互联网法院管辖的主要是民事案件。互联网法院的全程网络化的审判模式是否能够与刑事诉讼和行政诉讼的诉讼模式完全契合，这是一个值得思考的问题。

当将诉讼由线下搬至线上时，互联网模式对诉讼的冲击因诉讼主体之间的地位而有不同的体现。互联网法院的线上诉讼以法官和诉讼主体之间"屏对屏"的形式进行，在一定程度上削减了不同诉讼模式下诉讼主体地位的彰显，进而影响诉讼的效能发挥。如刑事诉讼中，法院在互联网空间审理案件，司法的严肃性和权威性大大减损，控辩双方通过互联网进行庭上交锋，可能会有陷入过分依赖技术的境地，因为这对互联网的有效再现有极高的要求：一方面是对双方法庭辩论的再现，另一方面是对证据的再现。法官对公诉方和被告人或被告代理人的控制力也相应减弱，控辩双方的交互式诉讼在屏幕的隔断下更易威胁到法庭的威严和秩序。而行政诉讼中也面临着同样的难题。依笔者之见，目前的互联网诉讼模式只能适用于民事案件，因为民事诉讼中原被告的地位是平等的，因此，互联网空间对诉讼主体地位的削减较弱，线下诉讼的还原度较高，较能实现民事诉讼的目的。

（四）多重维度的影响——管辖范围为互联网法院带来了什么

在此需要明确的一点是，这个问题并非具有前提设置，即笔者非旨在说明互联网法院的管辖范围与互联网法院之间存在必然的时间顺序，笔者旨在探讨互联网法院的管辖范围与互联网法院之间的关系。互联网法院的管辖范围具有明确的针对性、指向性，即互联网法院审理应当由本辖区内基层人民法院受理的有关互联网的 11 类案件，然而互联网法院缺乏专门法院管辖案件类型的专业性，而管辖范围却是决定了一法院之诉讼活动所围绕的对象范围，因此，在管辖范围具有针对性却又不具备专门法院的专业性时，互联网法院的管辖范围能够为互联网法院带来什么呢？

第一，固定审判模式的形成。综上所述，互联网法院在受理有关互联网的知识产权类型案件时，由于互联网上发生的此类案件侵权形式单一、损害结果单一，于是法官在审理此类案件时会形成一套固定的审理模式，乃至产生一套有关此类案件的索赔标准，在"类案"中推广应用。

第二，专业化的审判队伍。互联网法院不仅借助互联网、大数据、人工智能等技术进行审判活动，而且运用了区块链等技术。法官在审理互联网案件时，不仅需要了解互联网的运作模式，对互联网的交易模式和信息传输模式等区别于现实中的民事活动需要有明确的认识和区分，这些专业化的知识除了靠审判人员自身的学习，还需要大量的实务经验的积累，互联网法院特定的管辖范围能够为审判人员提供广阔的学习平台。

第三，新型的诉讼规则。根据《方案》，设立互联网法院的目标是"探索构建适应互联网时代需求的新型诉讼规则"。互联网法院的设立是回应互联网时代的诉讼需求，而互联网法院的管辖范围是需求和回应需求的连接点。互联网空间的纠纷不同于传统的纠纷，具有以下特点：（1）时间上的异步。互联网上发生的纠纷，纠纷主体间产生纠纷的时间可能不是同步的，因此对时间的认定上或许需要新的标准。（2）地点的虚拟性和无边界性。互联网最大的特点就是空间虚拟，传统的地理位置的认知已经无法解决互联网中的"地域"问题。就管辖权来说，传统管辖权认定——当事人所在地的管辖权连接点具有浓重的地域色彩，而互联网抹去了地域色彩，打破了地理空间的区块，传统对地域的认定也受到了冲击。基于上述互联网纠纷的特点，传统法院的纠纷解决机制已然不适用于互联网上发生的纠纷，新型的诉讼规则应运而生。

（五）技术革命引发传统权力格局去中心化

互联网技术的发展引发了社会场景的变迁，互联网是"一种全新的社会结构与组织形式"。[1]新的场景在互联网技术革命下不断涌现，传统社会场景向互联网社会场景变迁，新的社会关系在此过程中成形，共享的理念在互联网社会关系中得到充分诠释。互联网不仅具有虚拟性、无边界性，还具有共享性、协同性，互联网社会中的资源是共享的，新的权力格局在互联网空间

_____

〔1〕 喻国明、马慧：《互联网时代的新权力范式："关系赋权"——"连接一切"场景下的社会关系的重组与权力格局的变迁》，载《国际新闻界》2016年第10期。

形成。由于传统社会的权力格局是极具中心主义特色的，地域的划分是行使社会资源控制与分配的基础，因此管辖在该权力格局下的表现也是以行政区划为管辖划分的标准。而互联网社会的权力格局不同于传统权力格局，互联网社会的到来可能会对权力的实现形式产生影响，[1]互联网社会产生了新的权力运作逻辑，"权力的有效性在于权力的'消失'——权力的客体意识不到权力关系的存在，从而，也不需要合法性的证明"。[2]互联网社会中权力的隐身性，是权力格局去中心化的体现。因此，互联网社会的权力格局去中心化是两个因素使然：一是互联网的资源共享，使得权力不再集中在一个掌权者中心；二是互联网权力行使的隐蔽性，互联网权力在"主场"之后行使，渗透于互联网社会的各个角落，却又难以发觉。有人认为互联网的资本运作逻辑是另一种"中心化"，笔者认为这两者还是存在差别的：传统权力格局的中心化是资源的控制与分配集中于掌权者，而互联网社会权力资源的不平等是陷入了资本的运作逻辑。因此，互联网的管辖规则亦不得在传统权力格局下建构，在去中心化的权力格局中还遵循着行政区划的逻辑并不可行，或许应当结合对资本运作在互联网权力格局中的位置对管辖制度进行考察，结合互联网权力运行的逻辑，而不只是在技术和规范的层面探讨互联网的管辖问题。

### 三、互联网法院管辖范围规范分析

#### （一）列举式管辖范围的原理性分析

《规定》采用列举式确定互联网法院的管辖范围，共列举了 11 种案件类型，大体可分为三类：（1）通过互联网完成的合同纠纷，具体为网络购物合同纠纷、网络服务合同纠纷、金融借款合同纠纷以及小额借款合同纠纷；（2）在互联网上发生的侵权纠纷，具体为侵害著作权纠纷、侵害信息网络传播权纠纷、产品责任纠纷以及人身、财产权益纠纷；（3）与互联网有关的公益诉讼案件和行政纠纷。

因此，互联网法院管辖案件的类型是紧紧地围绕"互联网"确定的，大

---

〔1〕 参见陈氚：《权力的隐身术——互联网时代的权力技术隐喻》，载《福建论坛（人文社会科学版）》2015 年第 12 期。

〔2〕 陈氚：《权力的隐身术——互联网时代的权力技术隐喻》，载《福建论坛（人文社会科学版）》2015 年第 12 期。

致是以三种形式介入管辖范围的确立中。（1）合同纠纷中，互联网作为签订、履行行为的"发生地"。虽然互联网不具有传统物理空间意义上的"发生地"的属性，但是当事人主体在互联网上的行为具有可溯源性、可记录性，具备了"发生地"作为确立传统民事诉讼管辖范围的功能。在一定意义上，互联网作为"发生地"同样具有确定性。相对于传统民事诉讼中的"发生地"概念，互联网作为"发生地"难以确定具体的位置，无法提供人们一个可观、可感的认识，但是将互联网作为一个空间概念来看，互联网确实是现代人进行形形色色的民事活动的场所。（2）互联网作为渠道或者平台。在知识产权类型的纠纷中，互联网提供了侵权的方式和手段。通过互联网，侵权行为得以实施，侵害结果得以发生，而倘若祛除互联网在此类纠纷中的位置，纠纷就不复存在了。这种方式是与互联网融合度最高的，以此确立管辖的依据也最为充分。（3）其他案件本身有关互联网。此类管辖范围之确立较灵活，因案而异，是以案件的特殊性——涉及互联网，而被纳入到互联网法院的管辖范围。从表面上看解释空间很大，实则在《规定》中也明确了具体的类型，是在刚性的范围内弹性地授予互联网法院管辖权。

传统法院管辖范围的确立以"原告就被告"为原则，而互联网法院的管辖范围则是以"互联网"为中心，以当事人的行为发生、纠纷产生的方式、互联网在个案中发挥的作用等为着力点，以级别管辖、地域管辖为原则，以民事为主、行政为次而确立的。相较于传统法院而言，互联网法院的管辖范围具有明确的针对性、专门性。

尽管互联网法院以"互联网"为中心确定管辖范围，但是互联网法院的管辖权与其所在市的辖区内的基层人民法院的管辖权无异，换言之，互联网法院对特定类型案件的管辖是对基层人民法院管辖的"分担"。因此，就《规定》第2条而言，互联网法院对案件的管辖进行实质审查时，第一步是根据《民事诉讼法》等传统法院的管辖规则确定该案是否应当由其所在市辖区内的基层人民法院管辖；第二步是审查该案件类型是否属于《规定》第2条所指的11类案件类型。在此意义上，互联网法院的管辖规则将依附于传统法院的管辖规则发挥作用，而互联网法院之设立旨在规范互联网空间，创建网络新型治理规则，依《规定》第2条无法使互联网法院发挥其应有的作用。从另一个角度说，当传统管辖规则在互联网空间的适用面临诸多难题时，互联网法院的管辖问题向传统管辖规则寻求救济是最具合理性和可操作性的。然而笔者认为，若互联网法院要实现其设立之趣旨，借助传统管辖规则回避互联网空间的管辖问题实不可取。

（二）从规范角度谈专门化

鉴于互联网法院的管辖范围具有明确的针对性，这能否赋予互联网法院专门性呢？在此，需要借助一个概念——专门法院，是指依照法律规定，对某类案件进行专门管辖审理的法院。专门法院具备法定性、专业性、跨域性、特殊性的特征。就现有规范而言，互联网法院并不具备专门法院的性质，原因如下：

（1）互联网法院不具备专门法院的法定性。《人民法院组织法》第 15 条规定：专门人民法院的设置由全国人民代表大会常务委员会规定。互联网法院是中央全面深化改革委员会通过会议方案而设立的，不符合《人民法院组织法》由最高权力机关来制定互联网法院设置运行的基本制度。[1]

（2）《规定》并未打破地域管辖的限制，互联网法院不具备专门法院的专业性。互联网法院审理与互联网有关的 11 类案件，是寓一般性管辖于特殊管辖，即在不突破传统地域管辖和级别管辖的基础上，将有关的 11 类案件划分由互联网法院管辖。这显然不同于一般意义而言的专业化的案件类型，例如海事法院作为专门法院，其管辖范围的确立排除了一般的地域管辖和级别管辖。因此，互联网法院管辖范围的明确性不能当然推断出互联网法院管辖案件类型的专业化，在现有规范下，互联网法院的管辖范围是难以赋予互联网法院专门性的。

## 四、互联网法院管辖范围的现实适用

（一）规范适用之现状

1. 传统法院与互联网法院管辖规则的位阶问题

《民事诉讼法》、《最高人民法院关于适用〈中华人民共和国民事诉讼法〉的解释》（以下简称《民诉法解释》）等法律法规及司法解释的管辖规则是

---

〔1〕 参见占善刚、王译：《互联网法院在线审理机制之检讨》，载《江汉论坛》2019 年第 6 期。

针对传统法院，《规定》中的管辖规则则是针对互联网法院，然而传统法院的管辖规则亦有涉及互联网案件之规定，因此，实践中大量出现因传统管辖规则与互联网管辖规则的"重叠"而产生两个或两个以上人民法院都有管辖权的现象，由此产生的管辖异议也大量出现，其根本原因是传统管辖规则与互联网管辖规则位阶不明确。如在2019年爱奇艺公司与博望企业侵害作品信息网络传播权纠纷案中，爱奇艺公司称：根据《规定》，北京市辖区内所有侵害信息网络传播权的案件均应由北京互联网法院专属管辖，因此该案应由北京互联网法院管辖。博望企业答辩称：《规定》并不能限制《民事诉讼法》赋予博望企业选择管辖法院的权利。[1]尽管《民事诉讼法》第35条已有明确规定，但在实践中，对互联网法院管辖权的理解仍存在误区。人们倾向于认为，相较于传统法院，互联网法院对其管辖范围内的案件拥有优先管辖权，互联网法院的管辖规则之于传统管辖规则是特殊法之于一般法的关系。然而，从各法院的处理来看，互联网法院对案件的管辖仍需遵守《民事诉讼法》第35条的要旨，目前的司法实践不认为互联网法院具有优先管辖权，《规定》并不能限制《民事诉讼法》赋予当事人选择法院的权利。

2. 对互联网法院管辖案件类型的严格把握

互联网法院管辖的案件类型都是涉网络案件，传统管辖规则亦有针对涉网络案件管辖的规则（如《民诉法解释》第25条），实践中"涉网络"案件的管辖权异议往往因对"涉网络"的理解不同而产生。如对"信息网络侵权行为"的理解：在2019年王某诉蓝叠公司侵害网络域名案中，法院认为，信息网络侵权行为是指侵权人利用互联网发布直接侵害他人合法权益的信息的行为，被诉侵权行为的实施、损害结果的发生均在信息网络上，该案系因注册涉案域名而引发的侵害网络域名纠纷，被诉侵权行为，即注册涉案域名行为并非在信息网络上实施，因此，不属于信息网络侵权行为。[2]而在2019年字节跳动公司诉腾讯公司不正当竞争案中，腾讯公司称其对统一、标准化提示语的使用行为不应视为信息网络侵权行为，而法院认为根据字节跳动公司

---

〔1〕 参见北京爱奇艺科技有限公司、南京博望影视投资基金企业与北京爱奇艺科技有限公司、南京博望影视投资基金企业民事裁定书，江苏省高级人民法院（2019）苏民辖终347号。

〔2〕 参见王某与蓝叠系统公司等侵害网络域名纠纷民事裁定书，北京知识产权法院（2019）京73民辖终321号。

的主张，被诉侵权行为属于信息网络侵权行为的范畴。[1]因此，对"涉网络"案件管辖权的归属划分需要厘清传统管辖规则下的"涉网络"案件与互联网法院管辖的"涉网络"案件之间的区别。实践中，法院往往采用严格解释的方法解释互联网法院管辖案件的类型，一般认为互联网法院管辖的"涉网络"案件是指法律关系的产生、变更与消灭皆于互联网空间的案件，即如前文所述之"纯正的互联网案件"。当对互联网法院管辖案件类型采用严格解释的方法时，基于多个法院都有管辖权的管辖权异议就成为"想象竞合"，《民事诉讼法》第 35 条也就没有任何的适用空间。

（二）互联网法院管辖范围的救济途径

基于以上对规范适用之分析，对于互联网法院的案件管辖问题，笔者认为有以下救济途径。

（1）结合互联网法院的定位进行思考。如前文所述，现有针对互联网法院的管辖权异议的原因之一是未能厘清传统法院与互联网法院管辖规则的位阶关系，当事人以互联网法院是专属管辖为依据提起管辖权异议，其本质是对互联网法院的定位认识不足。综前文所述，在互联网法院现有的管辖理论框架之下，互联网法院尚不具有专门法院的性质，然而就目前已有的京杭广三家互联网法院而言，没有明确的目标定位。互联网法院的管辖规则需要结合互联网法院自身的定位来构建，管辖规则和目标定位存在当然的相关关系。如果互联网法院的定位为专门法院，互联网法院对案件的管辖则属于专属管辖，互联网法院的管辖规则优先适用于传统管辖规则，需要突破传统地域管辖的限制，实现"跨区域管辖"，而协议管辖则无可适用空间，因为《民事诉讼法》规定协议管辖不得违反专属管辖的规定。值得注意的一点是，对互联网法院作为专门法院的管辖范围仍有许多模式可供考量，是直接采取传统专门法院确定管辖规则的模式，即"一刀切"，管辖所有的涉网案件，还是沿用现有的模式，即只管辖特定类型的互联网案件，还是在现有基础上缩小范围，只管辖"纯正"的互联网案件？毋庸置疑的是，互联网法院向专门法院过渡必然要突破地域管辖和级别管辖的限制。

---

[1] 参见深圳市腾讯计算机系统有限公司等与北京字节跳动科技有限公司不正当竞争纠纷民事裁定书，北京知识产权法院（2019）京 73 民辖终 295 号。

目前互联网法院的定位与基层人民法院无异，而若互联网法院定位由基层人民法院向专门法院转型，则可以解决传统地域管辖与互联网法院管辖的位阶问题，互联网法院可优先于传统法院管辖案件，互联网对传统地域管辖规则适用性的削弱减小，传统的协议管辖因不得违反专属管辖的约定而减少了适用的难题。

（2）注重互联网与现实世界的牵连性。"互联网法院仍是主权国家下的司法机关，处理的是发生于网络空间但实质属于物理空间、现实世界的纠纷，并非网络空间中的人民法院。"[1] 网络空间的虚拟性和无边界性给传统的管辖规则带来巨大的挑战，重新定义了民事活动的发生场所，网络空间的独特性给予独立管辖理论生长的土壤，然而网络空间需以现实为范本运转。如网络合同纠纷的实体权利处理和交易模式与现实的合同纠纷相同，传统管辖规则对合同纠纷的管辖规定是，由被告住所地或者合同履行地人民法院管辖，传统管辖规则以合同履行地为特殊的管辖连接点，而合同履行地是基于缔约双方的合同法律关系而确定的。虽然网络合同纠纷发生在互联网空间，但是缔约双方的法律关系和现实的合同纠纷无异。因此，传统以合同履行地为确定管辖连接点的因素应当在网络合同纠纷的管辖权确认中有所体现。前文所述之独立管辖理论，注重网络空间的独立性而排除了传统管辖规则在网络空间适用的可能性，忽略了互联网与现实世界的牵连性，势必会导致新型管辖规则丧失现实基础。

（3）互联网法院在实行受理权和管辖权分离方面的优势。近年司法改革在全国范围内试点推行"跨域立案"，其实质是"管辖法院的管辖权由部分非管辖法院行使"。[2] 管辖权极其重要的功能是使案件的负担能够整体上均衡地分布到众多的不同法院。因此，可以说管辖权是确定案件审理权限的一个制度，管辖权并不等同于受理权，而在宏观层面，管辖权就是审判权。互联网法院采取全诉讼环节网络化的模式，受理案件的便捷性并不因当事人所处地域的不同而有区别，因此，互联网法院在受理案件时可省去对地域因素的考

---

〔1〕 肖建国、庄诗岳：《论互联网法院涉网案件地域管辖规则的构建》，载《法律适用》2018 年第 3 期。

〔2〕 许少波：《论民事案件受理权与管辖权的统一与分开》，载《法律科学（西北政法大学学报）》2019 年第 3 期。

量，在确定管辖法院时才纳入对地域因素的考量。通过受理权和管辖权的分离，可以很好地解决互联网法院的管辖问题：在互联网空间，传统管辖规则的适用难题是一般地域管辖的当事人所在地和特殊地域管辖的管辖连接点难以确认，以当事人所在地为划分管辖范围的标准更多的是基于方便当事人参与诉讼以及均衡案件压力的考量，倘若实现受理权和管辖权的分离，互联网法院跨行政区域受理案件可让当事人享受到随时随地起诉的便利，案件受理后再行确认管辖法院亦可实现案件均衡。在确定了统一的起诉条件后，以均衡案件为目的确定管辖法院，有效地避开了现实地域与互联网域无法对接的问题。但是，正如前文所言，不可忽略网络空间与物理空间的牵连性，过分注重网络空间的独立性，制定新型的管辖规则而忽视了传统规则的可适用空间，会使得新型的管辖理论丧失现实基础。纵然受理权和管辖权的分离还有许多难题需要解决，如在级别管辖的框架下，起诉条件能否统一、管辖权独立后的确定标准等，但不可否认的是，互联网法院的便捷性确实为实行受理权和管辖权分离提供了捷径，这也不失为解决互联网法院管辖问题的一个方向。

# 论"暂予监外执行制度"的完善路径：
## 基于司法大数据的分析 *

 **摘　要：** 暂予监外执行制度的设立虽然体现了我国对于保护人权、保障罪犯合法正当权益的立法目的，但司法实践的确引发了理论界与实务界的诸多争论。其中争议的焦点在于如何认定"保外就医"、"妇女恶意怀孕"以及如何加强暂予监外执行决定过程中的检察监督这三个方面。基于司法大数据中选取的案例样本分析发现，理论界与实务界、立法机关与司法机关在上述问题上存在不小的分歧。为此，我国立法和司法机关应当分析借鉴司法大数据中体现出的判决与理论成果，完善暂予监外执行制度，并在实践中进行检验。

 **关键词：** 监外执行；大数据司法；保外就医；检察监督

　　暂予监外执行作为我国一项重要的刑罚执行制度，对落实宽严相济刑事政策，尊重和保障人权，激励罪犯改过自新具有重大意义，但是也要客观看待这一制度执行中存在的一些问题和弊端。最近几年，在大力排查 1990 年以来办理的 1524 万件关于减刑、假释、暂予监外执行案件过程中，详查其中 160 余万件重点减刑案件，最终共查获问题案件 8.7 万件。从检查结果看，其中 1.5 万件案件分别是在监狱（公安）提起、检察监督和法院审判过程中发现问题，有的甚至出现"纸面服刑"的现象。[1]

　　良好的立法初衷未必能在司法实践中得以实现。暂予监外执行制度创设之后，各种司法实践中的案例清楚显示出，立法在具体的司法适用中出现了

---

　　* 作者简介：黄敏，广州大学法学院硕士研究生。
　　〔1〕《66.4 万件顽瘴痼疾问题，政法队伍整改情况如何？》，载 http://www.chinacourt.org/article/detail/2021/08/id/6235983.shtml，最后访问日期：2022 年 9 月 20 日。

问题。法学界多数倾向从理论上对本罪立法、司法适用进行探讨，缺少对具体的司法实践研究。笔者恰恰认为进行具体的实证研究能更好地解决现存法律问题，完善暂予监外执行制度。因此，本文主要基于司法大数据选取案例加之运用实证研究方法对案例进行整理分析，探索出有利于本制度在立法和司法上适用的共性标准。

## 一、暂予监外执行制度的理论阐述

暂予监外执行制度开启于 1954 年通过的《劳动改造条例》中，其首次明确暂予监外执行适用条件，接着监外执行制度内容逐步增加完善，至 2018 年修正的《刑事诉讼法》可申请暂予监外执行制度的情形已经增加至三种。暂予监外执行制度创设以来，便成为了刑法学界研究的热点，研究成果也越发丰富。笔者以 "中国知网" 作为搜索司法大数据库，通过精确度逐渐减少的方式，再依次以 "暂予监外执行司法适用" "暂予监外执行适用" "暂予监外执行" 为关键词进行检索，在排除重复数据的基础上，分别获得 3 个、147个、954 个检索结果。[1]从数据结果来看，以下三个主题是该制度的研究热点。

一是审核是否符合保外就医条件主体的确定。对于是否符合保外就医条件的审核程序以及主体的确定，学界对此观点不一。有学者认为，应当统一由省级人民政府指定的医院进行鉴定，明确保外就医鉴定医生的鉴定人身份，为保外就医相关医疗证明文书的司法鉴定结论属性提供有效保障。[2]还有一种观点认为，可以直接将法医鉴定作为保外就医制度的程序之一，不再需要医院的证明文件，法医具有专业的法律知识和医学知识，能更好地做出最终判断。[3]

二是对妇女恶意怀孕适用暂予监外执行制度的认识。对于妇女恶意怀孕如何界定，在这种情形下如何适用暂予监外执行，学界对此观点不一。《刑事诉讼法》第 265 条中规定的 "怀孕的妇女" 是指刑事判决、裁定生效时或交

---

〔1〕 选取抽样数据的标准是 CSSCI 来源期刊、刑法学界较为知名的学者、引用次数较高的文章以及个人判断。

〔2〕 参见李雪松：《完善保外就医制度的思考》，载《司法警官职业教育研究》2021 年第 4 期。

〔3〕 参见陈文峰：《保外就医制度完善研究》，载《犯罪与改造研究》2017 年第 8 期。

付执行后正处在妊娠期的女犯。在怀孕的妇女可能随时生产的前提下，执行机关的医疗条件并不适合，在监狱外生产是必须的。对于恶意怀孕，从众多理论成果的论述来看，学者们对上述情形主要有两种倾向的处理意见，一种处理意见认为恶意怀孕应排除暂予监外执行的适用，因为对法律的恶意规避法律排除了对法律的遵守和执行，是一种破坏和背叛法律的行为，"法律永远不会对恶意规避法律的行为提供保障，该行为永远无效。"[1]另一种处理意见认为应建立刑罚暂缓执行制度。对于故意怀孕的女犯，仍可适用监外执行，但监外执行期间，不计入刑期内。

三是加强"检察监督"暂予监外执行全过程。暂予监外执行制度在刑罚执行中的重要性不言而喻，其公正性与否更是容易引起社会公众存疑，明确加强对该制度执行全过程的监督是合理的制度安排。宪法中明确规定检察院作为法律监督机关，享有监督权。检察机关应积极督促司法机关能够在法律规定的范围内开展工作，行使权力，暂予监外执行制度自然也不出例外，应严格积极落实法律监督。但人民检察院的监督问题在于目前监督范围主要集中在事后监督，司法实践中事前、事中监督力较弱且辐射范围相对窄。从当前的研究成果来看，学者们对加强检察监督的建议主要包括两种：（1）完善提请暂予监外执行阶段检察监督的提前介入，健全事中监督机制。[2]（2）现有监督手段单一，应探索实行听证程序，检察机关应当在审批阶段参与听证程序。[3]

## 二、暂予监外执行制度的司法检视

笔者以发布在"北大法宝"上的案件文书作为司法大数据检索数据库，设置"监外执行"不含"收监""决定书"作为关键词进行检索，再将裁判年份限制在"2022 年"，共检索出 242 件相关案例。再将检索结果中的 2 件速裁案件和 1 件再审案件排除后，确保提高准确性，减少误差，最终得到 239

---

〔1〕 参见江学、龚卫清：《孕妇、哺乳期妇女的刑事法保护》，载《上海政法学院学报》2014 年第 2 期。

〔2〕 参见杨洪梅，陈治军：《"三类罪犯"减刑、假释、暂予监外执行实证研究》，载《人民检察》2015 年第 8 期。

〔3〕 参见张金科：《暂予监外执行制度的时代困境及其行动路向》，载《湖南农业大学学报（社会科学版）》2019 年第 6 期。

件来自 20 个不同省、自治区、直辖市的有效案件。辽宁省、江苏省、河南省、湖南省以及山东省的案件数量相对较多，均不少于 20 件。而其中湖南省与河南省暂予监外执行的案例更是明显多于其他省份，分别为 37 件和 33 件，占案例样本总数的 29%；而辽宁省（27 件）、江苏省（30 件）作为东部省份其案件数量约占其总数的 46%，数量明显偏高。本次实证研究选取的司法大数据案例样本数量虽有所不足，但也足以客观表现目前暂予监外执行制度在司法实践中的适用情况。总之，本文试图从理论研究和司法适用的三个重点——"保外就医审核程序标准"、"恶意怀孕刑期计算方式"以及"人民检察院监督机制"出发，通过对选取的 239 件案例样本进行实证分析，以期能更加完善目前的司法认定标准，从而在具体的司法实践中得以应用。

（一）保外就医的司法认定

根据《最高人民法院关于罪犯交付执行前暂予监外执行组织诊断工作有关问题的通知》（以下简称《工作通知》），在罪犯交付执行前，组织诊断工作由中级人民法院司法技术部门展开，以便直观展示在具体司法实践过程中交付执行前罪犯的组织诊断工作如何展开，笔者将基于司法大数据选取的案例划为东部、中部、西部地区，对各地方法院审理以保外就医申请暂予监外执行案件中实际委托中级人民法院组织对诊断工作的情况进行对比分析（见表 1）。

表 1　东部、中部、西部地方法院委托中级人民法院组织诊断工作案件情况对比

|  | 东部地区案例 | | 中部地区案例 | | 西部地区案例 | |
|---|---|---|---|---|---|---|
|  | 典型案例 | 申请事由 | 典型案例 | 申请事由 | 典型案例 | 申请事由 |
| 本院组织 | 刘某诈骗罪刑罚与执行变更审查刑事决定书 | 罪犯刘某于 2021 年 11 月 25 日以身患严重疾病为由向本院申请暂予监外执行 | 陈某危险驾驶罪刑罚与执行变更审查刑事决定书 | 罪犯陈某以其患有高血压、糖尿病为由向本院申请暂予监外执行 | 杨某某盗窃罪刑罚与执行变更审查刑事决定书 | 判决生效后，执行机关将杨某某送交羁押执行刑罚，因该犯身患严重疾病，监所未予收押 |

| | 东部地区案例 | | 中部地区案例 | | 西部地区案例 | |
|---|---|---|---|---|---|---|
| | 典型案例 | 申请事由 | 典型案例 | 申请事由 | 典型案例 | 申请事由 |
| 委托中级人民法院组织 | 刘某某刑罚与执行变更审查刑事决定书 | 罪犯刘某某以患有"××"为由,向本院提出暂予监外执行申请 | 张某盗窃罪刑罚与执行变更审查刑事决定书 | 罪犯张某以患有精神疾病在看守所不予收押为由提出监外执行申请 | 奚某掩饰、隐瞒犯罪所得等刑罚与执行变更审查刑事决定书 | 罪犯以身患严重疾病向本院申请暂予监外执行 |

分析结果显示,对于申请保外就医、由本院自己组织诊断工作或委托中级人民法院组织诊断工作,在司法实践中均有较多的司法大数据案例作为支撑。在一定程度上,法院可能出于提高司法效率的目的考虑由本院直接组织诊断工作,但基层法院对暂予监外执行申请程序不一的做法极易导致民众对最终结果存疑并丧失可信度。

而接下来的具体诊断工作在司法具体实践中也做法不一,根据《工作通知》规定,罪犯交付执行前组织诊断工作由法医人员负责,或由相关专业的临床医学人员和法医人员共同进行,根据刑事诉讼法相关规定应当由省级人民政府指定的医院进行诊断并开具证明文件。笔者从中选取湖南省法院系统审理的以保外就医为理由申请暂予监外执行的 21 个司法大数据案例,以是否仅经过指定医院审查、未经过法院司法技术审查或其他法院委托专业机关审查、审查结果最终与申请结果符合情况(符合且通过、不符合不通过、不符合通过、符合不通过)两个维度对这些案件进行再分类(见表2):

表 2  保外就医审查情况

| 事项 | 符合且通过 | 不符合不通过 | 符合不通过 | 不符合通过 | 合计 |
|---|---|---|---|---|---|
| 经过指定医院审查 | 2 | 6 | 2 | 0 | 10(47.6%) |
| 经过指定医院审查和专业司法技术或其他法院委托专业机关审查 | 0 | 9 | 0 | 0 | 9(42.9%) |

续表

| 事项 | 符合且通过 | 不符合不通过 | 符合不通过 | 不符合通过 | 合计 |
|---|---|---|---|---|---|
| 未写明 | 1 | 1 | 0 | 0 | 2 (9.5%) |

结果显示，经过指定医院审查的案件占样本总数的 47.6%，经过指定医院审查和专业司法技术或法院委托其他专业机关审查有 9 例，占样本总数的 42.9%。经过这些选取的司法大数据案例对比研究案件审理情况发现，湖南省人民法院对罪犯是否符合保外就医条件的诊断，并未严格地遵循，仅经过指定医院审查或专业司法技术共同审查的单一审查路径。虽然经过指定医院审查符合病情诊断，但未通过申请暂予监外执行案例中有社区矫正机构意见、检察院意见的影响，还是反映出实践中经过专业法医技术人员审查和指定医院共同审查意见是法院最终决定的重要参考。

根据最高人民法院 2014 年下发的专项工作通知，罪犯交付执行前组织诊断工作交由中级人民法院司法技术部门进行负责，具体由法院的司法技术部门的法医进行，或由法医组织相关专业的临床医生和法医一同进行，由此可见，人民法院负责组织暂予监外执行工作符合相关规定，同时在职责分工上，临床医学专家重心在于医学诊断，法医重点审查罪犯是否符合暂予监外执行医学条件，检察机关监督医学诊断的全过程。[1] 经由指定医院和司法技术部门的专业法医共同审查程序设计的目的，在于充分发挥双方各自优势，二者结合达到严格适用暂予监外执行条件的目的。指定医院拥有先进设施，临床医生经验丰富，法医相对拥有较多关于医学上的法律知识，熟悉《保外就医严重疾病范围》（以下简称《范围》）的标准和相关规定，对一些模糊且涉及医疗的法律术语能作出更好的判断，减少对诊断结果的存疑。

（二）"妇女怀孕哺乳"的司法认定

《刑事诉讼法》第 265 条规定，符合一定刑期条件又系怀孕或者处于哺乳期的妇女，可以适用暂予监外执行。笔者进一步通过"北大法宝"司法文书大数据库检索得出 2015 年至 2019 年符合上述条件适用暂予监外执行案件数

---

〔1〕 参见王少南：《全面推进人民法院暂予监外执行组织诊断工作　切实保障刑罚有效实施》，载《人民法院报》2016 年 9 月 27 日，第 3 版。

量达到 1027 件，[1]趋势呈逐年递增状态。根据我国刑事诉讼法对暂予监外执行的规定，仅对罪犯患有严重疾病需要保外就医、生活不能自理两种法定情形作出了禁止性规定，但对怀孕或者正在哺乳自己婴儿的女性罪犯的禁止性规定处于立法空白，只要该类型女性罪犯被判处除死刑以外刑罚，便可以适用暂予监外执行制度。即使法律明文表明是"可以"而不是"应当"适用，但在实践中不予适用的情况相对鲜见，也直接刺激了一些女犯想要通过恶意怀孕的方式适用暂予监外执行的想法。对怀孕女犯是否恶意怀孕应审慎判断，应结合其怀孕次数[2]，并结合其首次怀孕时间[3]进行综合考量。从前述理论研究的成果来看，较多学者主张对于抓获[4]后怀孕或者通过多次怀孕规避刑罚执行的孕妇应当排除暂予监外执行的适用。那么，司法实践中是否认同该标准呢？笔者选择并比较了 3 件典型案例（见表 3）。

表 3　不同地区法官对暂予监外执行申请中"恶意怀孕"的处理结果

| 地　点 | 案　例 | 首次怀孕时间 | 怀孕次数 | 量刑情况 | 处理结果 |
|---|---|---|---|---|---|
| 江西 A 法院 | 周某偷越国（边）境案 | 抓获前 | 1 | 有期徒刑 7 个月 | 暂予监外执行 |
| 浙江 B 法院 | 巫某诈骗案 | 取保候审期间 | 1 | 有期徒刑 3 年 | 暂予监外执行 |
| 湖南 C 法院 | 彭某云犯组织卖淫案 | 抓获前 | 2 | 有期徒刑 1 年 6 个月 | 暂予监外执行 |
| 北京 D 法院 | 安某诈骗案 | 不清楚 | 4 | 有期徒刑 10 年 6 个月 | 暂予监外执行 |

---

〔1〕 参见李华章：《女犯利用怀孕逃避监内服刑问题研究》，载《犯罪与改造研究》2021 年第 9 期。

〔2〕 怀孕次数的认定：根据"暂予监外执行决定书"以及对应的"刑事判决书（裁定书）"中提到的怀孕、分娩相关信息进行综合判断。

〔3〕 首次怀孕时间的认定：根据"暂予监外执行决定书"以及其对应的"刑事判决书（裁定书）"中提到的怀孕时点、分娩时点、刑事诉讼流程各阶段时点进行综合判断。

〔4〕 此处的"抓获"不仅包含通常意义上的抓获归案，还包括首次取保候审和拘留。换言之，只要犯罪嫌疑人被司法机关发现、讯问并置于一定的掌控之中，便属于抓获。

　　表3基于司法大数据选取的案例直观地反映了不同地区法院在对以怀孕为理由申请监外执行上的基本观点，即A、B、C、D四个法院均同意怀孕妇女的暂予监外执行申请，但值得注意的是，无论怀孕妇女首次怀孕时间是在诉讼流程的哪个阶段或是怀孕次数的多少，各个法院都作出了一致的处理决定。如果处理结果的标准统一化令人无法接受的话，那么，有必要对其中上述四案例中的变量因素进行细致探讨。

　　其一，在选取的司法大数据案例关于首次怀孕时间的认定上，如果抓获（投案）后怀孕的女性罪犯的怀孕时间在抓获（投案）前，这种情况下除自己主动投案外，根本无法获知自己何时会被抓获，毋论提前让自己怀孕以逃避监内服刑，同时走完从抓获到宣判的诉讼流程基本也超过6个月，此时能申请到的监外执行时间也所剩无几，此种情形不应属于恶意怀孕。反之怀孕时间在抓获（投案）后，在明确知晓自己可能犯罪需要服刑且已处于司法机关掌控的情形下，应认为其带有通过怀孕逃避监内服刑的目的。江西A法院对抓获前怀孕妇女同意暂予监外执行是合乎法理和情理，贯彻了暂予监外执行制度的立法目的，浙江B法院对在抓获后取保候审期间怀孕妇女作出同样处理虽有法可依，但此种带有恶意规避监内服刑目的的女犯如若在监外执行期间再次犯罪，对其进行纠正花费的时间和难度都会加大。[1]

　　其二，在选取的司法大数据案例关于怀孕次数的认定上，湖南C法院和北京D法院处理的两个申请暂予监外执行的案例怀孕次数分别为2次和4次，根据"暂予监外执行决定书"及其对应的"刑事判决书（裁定书）"中提到的相关信息我们可知，两位怀孕妇女的后续第二次、第三次乃至第四次怀孕的时间均是在暂予监外执行期间，监外执行的便利条件无疑有助于女犯不断怀孕、哺乳婴儿，甚至无缝衔接监外执行期限，实现其"纸面服刑"的目的。在这种情形下，无论其刑期有多长，都可以通过这样的方式规避应承担的刑罚。例如，被判处有期徒刑10年6个月的安某诈骗案，至今未进入监内服刑。相较于抓获（投案）后怀孕2次及以上的罪犯，由于其存在多次怀孕的情形，此时无须再看首次怀孕时间，一律都应认为具有逃避监内服刑的目的。刑事诉讼法中虽然规定怀孕或者正在哺乳自己婴儿的妇女可以暂予监外执行，

---

〔1〕　参见林睦翔：《论暂予监外执行的检察监督》，载《甘肃社会科学》2006年第1期。

而从表 3 选取的司法大数据案例中我们可知，C、D 法院和 A、B 法院对案例中怀孕一次的妇女作出一致的同意暂予监外执行的决定。由此可见，怀孕次数的多少并不会成为实践中影响法院作出暂予监外执行决定的因素。

一致拒绝认定妇女恶意怀孕的司法大数据案例展现了我国司法机关在此类暂予监外执行申请决定上的统一性，对于此种司法裁量弊病，与其从司法实践中推敲具体适用的现实情况，毋宁在立法上不断给予制定完善，并借助案例样本探讨隐藏的深层逻辑。从目前我国现行法律文本来看，已经难以调和保障人道主义和妇女利用怀孕逃避刑罚之间的矛盾，要寻求改变，必须立足于制度改革。法经济学表明，制定法律应当激励人们发现守法获益，违法有损。判决同样是在传达一种鼓励信号，只不过它强调的是社会效果。[1]

吊诡之处在于，通过"怀孕"的方式来钻法律的漏洞，把法律保护孕妇的人性化关怀条款，异化成了逃避惩处的"挡箭牌"，从这类特殊罪犯再次怀孕的目的来看，她们在主观上是故意的，如果将该种非法情况下怀孕妇女与合情合法情况下怀孕妇女平等对待，只会鼓励更多的人逃避本应承担的监内服刑，使刑罚的目的无法实现。[2]

### （三）"检察监督"的司法认定

从选取的司法大数据案例样本体现的实践情况来看，检察机关对暂予监外执行的监督方式主要有以下三种。（1）医院诊断过程的检察监督。此种情况在司法案例中较为少见，对在监狱、看守所服刑的罪犯需要暂予监外执行组织诊断、检查和鉴别活动的，人民检察院可以派员监督有关诊断、检查和鉴别活动，例如检索案例中的黄某不予暂予监外执行案。（2）初审监督。法院在作出是否同意暂予监外执行决定前，应当征求检察院意见。（3）审批监督。暂予监外执行决定作出后，相关决定机关或者批准机关需将暂予监外执行决定向检察院抄送，相关机关应重新核查检察院认为不当的决定，实际在选取司法大数据案例实践中并未有体现。

关于"检察监督"理论的论争一直在继续，本文也有必要对其进行深入

---

〔1〕 桑本谦：《"法律人思维"是怎样形成的：一个生态竞争的视角》，载苏力主编：《法律和社会科学》（第 13 卷），法律出版社 2014 年版，第 1-26 页。

〔2〕 参见李跃利、李彦彬：《论暂予监外执行的漏洞及其补救——以怀孕和哺乳期妇女为视角》，载《河北工业大学学报（社会科学版）》2016 年第 3 期。

探究。仅限在病情诊断、妊娠检查和生活不能自理时的鉴定过程上检察院可以进行事中监督，且法律规定是"可以"，即表明检察院在是否派人进行现场监督以及书面意见的提出上不是必需程序，在大量的案件实例中都证明了上述观点。例如，在陈某非法吸收公众存款案和董某走私、贩卖毒品申请暂予监外执行案中，医学诊断都未有检察机关的参与监督。依照现行法的规定，该行为也并不违反法律，实际上检察机关在实践中只是进行形式审查，例如文书的审查，未参与鉴定过程，这也导致对医学鉴定中关键的技术监督的缺失。

此外，初审监督和审批监督被认为是本制度最主要的监督方式，但是令人疑惑的是，其本身法律效力却缺乏刚性。即使法律明文规定征得人民检察院的意见是作出暂予监外执行决定的必经程序，但实践中却并未如此，如选取的司法大数据案例样本中的颜某危险驾驶暂予监外执行案、刘某合同诈骗罪暂予监外执行案，问题的关键在于并未明确人民检察院的意见是否在作出决定过程中必须考量的因素，又由于决定程序仅在决定机关内部或上下级之间运转，导致削弱法律监督的效力。新《刑事诉讼法》规定，对于人民检察院提出的书面意见决定或批准机关应立即重新核实和审查，但在决定或批准机关不作为时对检察机关的追究问责制度却并未明晰。人民检察院对于那些违背规章制度的执法人员唯有不断地给予纠正意见抑或检察建议，而缺乏相应的强制性地约束惩罚措施，那么像这样严重缺乏刚性的监督模式，其成效不容乐观也就不难想象了。

### 三、暂予监外执行制度的规制完善

对基于司法大数据选取的 239 件案例样本整理分析后可知，司法机关在对暂予监外执行制度的适用上拥有不同的程序和标准，鉴于此，我国有必要从上述案件司法实践与法教义学观察出发，对暂予监外执行制度进行修正，以改进我国暂予监外执行制度。因此，笔者将从"统一保外就医审核标准程序""变革暂予监外执行刑期计算方式""人民检察院同步监督机制的完善"三方面分别予以详述。

（一）统一保外就医审核标准程序

从表 1 数据看，基层人民法院委托中级人民法院组织诊断工作在司法实践中的落实情况并不理想，在实际操作中，受理保外就医暂予监外执行案件的基层法院需将罪犯相关材料寄至中级人民法院，而最终受理结果决定仍由本法院作出，无疑这样的流程有碍司法效率，浪费司法资源。这样的处理流程本意是为了从严监管保外就医诊断工作，但不利于法院实际操作。因此可以直接由受理保外就医暂予监外执行申请案件的基层法院组织诊断工作，由检察院同步负责落实监督管理工作。

《暂予监外执行规定》规定了两名具有副高以上专业技术职称的医师共同才能出具病情诊断证明文件，但由于不同医院、不同医师间难免存在一些客观上差异，最终可能导致医务人员对《范围》标准的理解和适用上的偏差也难以避免。最后，由于临床医师法律意识的相对缺乏，容易只关注患者的身体情况和治疗状况，[1] 而忽略了罪犯可能通过伪装病情，导致医学诊断意见的准确性难以保障。法医审查在其中变成了不可缺少的环节。法医兼具司法人员和医务人员双重身份，医院诊断侧重于诊断、治疗，而法医侧重于诊断的真实、准确，强调对法律负责。法院将法医鉴定和指定医院诊断二者结合起来，在实践中应落实。即对于交付执行前患有严重疾病的罪犯，先由省级政府指定医院进行医学上的诊断，再由法院司法技术部门的法医对罪犯所患疾病是否符合保外就医的法律条件进行审查并出具审查意见书，二者相结合从严把握保外就医诊断工作。

（二）变革暂予监外执行刑期计算方式

妇女怀孕是暂予监外执行的重要申请要件之一，而"恶意怀孕"认定标准的确定在法学理论和实务上长期以来都是一个热点问题。但是，对于怀孕和哺乳期妇女一律适用暂予监外执行制度的立法目的，学界的观点基本分为三种：一是体现人道主义，某种意义上讲是将怀孕犯罪妇女的社会危险性让位于人道主义；二是符合主流趋势，积极回应目前世界各国及地区的通行做法；三是对孕妇和胎儿的保护，体现了一种对特殊人群的特别保护。从目前的司法实践来看，单一标准认定模式成为主要方式，即只要是怀孕的妇女，司法机关即同意暂予监外执行。但是，该认定模式在妇女明显借怀孕逃避监

---

[1] 参见樊秋霞：《保外就医制度的考查与完善——以法院暂予监外执行组织诊断为视角》，载《医学与法学》2021 年第 3 期。

内服刑甚至借助连续多次怀孕使刑罚成为一纸空文的情形下，却缺乏足够的说服力。从选取的司法大数据案例来看，该类特殊罪犯由于未受到实质性的刑罚，在暂予监外执行期间，她们再次实施违法犯罪行为的可能性相比其他罪犯将大大提高，相应的社会危险性也随之提高，不利于刑罚犯罪预防目的的实现。因此，申请暂予监外执行制度中关于妇女"恶意怀孕"的认定及处理问题上，笔者主张从妇女怀孕时间以及变革监外执行刑期计算方式两个方面来确立妇女怀孕的司法认定标准。

第一，怀孕时间。一般说来，妇女怀孕时间成为判断妇女主观是否存在恶意规避监内的衡量因素。毋庸置疑，妇女借助怀孕规避刑罚损害了司法的权威和公信力，使法律执行的严肃性受到质疑。因此，对于以下情形，司法机关便可以认为其主观上存在恶意。（1）妇女抓获（投案）后或取保候审、监视居住期间怀孕；（2）妇女在刑罚执行期间怀孕，包括暂予监外执行期间、监内服刑期间。

第二，变革刑期计算方式。从选取的司法大数据案例样本表现出的实际情况来看，我国司法机关并未将恶意怀孕视为独立的不予适用监外执行的条件之一。《刑事诉讼法》第 268 条第 3 款具体规定了两种不计入执行刑期的情形，一种情形是采取贿赂等非法手段从而适用暂予监外执行，另一种情形是在适用暂予监外执行期间脱逃。全国人大刑事诉讼法释义中对"非法手段"的解释不限于贿赂、隐瞒、欺骗等手段。[1]笔者认为故意怀孕逃避收监执行应认定为不计入执行刑期。目前许多国家像德国、日本都采取了刑罚暂时中止制度，这些制度的适用条件略有不同，但核心思想内容却是一致的。这些制度一方面避免一些目前不适宜监内服刑的罪犯被收监执行，体现其人道主义精神，另一方面又能实现刑罚的目的，仅停止刑期的计算，保持后续刑罚执行的可能性。因此，笔者提出两点建议：一是在现行《刑事诉讼法》第268 条第 3 款"……脱逃的期间不计入执行刑期"后增加"罪犯恶意怀孕适用暂予监外执行期间不计入执行刑期"。二是恶意怀孕的成立条件应满足如上所述的妇女怀孕时间。

---

[1] 《全国人大法律释义与问答》，载 http://www.npc.gov.cn/npc/flsyywd/xingfa/2014-02/10/content_ 1825876. htm，最后访问日期：2023 年 5 月 27 日。

（三）人民检察院监督机制的完善

毋庸置疑，人民检察院监督机制的完善对于暂予监外执行制度实施的公正性具有极其重要的作用，加强检察院监督对提高司法公信力，避免司法权力滥用有重大意义。与此同时，现实问题随之而来：检察机关的监督应该从何处入手？如何加强实践中检察监督的效力？这些问题都有待我们重新审查现存检察监督机制，找到解决问题的有效途径。

《刑事诉讼法》等法律法规为全程性检察监督提供了法律正当性基础，《刑事诉讼法》第8条、第276条都明确赋予检察机关监督权，其监督权力来源的合法性不容置疑。完整意义上的刑事诉讼监督，不仅包括刑事立案监督、侦查活动监督、刑事审判监督和刑事执行监督，还应包括审查逮捕监督和审查起诉监督。[1]

从我国现行刑事法律体系来看，检察机关实行监督的主要途径主要有以下三种：（1）事中参与调查监督。如公安机关要求逮捕犯罪嫌疑人的时候，必要时人民检察院可以派人参与讨论重大案件；在现有证据是来自合法收集的事项无法证明的前提下，人民检察院有权提请人民法院通知相关人员出庭并说明具体的证据收集情况。（2）审批监督。在人民检察院拒绝逮捕批准的前提下，公安机关应在接到通知后立即进行释放，并通知人民检察院，与此同时赋予公安机关通过复议复核对人民检察院的决定提出质疑的权力。（3）抗诉监督。地方各级人民检察院认为本级人民法院第一审的判决、裁定确有错误的，应当向上一级人民法院提出抗诉。

据上述在刑事诉讼中实行检察监督的途径以及司法大数据案例样本所显示的监督样态，笔者认为，人民检察院监督机制的完善包括以下三个方面。（1）加强对医院诊断过程的检察监督。明确检察机关有权全程同步监督从医疗机构的选择到诊断过程及内容，最后到出具诊断文件。（2）启动听证程序。执行机关提请征求检察机关意见，当双方意见不一致时，法院可以启动听证程序，由双方加上专业人士以及有关当事者共同参与，各方针对自身的观点积极举证，法院应在对相关证据展开分析和调查清楚案情的前提下，最后决定是否作出监外执行的裁决书。（3）强化检察监督效力。从前文基于司法大

---

〔1〕 参见郭石宝：《推进刑事诉讼监督体系的完善》，载《人民检察》2016年第23期。

数据的分析讨论看，法律监督无法有效发挥作用的原因在于检察机关纠正意见的形同虚设，检察机关在收到征求暂予监外执行决定的书面通知后，对批准和决定机关作出的暂予监外执行决定存有异议的情形下，可参照适用人民检察院拒绝批准逮捕的情形，其应当重新进行审核，通知检察机关审核结果，人民法院核查后如若维持原决定，应说明理由；检察机关在不认可维持理由的前提下有权向上一级人民法院提出书面意见，同时可建立相应的渎职犯罪立案查处机制。针对严重违反法律规定所作出的暂予监外执行决定，还可由上级检察机关对严重渎职案件进行调查。

基于司法大数据对 239 件案例样本的实证分析，可知对同类案件具体司法适用上已经形成一定的裁判默契和标准，但是该制度的适用过程和最终结果表明我国暂予监外执行制度仍有待完善，倘若能在立法上和司法上明确本制度的适用程序和适用标准，显然有助于进一步提升我国司法公信力，促进司法公平公正。最后，基于司法大数据选取的 239 件案例样本所归纳出的制度完善建议仍需通过司法实践检验，从而不断进行完善，使之细化后更加系统化、人性化，让暂予监外执行制度重新回归其立法初衷，实现其立法价值。

# 迈向"行为规制模式"的公共数据流通规则的完善研究 *

**摘　要**：公共数据流通规则的构建应形成兼具保护与利用双重功能的机制。就保护层面而言，公共数据包含的个人信息会进入公共领域，有必要对法定公开的个人信息、隐私和数据进行分别保护，即通过对法律体系化的整合和协调，初步形成三元分治的法律体系。就利用层面而言，数据价值的发挥基于大规模的基础之上，其非排他性的特点会造成多种利益呈现交织形态。基于此，应当从"权利模式"转变为"行为规制模式"，形成禁止性的强制保护框架和动态化的自由利用空间，搁置权利归属和界限不清的问题，从控制可视化的行为入手，确立清晰的处理秩序。其中，由于公共数据流通处理活动较多，行为规制模式应当聚焦行为动向、目的和结果等因素，以裁判文书再利用的场景为例，涉及从初始公开到获取转载再到后续二次公开的行为路径，有必要具体根据每一阶段，有针对性地提出行为规制的方案，平衡好个人与社会的利益。

**关键词**：公共数据；流通规则；个人信息；行为规制；分类分级

随着数字政府、数字化司法的深入推进，公共数据的流通共享与隐私权保护、个人信息保护以及数据安全之间如何平衡已经成为一个重大却又难以有效解决的问题。基于类型化视角来看，公共数据应依据是否具有可识别性

---

＊ 作者简介：陈欣蕾，广州大学公法研究中心研究助理，研究方向为数据法。

基金项目：本文系广州市社科规划一般项目"广州深化司法体制综合配套改革、提升城市制度稳定预期的路径对策研究：以数字科技赋能为视角"（2023GZYB71）、广东省大学生创新创业项目"'微法益'——微信公众平台合法审查与法律咨询定制服务引领者"（项目号：S202211078002X）、广东省社科规划青年项目"行为许可模式下数据交易规则体系建构研究"（项目号：GD24YFX04）的阶段性成果。

进行划分。其中，可识别性是公民个人信息的核心。换言之，具有可识别性的数据显然应当得到保护，而去识别化的数据所具有的财产属性与公共利益密切相关，同样应当获得保护。在公共数据流通领域，去标识化公共数据的流通仅涉及数据安全、国家安全利用层面的问题，但可识别性公共数据的流通则兼具隐私与个人信息保护和数据安全利用双重难题。因此，有必要对后者进行深入研究，厘清隐私、个人信息和数据三元分治的保护路径。

国务院颁布的《要素市场化配置综合改革试点总体方案》主要聚焦于数据要素流通规则的构建，提倡数据规范化利用和数据安全保护双向并举；"两会"也提出要平衡好数据安全与流通关系，在顶层设计上要利用隐私计算等技术助推数据流通；国家《"十四五"数字经济发展规划》将数字经济发展作为重要部署要点，提出要深化政务数据共享，强化数据分类分级保护。鉴于此，各地均对数据流通与保护进行了多次探索，但也因为数据具有"非排他性"的特点，基于传统财产观念的现有立法体系和管理制度，依旧无法有效地解决数据的流通和利用面临的问题，一定程度上产生了社会矛盾。

倘若一直以"权利归属"的静态思维模式思考，则会面临众多界权难题。个人信息是权益还是权利？个人信息是人格权还是财产权？数据权归属国家、个人、平台还是平台和个人共有？等等。具体到公共数据流通领域，以裁判文书类数据为例，对于中国裁判文书网已公开的裁判文书，个人、企业等是否可以转载？是否可以收集裁判文书并重新建立数据库？是否可以利用裁判文书进行大数据挖掘？是否可以以盈利为目的利用裁判文书类数据开发相关类案检索、智能裁判预测等产品？这些做法会不会侵犯公民的隐私权、个人信息权益？是否会存在数据安全问题？等等。在我国所秉持的传统法律治理体系下，上述问题仍不能得到清晰明确的答案，再加上国家层面提出助推公共数据有序流通和共享公开的背景下，这些问题显然更值得思考。

因此，本文以裁判文书类数据社会化再利用的争议为切入点，对隐私、个人信息和数据三者权益重合部分进行多层次、多维度的划分，构建"行为规制"模式下的三元分治体系，为数据流通规则的完善提供一条新思路。同时，本文通过深入分析《个人信息保护法》和《数据安全法》等法律法规，重点讨论公共数据再利用涉及的信息安全与保护难题，从而更好地推进数据流动的内部协调和外部衔接一体化，形成良性的公共数据流动和利用格局，实现以"增量"撬动"存量",用"增量"推动"流量",做到利用与保护并驾齐驱。

## 一、权利模式下公共数据流通存在的问题

### (一)传统赋权模式的理论困境

随着大数据的发展,科技的进步,个人信息更迅速地被暴露在大众视野之下,从而引发了个人信息保护与数据安全流通双向需求的横向博弈。众多学者企图以"权利归属范式"来为数据主体和数据控制者赋予不同的权利,例如个人信息自决权和数据财产权,以保证个人能通过行权的方式实现个人信息不受他人侵害,保障数据资源的生产、交易和流通。

"数据权利进行标准化的难度比有形财产更高,因为数据的来源、规模、信息内容等决定其可能利用方式和后果的诸多关键维度都非肉眼可见,这意味着法律需要对数据进行标准化界权的维度可能太多。"[1]申言之,虽然赋权模式能更全面地保护个人信息,实现数据主体与数据控制者之间对数据的控制和利益分配,但简单赋权模式并不能克服其本身具有的结构性不平等导致权属不清的缺陷,也无法适应当今权利主体多元化、公共利益和个人利益动态交错的现实情况,即无法回答基于财产权基础的赋权模式下如何解决有关绝对权的弊端,或会在未有定局的大数据时代下加剧结构性不平等。

1. 数据层面"赋权"障碍

其一,数据具有非对立性和聚合性。人们常用财产所有权的"权利归属模式"来理解数据的价值以及给数据财产设置相应具有排他性的权利。但随着科技的发展,更多的数据可以被保存下来,小数据逐步发展为大数据。此时,数据的价值也并不再拘泥于某一项具体的数据,而是以其大规模聚合为前提发挥综合价值,乃至利用数据的不同组合发展出创新性的延伸价值。换言之,在大数据时代下,数据与数据的关系更加紧密,数据利用的非对立性意味着明确进行数据权属仍具有较大的局限性,着重于权利归属的排他性或会无法达到数据价值的最大化。

其二,数据的多变性和不可预测性。在数字化时代下,数据并非肉眼可

---

〔1〕 戴昕:《数据界权的关系进路》,载《中外法学》2021 年第 6 期。

见且更难追踪,其流通方式、具体内容等都难以被简单识别、追踪和预测,此时数据划分权利的方式显然远远难于对有形财产的赋权保障。同时,数据权属需要考虑相关数据分配的比例,"一刀切"的权属模式无法与数据的多变性进行动态配合,导致其无法灵活并及时地解决数据流通与共享过程中的新型问题,对未来可能造成的结果具有不可预测性。换言之,界权模式同样无法一劳永逸,极其有可能出现为解决新问题改变某一权利归属,导致"牵一发而动全身"的尴尬局面,即如果不能全面地构建统一且完整的模范框架,那么"权利归属模式"体系仍无法适应时代发展。

其三,数字化时代下需赋权的维度过多。随着公共数据规模的逐渐扩大,公共数据流通中牵涉的数据权利问题也越多,尤其是公共数据与其他不同数据交叉重合时,将大幅扩增需要确权的维度和层次。换言之,过分强调数据权属问题,意味着数据被界权的模块过多,不利于在瞬息万变的数字经济中迅速对争议问题进行相应规范,即会存在因法律体系不够完善导致数据流通存在无法规制的争议堵点。

2. 个人信息层面存在"维权"障碍

传统的赋权模式不仅需要考虑赋权的合理性和正当性问题,还应关注"赋权"必然涉及信息主体的"维权"问题。从现实上看,我国数据主体普遍维权积极性并不高。除了个人维权意识较低的思维偏向,数据控制者和数据主体之间地位和实力的悬殊,往往造成数据主体长期处于劣势状态。究其根本,个人诉诸法律多为私法救济层面,需要主动维权,此时诉讼成本过高,在个人认为个人信息被侵害的程度不足以达到诉诸法律的程度之时,通常会选择对侵害结果进行容忍。尽管此时的侵害程度已经超出了个人可以容忍的范围,其仍然面临举证难的现实困境。《个人信息保护法》第 69 条对上述问题进行了相应调整,规定过错推定责任的实行,在一定程度上减轻了受害人的举证负担,但是数据主体作为原告仍负有确认举证方之责。具体而言,存在以下两个方面的困难:其一,受害人损害结果与侵权行为之间的联系;其二,当加害人利用资源和技术优势证明自己尽到合理注意义务时,受害人通常难以提出有力的反证。[1]其中,举证自身受到侵害虽然容易,但在没有具

---

〔1〕 孔祥稳:《论个人信息保护的行政规制路径》,载《行政法学研究》2022 年第 1 期。

体行为规制时，还需要法官进行场景化的利益衡量，仍有败诉的可能性。"传统赋权路径并未考虑数据主体事实上所处的劣势地位，既未能解决实践中的举证难问题，亦不能有效提高控制人滥用、违法使用数据主体个人数据的成本。"[1]

"诚然，赋权保护模式与我国传统的权利保护模式即权利法定模式相吻合，也有利于防止在司法审判中出现同案异判的情况，但是，赋权保护模式忽略了个人信息所具有的公共属性，权利的绝对性会妨碍对个人信息的充分利用。"[2]只有权利边界清晰、权利归属明确、权利内容稳定，才可以在立法上恰当地呈现以及构筑权利。[3]因此，在大数据时代动态化发展不明晰的情况之下，以"科斯式"的形式主义思维去为相关主体赋予相关权利，或会加剧主体强弱关系的不平等性，甚至由于权利缺乏弹性以及灵活性导致后续数据流通机制的僵化和数据壁垒的形成。

（二）个人信息保护法规则的适用障碍

1. 个人拒绝行使与合理利用行为自由的冲突

《个人信息保护法》第 27 条规定，个人信息处理者可以在合理的范围内处理个人自行公开或者其他已经合法公开的个人信息，个人明确拒绝的除外。因此，即便数据控制者在合法范围的情况下利用数据，仍可能会因数据主体的拒绝而出现阻断数据控制者的情况，甚至在拒绝其数据主体的拒绝后会有被数据主体诉至法院的风险。

立法上法条的矛盾与冲突将大幅增加具体场景下个案司法适用的难度与困境，导致法官需要在双方合法情况之下作出准确的利益衡量，诱发了司法同案不同判的局面。以裁判文书再利用争议为例，南北法院针对两个案件事实类似的案件作出了截然相反的判决结果。[4]前者认为企业在个人拒绝行使

---

[1] 冯果、薛亦飒：《从"权利规范模式"走向"行为控制模式"的数据信托——数据主体权利保护机制构建的另一种思路》，载《法学评论》2020 年第 3 期。

[2] 高志宏：《隐私、个人信息、数据三元分治的法理逻辑与优化路径》，载《法制与社会发展》2022 年第 2 期。

[3] 张平华：《认真对待人格权法律行为》，载《政法论坛》2019 年第 5 期。

[4] 参见伊某与苏州贝尔塔数据技术有限公司人格权纠纷案，江苏省苏州市中级人民法院（2019）苏 05 民终 4745 号民事判决书；梁某与北京汇法正信科技有限公司网络侵权责任纠纷案，北京市第四中级人民法院（2021）京 04 民终 71 号民事判决书。

之前的合法转载文书为合法利用行为，但在个人拒绝行使之后企业不予删除的行为构成了非法公开使用，即其注重对公民的个人信息的保护以及个人"拒绝"的行使。后者则认为在此案的具体利益衡量当中，原告之个人利益并未能超越社会利益而存在，即着眼于司法公开的公共利益和公民知情权的实现。

2. "个人权益重大影响"范围模糊

由《个人信息保护法》第27条规定的"个人信息处理者处理已公开的个人信息，对个人权益有重大影响的，应当依照本法规定取得个人同意"可知，立法设置了"个人权益重大影响"的概念，将"合理范围"限制在一定框架内，也即个人信息处理者有必要审视自己对信息的处理活动，以双方同意的方式来保护信息主体。但在司法实践中，对"个人权益重大影响"的评判维度仍然较少，导致该定义范围仍然模糊不清。南北法院对于裁判文书的再利用争议当中，前者判决认为信息主体对信息传播控制的人格权益高于已经合法公开所可能产生的财产权益，违反了个人信息利用的相关原则，即被告已然对原告构成了重大利益影响，而后者判定司法裁判文书再利用的公共利益和社会经济利益高于该案原告的个人信息权益，并未对个人权益造成重大影响。

综上所述，立法层面存在的不确定性使得司法实践无法与之相适应、相协调，导致法律同案不同判的出现，意味着已公开个人信息规则的法律内部协调与外部衔接的重任均将归于法院，且不论法官自由裁量权之扩大，在尚无明确行为规制之下，对未来的司法适用都将造成极大的困扰。

## 二、公共数据流通规制路径转向：迈向"行为规制"

### (一) 行为规制的比较优势

1. 符合隐私、个人信息、数据三者关系

隐私权，是任何组织或者个人不得以相关方式侵害的排斥权利，其已经被赋予为防御性权利，即具有消极防御的功能。数据，在数据安全法中的定义是指任何以电子或者其他方式对信息的记录，其进入流通的范围更广阔，积极适用的需求更大，可重复利用且非排他，即具有积极利用的功能。与隐私和数据不同，个人信息权益兼具人格属性和财产属性，其财产属性表明个人信息可以被商业化利用，包含了积极利用与消极防御的双重功能。

在公共数据流通中，其矛盾与冲突几乎都涉及个人信息。例如，公共数据中是否泄露了个人信息；侵犯的究竟是个人信息还是隐私等问题。对于个人信息的保护，其指向在于防止他人滥用个人信息，促进个人信息的积极利用，即兼顾积极利用与消极排他。因此，对于信息主体而言，倘若其需要实现个人信息权的法律效果，则只需基于"行为规制"模式构造出数据控制者的行为，设立禁止他人再利用其个人信息的排他性规则即可。通过相关规则和义务设置对行为的限定来配置相关利益，"行为规制"模式能灵活地实现对信息主体和数据主体的稳态保护和动态利用。

2. 空间化动态保护

在现有的法律体系上，虽然个人信息保护法以内核为"告知—同意"的权利保护模式展开，但其对个人信息仍停留在权益保护而非权利保护，并未以"个人信息自决权"为基点设置相关权利。

个人信息的处理包括对个人信息的收集、存储、使用、加工等一系列行为。在权利模式下对个人信息全面保护的优势，可能反而会导致其对信息自由流通的过度限制，此种约束尤其体现在"权利"对于多个第三人利用上的排斥。倘若仅因为一个环节的行为侵犯了权利，在一定程度上相当于给予整个流通环节都予以否定。与此同时，还将大幅提高个人信息处理者对个人信息的保护义务和审慎义务，从成本角度而言，并不利于数据的相互流通。且在权利边界尚不明确的情况之下，不完善的赋权或会导致"牵一发而动全身"的困境。

与权利模式相比，行为规制模式不必回答权利归属于谁的问题，也不用回答权利内容如何设置的问题，而是通过禁止条例来规制和控制相关主体的行为，从而保护相对方的自由。"行为规制模式的逻辑起点则是'行为人是否依法收集、使用数据'，只要行为人的数据处理行为不违反数据权益的保护性规范，多个权利主体完全可以通过经营使用同一数据获得不同层面的财产性利益，而不用担心受到'一物一权'的限制。"[1]在公共数据流通当中，此

---

[1] 时诚：《企业数据权益保护的行为规制模式研究》，载《大连理工大学学报（社会科学版）》2022年第6期。

种自由和禁止是相对的。即当允许数据流通而设置更偏向于实现公共利益的自由空间，此时个人应当对数据流通负有容忍义务，信息主体无法获得一般性和普遍性的保护。当限制数据流通而设置更偏向于个人利益的禁止空间，此时个人信息处理者则具有不触犯禁止条例的义务，在限制个人信息处理者的行为中信息主体又可获得间接保护。

简言之，只要不触犯禁止空间，即为个人信息处理者的自由空间，可以更好地适应公共数据流通下多个权利主体对信息的利用，而不至于被限制在权利模式下僵化的困境中。行为规制模式可以适时改变，具有动态化保护的作用。其提供的禁止性边界，也将明确行为主体的行为空间，大幅提高自由空间中数据的自由流通，实现利益的高效分配。

3. 为司法衡量提供指导性方向

立法上存在的冲突需要司法衡量调节，而司法实践上存在的矛盾表明针对信息时代的利益冲突，其自由裁量仍亟须确定性的指导方向。但基于权利模式下，权利与权利之间的排他性，可能造成权利的交界处需要过度依赖司法上的价值衡量，或是由于权利的绝对性造成"一刀切"的情况，从而很难通过司法途径对利益冲突进行调整和纠正。

与权利模式相比，行为规制模式为利用数据流通之下的边界行为和交织行为提供了一个更为明确的界限。这种规范化的方式，往往已然蕴含了个人与社会利益价值平衡后的倾向，填补了自由空间和禁止空间外的空白空间。即为司法衡量提供更为简单的利益衡量标准，大幅减少了同案不同判的现象。

4. 通过技术控制形成实质控制

基于行为规制模式，不设权将使得信息与数据具有非排他性，但其并不代表行为主体无法对客体进行控制。有学者指出，尽管赋予个人数据以财产权，也难以改变不对称状态，其中，以"知情同意"为核心的传统个人信息保护体系正是由于其仅存在于表明形式上，才没有严重制约数据价值的开发。[1]从这个意义上来说，不赋权并不会影响数据控制者对数据的控制，其并不缺乏促进数据流通交易的动力。对于不同的企业数据控制者而言，并不

---

〔1〕 陈越峰：《超越数据界权：数据处理的双重公法构造》，载《华东政法大学学报》2022 年第 1 期。

一定需要数据确权来形成法律上的控制，而是可以通过提高技术门槛阻止他人爬取、利用数据来实现事实上的控制。

（二）三元分治的立法体系初步建立

随着数字化时代的不断发展，数据财产已经成为一种重要的资源，个人信息也在流通领域中不断扩大了传播和使用的范围。但由于个人信息异于数据的无法识别性，对其一系列保护需要避免个人信息遭受滥用的情形，亟须赋予立法规制更加全新的时代性。我国《民法典》明确规定了自然人享有隐私权和个人信息权益。其中，《民法典》第1034条规定，"个人信息中的私密信息，适用有关隐私权的规定；没有规定的，适用有关个人信息保护的规定"，其明确了适用法律的先后顺序。同时，我国《民法典》明确将数据和虚拟财产一同纳入规制体系。换言之，我国《民法典》中将隐私、个人信息和数据有所划分。在人格权部分对隐私和个人信息的基本概念进行定义，在总则部分也对数据作了一定的界分，其与网络虚拟财产的法律关系均转介相关法律规定。

值得强调的是，《民法典》对于个人信息的定义仍然处于"权益"阶段，对于数据的规制则下放至其他规定。在权属不清的情况下，个人信息和数据均处于一个开放式规制的状态，这种在立法层面上并未急于求成地对二者进行规制的审慎行为值得肯定。由此可见，我国《民法典》中已然存在将隐私、个人信息和数据三者都纳入保护体系的宏观体系，回应了当今互联网时代信息科技发展对我国立法提出的新要求。

随着2021年《个人信息保护法》和《数据安全法》的出台，隐私、个人信息和数据三元分治的立法体系基本确立。我国《数据安全法》对"数据"作出区别于"信息"的定义，证明了个人信息、数据即便联系紧密也同样具有异处，其保护方式应当类型化区分。而《个人信息保护法》的出台，则细致地构筑了对个人信息统一且综合性的保护模式，基于个人信息与隐私存在区别，予以不同力度的法律保护，超越了仅利用公法或私法来进行保护的传统二元格局，从而推进了三元分治的法律体系建立。

综上所述，我国立法层面上已经逐步形成三元分治的法治体系，采用行为规制的保护模式能更好地铺设场景化利用规则，合理平衡双方利益。虽然与权利保障模式相比，其依赖于法官对具体案件的具体分析，可能增加判案中利益衡量上的不确定性。但从整体上而言，我国立法层面已然出现三元分治的法律体系，且随着信息利用和数据流通的需求大幅提升，对隐私、个人信息、数据三者的规制应当适当留出一部分自由空间，对三者的保护则要综合性分别治理。只有完善好三元分治的法律体系和场景化利用规则的"行为规制+三元分治"模式，才能建立起明确的保护性规则话语体系，形成信息时代利益冲突的解决框架，更好地解决由于受限于自由裁量权之内，利益平衡仅将重任落在法官身上的问题，从而稳健推动公共数据稳步流动，平衡好个人与社会之间的价值。

## 三、构建三元分治下公共数据流通的"行为规制"模式

### （一）三元分治下立法协调与司法适用

个人信息作为隐私之外的延伸，数据的逻辑起点，对于衔接数据处理者和数据主体具有重大意义。我国《个人信息保护法》和《数据安全法》的出台，标志着我国强调"以人为本"的法律定位。从整体上来说，我国已经在一定程度上初步构筑了以《民法典》《个人信息保护法》《数据安全法》为核心，其他法律法规等共同组成的隐私、个人信息和数据三元分治的法律体系。但由于三元分治法律体系的雏形尚初步形成，仍亟须明确隐私、个人信息和数据三者的关系，以及各法律之间的关系，在分散的法律体系和司法实践中探索出统一的法秩序。

1. 隐私、个人信息和数据三者关系

隐私、个人信息和数据三元分治体系下的保护性规则的协调，需要建立在隐私、个人信息和数据三者明确的情况下。

一方面，隐私、个人信息和数据三者有所区别，尤其在隐私与个人信息、个人信息与数据之间。"个人信息的重要特征为其直接或者间接的可识别性，由此决定其功能在于为人与人之间的社会交往建立基础，因而不同于旨在构筑私人领域的隐私。"[1]而数据与个人信息之间则为内容与载体的关系，两者

---

[1] 申卫星：《数字权利体系再造：迈向隐私、信息与数据的差序格局》，载《政法论坛》2022年第3期。

紧密连接。从总体上来说，隐私强调私密性，需要尊重其人格属性；数据则强调流通性和交易性，需要发挥其财产属性的价值；个人信息处于两者的中间地带，兼具人格权属性和财产权属性。

另一方面，隐私、个人信息和数据三者存在交叉与重合部分。即便在严格区分隐私、个人信息和数据之下，三者也并非三元对立的关系。隐私中的私人信息往往可以纳入个人敏感信息的范畴，而数据则是表达信息的一种方式，属于信息的载体。

个人信息保护最初源于隐私权的保护，"在当今自动化处理技术迅猛发展的背景下，'隐私信息化'和'信息隐私化'成为两个突出趋势，从而导致私密信息的范畴不断丰富，信息隐私化使得传统隐私的边界得以扩展。"[1]从法律构造上看，法律对于个人信息和隐私的保护采取不同的立法模式，《个人信息保护法》的出台表明对个人信息的保护并非似隐私般封闭保护，其价值在于保护个人信息人格属性的同时，发挥其本身具有的财产属性与公共属性，不应将隐私的内涵不当扩大解释为个人信息。由于数据具有大规模聚合性的特征，单个个人信息并不能发挥数据价值，即在流通领域中，承载在规模性信息之上的数据多为发挥的是其整合后的财产利益。因此，隐私、个人信息和数据在法律保护上呈现保护力度逐渐降低的趋向。

综上所述，隐私、个人信息和数据三者的关系并非如块状分割开的，而是如丝状般紧密连接构成了当今时代巨大的信息数据脉络。换言之，只有在基于上述三者之间关系的基础上，才能更好地完善适用规则的构建，助推司法机关在适用法律时精准定位具体的客体，提高司法的精度与效率。

2. 保护性规则在立法与司法上的衔接

我国《个人信息保护法》明确了个人信息的处理活动应当坚持合法、正当、必要和诚信的基本原则。而该合法性原则同样可以延伸适用到数据和隐私领域，即要求隐私、个人信息和数据的处理行为应当满足整个法律体系的规定。因此，法律的众多以及所保护主体的多元，需要对隐私、个人信息和数据三者进行区分保护，衔接好立法与司法上的适用。

---

〔1〕 申卫星：《数字权利体系再造：迈向隐私、信息与数据的差序格局》，载《政法论坛》2022年第3期。

首先，对于个人信息和隐私的区分保护，需要明确《个人信息保护法》和《民法典》之间的关系。其中，《民法典》第 1034 条规定，"个人信息中的私密信息，适用有关隐私权的规定；没有规定的，适用有关个人信息保护法的规定"，创设性地明确了法律之间的适用顺序，阐明了个人信息与隐私的区分关键在于"私密信息"的认定，而在《个人信息保护法》中的定义并非"私密信息"，而是"敏感信息"。但敏感信息大多又属于私密信息，只是其包含的范围会更加广泛，两者存在一定的交叉重合部分。换言之，协调好《民法典》和《个人信息保护法》两部法律的适用，势必要先充分考虑私密信息与敏感信息之间的区别，才可划分出适用《个人信息保护法》的部分。虽然学界对于两法之间的关系同样尚有一定争议，但显而易见的是，《个人信息保护法》与《民法典》相比较，其在个人信息保护范围上更加宽泛和细致。因此，只有类型化明确两法的关系，才不会导致个人信息过度保护或隐私保护不周的现象存在，更好地发挥保护与利用的双重功能，推动信息的流通与发展。

其次，对于个人信息和数据的区分保护，需要协调好《个人信息保护法》《数据安全法》《网络安全法》等法律的分层保护。数据保护应当从两个层面而言，一方面，具有个人信息可识别性的数据往往不可进入公共流通领域。当前，对于承载着个人信息的数据的利用，多为公共数据的公开、开放与共享，如政务数据。另一方面，更多的数据是因为不具有个人信息的可识别性而进入到公共流通领域，如企业数据。对于前者，法律规制最终多落脚于个人信息保护上，强调优先保护其人格属性并兼顾财产属性，通过《个人信息保护法》进行一定规制。对于后者，法律最终多落脚于数据所展现的效益，强调保护之上的商业价值、经济价值和社会价值，更多的是利用《数据安全法》和《网络安全法》规制。

最后，隐私、个人信息和数据三元分治还需要其他公法的综合保护。"《个人信息保护法》从本质上，个人信息保护法中信息处理对同意规则的依赖，依然沿用的是权利保护的基本思路，而对于同意以外的合法性基础，也过多依赖利益衡量等需要进行价值判断的方法，缺少规则的确定性。"[1]因此，继

---

〔1〕 王苑：《数据权力视野下个人信息保护的趋向——以个人信息保护与隐私权的分立为中心》，载《北京航空航天大学学报（社会科学版）》2022 年第 1 期。

续凭借权利模式保护个人信息，并不能解决好合法性的行为自由与相关权利冲突。个人信息保护最初由刑法、行政法等公法进行保护，后随着《民法典》和《个人信息保护法》的出台，其逐渐转变保护方式，个人信息保护法律体系也在逐步完备。但由于个人信息保护法的法律定位尚不明确，还需要确定适用其他法律综合性保护，运用到具体场景。

其一，公私法衔接。刑法作为公法的适用。以爬虫行为侵害个人信息和数据为例，即利用《刑法》规制爬虫行为主要可以分为两个层面。一方面是对公民个人信息的侵害。倘若网络爬虫在爬取时不当收集公民个人信息，突破了网站的反爬虫技术，将由《刑法》规定的侵犯公民个人信息罪来规制。另一方面是对数据的侵害。其中，网络爬虫违法被直观呈现出来，往往因为爬取行为可能破坏了他人的数据和系统。即便并未破坏他人的数据和系统，其爬取数据且无偿使用其他企业没有明确对外公开而自主享有的保密性数据的行为，无异于剽窃，是一种不正当竞争的行为，影响了市场秩序，应当由《刑法》的非法侵入、获取、控制计算机信息系统的一系列罪名进行规制。[1]

刑法公法与民法私法的界限。在司法程序下，违法行为应当先通过前置法的规制，因为通过其评价可以区分行为是合法还是违法的，若其行为是合法的，则没有必要进入下一个评价环节。[2]换言之，如果违法行为已经被前置法规制，那么该行为不应当被不当地扩大到利用具有谦抑性的刑法规制。针对爬虫行为，应当发扬"先民后刑"的做法，而非凡入侵计算机的行为都被评价为刑法的犯罪行为。

综上所述，在具体场景下，公私法综合性介入适用可以全方位地对隐私、个人信息和数据的处理活动进行全周期规制。但是我们应当注意的是，公私法适用顺序不当可能造成保护不当或惩罚过度的问题。倘若爬虫行为违反了合法性原则，就将不再是一项中立的技术，而很可能构成违法犯罪的一项工具。但是，由于当前规制爬虫不法行为的相关法律规定还不完善，没有极其详尽具体的行为规范来规制多样化的爬虫行为，例如在合法爬取的行为上加以其他利用的行为该如何评价。因此，我们仍应该审慎看待爬虫行为，发挥

---

〔1〕 陈毅坚、曾宪哲：《网络爬虫刑法规制研究》，载《广东社会科学》2022年第5期。

〔2〕 刘艳红：《网络爬虫行为的刑事规制研究——以侵犯公民个人信息犯罪为视角》，载《政治与法律》2019年第11期。

好《民法典》《反不正当竞争法》《个人信息保护法》等前置法的作用，在无法被前置法所筛选的情况下，再通过刑法根据具体行为定罪规制，以免动辄入罪的扩大保护而造成不当入刑，导致公私法运用上的混乱。

其二，场景化衡量的司法适用。《个人信息保护法》是专门保护个人信息的法律，其充分回应社会关切、极大地扩展和补充了其他法律关于个人信息权益的规定，为破解个人信息保护中的热点难点问题提供了强有力的法律保障。其与个人信息保护法律体系中其他法律有保护重合的部分，而法律上的重合部分，或会导致司法上的适用困境。因此，在还未有更进一步的法律规定之前，司法实践仍应当根据场景化衡量作出合理的判断。

以大数据杀熟的具体场景为例，其由《反不正当竞争法》《电子商务法》《民法典》等法律加以规制。其中，《个人信息保护法》和《消费者权益保护法》两者均规定了禁止大数据杀熟的规则。在《个人信息保护法》尚未出台时，消费者多借助《消费者权益保护法》中的惩罚性保护措施获得赔偿。随着实践当中大数据杀熟的现象越来越多，《个人信息保护法》的出台将为受到损害的消费者提供更广泛的维权通道。此时个人既可以是消费者主体，也可以是信息主体。

有学者认为，将数据主体视为互联网消费者，应用消费者权益保护的路径，"宜通过'消费者法化'，重新激发个人信息私法保护的活力"。[1]但也有学者认为将数据主体视为互联网消费者，虽然数据主体在一定程度上与消费者都处于劣势，但基于数据泄露主体的多元性和互联网技术的复杂性，数据主体面对的网络威胁和举证的难度都远高于消费者的承受能力。[2]申言之，对于个人信息保护法律体系当中，个人信息保护法恰处基点地位，涉及消费者主体的应当依旧以《消费者权益保护法》进行特别规制，应当保护却未被前法所保护的部分应由《个人信息保护法》进行补充保护，此时消费者主体将扩大转化为个人信息主体。此补充保护需要在司法实践中进行灵活适用，应当将具体场景的相关行为抽象出来，明确主体的定位，才能实现个人信息的全方位保护。

---

〔1〕 丁晓东：《个人信息私法保护的困境与出路》，载《法学研究》2018 年第 6 期。
〔2〕 孙南翔：《论作为消费者的数据主体及其数据保护机制》，载《政治与法律》2018 年第 7 期。

"消费者权益保护法与个人信息保护法都属于保护性规范，旨在保护特定的群体或利益，整体上都立足于国家保护义务：个人信息保护基于国家对人格尊严的保护义务，而消费者保护基于国家对平等、社会正义等价值的保护义务。"[1]因此，在法律适用上，除了考虑其主体因素，还应当从宏观层面立足法律背后的目的指向。

**（二）建构公共数据流通"行为规制"规则体系**

"《个人信息保护法》确立知情同意之外的处理信息的合法性基础，弱化特定情形下对个人信息的保护，是平衡信息自由和信息保护的务实主义决定的。"[2]申言之，在私权保护和信息数据自然流通并重的局面下，必然会存在立法理念不同的两项合法性规则的碰撞，以及司法政务公开价值和个人信息利益上的冲突。其中，《个人信息保护法》原则上以"告知—同意"为基础架构，以相关豁免获得合法性基础为例外，即可能在未经过个人同意的转载、利用等行为并不会构成"侵权"。即便我国致力于个人信息不被应用到非法用途，但随着法律体系的逐渐丰富，其存在扩大无须"告知—同意"范围的现象。由此可以看出，赋权方式所坚持的静态模式无法解决好公共价值和个人价值的时代性冲突，有必要运用动态的"行为规制"模式来灵活建构公共数据流通的规则体系。

1. 行政引导性规制的设立

《个人信息保护法》作为综合性的法律，具有一定的行政属性，有必要发挥其公法性质。在《网络安全法》第27条中可发现，该条所规定的不得"非法"侵入或干扰或窃取等危害网络安全的规定，实际就是要求爬虫行为必须遵循合法性原则。[3]换言之，《个人信息保护法》中合法性原则的制定契合了行政机关整治个人信息处理活动的理念，使其可以更加灵活地治理和规制，从更宏观的原则层面提供了基于法律上的行为规制。具体而言，《个人信息保

---

〔1〕 石佳友：《个人信息保护的私法维度——兼论〈民法典〉与〈个人信息保护法〉的关系》，载《社会科学文摘》2021年第12期。

〔2〕 马新彦、刘睿佳：《已公开个人信息弱化保护的解释论矫正》，载《吉林大学社会科学学报》2022年第3期。

〔3〕 刘艳红：《网络爬虫行为的刑事规制研究——以侵犯公民个人信息犯罪为视角》，载《政治与法律》2019年第11期。

护法》还规定了违法处理个人信息者应当承担相应的责任，也即履行个人信息保护职责的部门具有一定的个人信息保护职责，其有权利实施行政惩罚，为具体个人信息处理活动提供具体的行为规制。

互联网的构成从本质而言是数据信息的自由流通，公共数据池子的积攒离不开数据的开放与共享。"行为规制"模式的保护方式，并不强调该信息数据属于谁的，而旨在提供一个可明晰行为边界的行使空间。该自由空间的形成最主要是通过禁止性条例划分好"不可为"的边界，但仅仅是禁止性规制只是后置性地解决了当时存在的系列问题，仍不足以形成数据良好流通的可持续局面。申言之，对于网络公开的数据，相关部门不仅需要有计划性地遵循相关具体规制来整治，还需要自身可以能动性地提出指导性条例，从而引导数据流通的方向。此种方式可以参考现代行政法的发展趋势，从"命令—服从"到"平等—协商"，强调制定具有未来性的规制。具体而言，数据和信息的处理活动势必采用多项新型技术，比较突出的便是爬虫技术，在设定禁止爬虫技术违反爬虫协议的禁止性行为规制的同时，可以引导信息数据处理活动者运用有助于社会的技术，例如可以引导其设置合法适当的反爬虫技术或者安全评估技术，减少因信息数据自由流通造成风险的不当扩大。

2. 行为规制模式下的"例外"设置

针对场景确定相关"行为规制"的规则后，倘若适用的是一般性条款，法官对具体化工作进行判断是其行使自由裁量权的表现之一。但是由于数据信息的内容具有多元性，法律制定的滞后性意味着其无法前瞻性整治所有侵犯活动，导致司法实践中存在行使非违法行为但却侵犯了他人利益的现象。因此，应当根据已经出现的具体行为进行进一步解释和评价，即相关法条设置例外情形具有其合理性和必要性，有助于设立更精准的自由裁量权基准。

以我国已公开的个人信息拒绝权制度设计为例，笔者认为应当设置相关争议条款的例外规则。这些例外可以包括以下三种情形：第一，政府公开信息作为初始公开的情形；第二，基于新闻报道和舆论公开信息的后续处理；第三，其他由他人合法公开的情形，应视其具体情况，由执法机关或法官进行具体利益衡量。[1]申言之，对于已公开个人信息，个人行使拒绝权应受到

---

〔1〕 刘晓春：《已公开个人信息保护和利用的规则建构》，载《环球法律评论》2022 年第 2 期。

"例外设置"的合理限制，即将个人行为规制在一定范围，相对来说，企业等主体则可以在例外规则内自由地发挥。换言之，例外规则在有效保护个人信息的基础上，提供了合理开放的行为空间，更好地协调了信息保护利用和公共数据流通等多层需求，释放了数据红利，促进了数字经济的发展，符合大数据的时代特征。

同时，还应当设置针对特别领域的例外情形，即作出特别立法和行为规制。例如，《个人信息保护法》中对禁止大数据杀熟的规定以及对人脸识别的严格限制。这种例外情形和限制条例为数据流通领域划分出了自由空间和禁止空间。在明确的行为规制下，此种自由和禁止都是相对的，其反映的更多是一种利益价值的偏向，而例外情景的设立只是将这种偏向规范化，为其划分了更加明确的界限和空间。

"对于已公开个人信息主体控制权的弱化，其合理基础当然是建立在已公开个人信息本身所具有的公共价值基础之上。"基于行为规制模式下，《个人信息保护法》应当在第27条中设立"拒绝"行使和特别领域的例外情形。这种独立于"权利保护"模式之外的合法处理范围和豁免条例，将改善授权模式导致信息过度保护而造成流动僵化的问题，在公共价值与个人价值的衡量冲突之下，寻求适合的平衡点，给予再利用公共数据行为较为明确的自由空间。

3. 分类分级规制

在三大法律中，《个人信息保护法》明确规定了个人信息处理者有义务对个人信息进行分类管理，《数据安全法》和《网络安全法》则明确规定了数据分类分级的保护制度。

然而，从现有制度上看，我国依旧缺乏可操作性的分级分类保护制度，乃至存在分级分类与安全保护无法契合的割裂现象。以个人信息保护规则来说，我国《个人信息保护法》仅阐明了个人信息应当实行分类管理，但并未像《数据安全法》一样说明采取分级规则，也并未说明个人信息应当依据何种标准去分类。换言之，缺乏关于分类标准的规定，个人信息中的敏感信息将交由司法机关来认定，或会导致司法实践中存在不当的扩大解释现象。

分类分级规则分为"分级"与"分类"两个层面，应当采取"分类管理，分级保护"的分工模式。对于个人信息的划分往往有以下两种，其一是根据是否属于识别信息进行分类,划分为识别信息和准识别信息,其二是根据是否属于个人敏感信息进行分类,划分为敏感个人信息和一般个人信息。对于数据的划分则往往有以下两种:其一是个人数据、企业数据和公共数据,其二是一般数据、重要数据、核心数据。数据与个人信息中的第一种划分方式为分类,而第二种方式则为分级。分类的标准可以是多样化的,可以根据实际情况进行不同分类。换言之,分类规则可以是为了更好的管理,即根据相应场景具体细化出不同类别,并采取不同的保护方式。而分级规则当中强调阶梯式的级别存在,需要划分出识别个人信息难易程度以及数据敏感程度,从而适当采取不同的保护力度,最终实现"分类管理,分级保护"的分工模式,助推治理信息数据活动的规范化。

当然,应当注意的是,分级分类规则应当视不同场景而具体动态变化,尤其是因实行管理而进行的分类规则,在限制处能动,在自由处谦抑。

4. 补偿救济机制

《个人信息保护法》作为综合性立法,并非单纯的公法或者私法,其在关于个人信息的诉讼上需要有所变通,不能遵照传统诉讼开展。因此,在救济机制上也应进行相应设计,个人信息权利之诉应当视为像独立监管机构一样提起的申诉。[1]基于此,欲发挥个人信息保护法的治理功能,就必须结合其他公法与私法,并设立一个统一的个人信息保护机构,对权利受到侵害的公民加以补偿与救济,探索多形式诉讼的道路。当前国外存在两种机构设立模式,分别是统一监管模式和分散监管模式。统一监管模式即在全国范围内设立统一的实施机构;分散监管模式即在现有的相关机构内,分别设立个人信息的保护部门,比如在卫生行政部门设立个人信息保护机构来解决医疗服务行业中的保护问题。[2]两种模式都有可采之处,但笔者认为,在我国设立一个统一机构更有利于《个人信息保护法》的深入贯彻与落实,更有利于统一个人信息保护的范围与标准,而分散监管则容易导致各机构对法律实施的差异。近年来,美国、欧盟等极力通过立法设置一个专门的保护机构对个人信

---

〔1〕 丁晓东:《从个体救济到公共治理:论侵害个人信息的司法应对》,载《国家检察官学院学报》2022 年第 5 期。

〔2〕 黄勇:《论个人信息保护执法机构的设置及其职能》,载《山西煤炭管理干部学院学报》2010 年第 1 期。

息行为进行统一规制。从全球范围来看，加拿大、阿根廷、新西兰等国家或地区，均设有独立的个人信息保护机构，可见，建立专门的个人信息保护机构存在一定的可行性和趋势性。〔1〕

## 四、公共数据流通规则优化的场景化例证：裁判文书再利用

基于类型化视角，以主体作为主要分类标准，裁判文书社会化再利用可分为个人层面、社会层面和国家机关层面的再利用。在个人层面上，学者运用裁判文书进行小数据分析、大数据挖掘，从而开展法律实证调查，进行学术研究，探究在利用裁判文书建立数据库中存在的问题和矛盾。群众将裁判文书作为学习、宣传、警示资料进行转发。但是同时也可能存在个人恶意利用，将裁判文书内容进行裁剪后进行恶意攻击的行为。在社会层面上，相应网站平台通过再利用裁判文书，开展具有教育意义的展示与评析活动。企业通过再利用已公开的裁判文书服务于检索平台。此外，企业中也存在为了盈利而转载已公开裁判文书的行为。在国家机关层面上，已公开裁判文书作为司法库源，其再利用服务于司法人工智能开发，如类案检索、同类不同判预警系统。

### （一）救济追溯初次公开

裁判文书的初次公开，相关司法机关应当审视数据脱敏的范围是否合理，且要明确可公开的裁判文书的范围，使初始裁判文书在被获取的时候依然是合法公开的。有学者总结，裁判文书初次公开仍存在处理标准的机械适用，司法机关对同一案件信息的割裂处理，以及去标识化处理效果不佳等问题。〔2〕

"个人信息主体如对初始公开中政府行为的合法性存疑，可以通过挑战该种初始公开行为的方式来实现权利的维护和救济。"〔3〕换言之，倘若裁判文书再转载的矛盾源于初始裁判文书公开，即应从初始源头诉诸法律要求获得救济。

---

〔1〕 姚维保、韦景竹：《个人数据流动法律规制策略研究》，载《图书情报知识》2008 年第 2 期。

〔2〕 张新宝、魏艳伟：《司法信息公开的隐私权和个人信息保护研究》，载《比较法研究》2022 年第 2 期。

〔3〕 刘晓春：《已公开个人信息保护和利用的规则建构》，载《环球法律评论》2022 年第 2 期。

（二）个人信息处理者的审慎义务

个人信息的处理活动涉及对个人信息的收集、存储、使用等行为。由于中国裁判文书网的裁判文书是经过初步审查和数据脱敏之后予以公开的，其数据脱敏同样依据一定的标准和规制，并不能在争议出现的短时间内及时进行改变，即追溯初始源头的救济机制并不能很好的保护信息主体，有必要将视角放置于比民众控制能力更高的个人信息处理者身上，给予其一定的审慎义务。

对于裁判文书这一司法数据，人人都平等地享有查看裁判文书的权利。但倘若社会在获取公共数据时采取的途径已经不合法，例如利用爬虫的技术手段突破他人的反爬虫技术或者违背了禁止性的爬虫协议，可能会造成初始平台的瘫痪，则理应由相关法律进行规制。对于获取途径已然合法的技术手段，也可能会存在泄露原有数据的风险或者扩大了个人信息公开的范围，需要场景化进行具体审查，即要求个人信息处理者在进行个人信息处理活动时应当具有一定的审慎义务。

但在个人信息处理者已然合法获取且尽到审慎义务时，其再利用数据信息仍然可能与公民的意志相违背，公共利益与个人利益存在一定的矛盾。"二次传播不必然对个人权益造成重大影响，其受到规制的本质在于维护个人信息主体免受他人非必要关注、个人信息不被他人滥用、个人信息不被重新识别的利益。"[1] 从这个层面上来讲，裁判文书再利用冲突仍然需要依赖司法自由裁量来判断。

依照《最高人民法院关于人民法院在互联网公布裁判文书的规定》，裁判文书网上公开制度更加依赖于初始的数据脱敏制度。换言之，从信息主体层面而言，其认为信息主体对合法公开的裁判文书的个人信息需要承受一定容忍义务，从而平衡公共利益与个人利益之间的冲突。从个人信息处理者角度而言，裁判文书网上的裁判文书是一种公共资源，个人信息处理者转载裁判文书并合规使用，出于对国家机关的官方性和法律的权威性，其有理由信任再次公开的行为应当是合法的。

---

〔1〕 张新宝、昌雨莎：《已公开裁判文书中个人信息的保护与合理利用》，载《华东政法大学学报》2022 年第 3 期。

"其在转载过程中是否有义务对转载文书的内容进行再审查,并对可能涉及个人信息权益的内容进行再处理,目前我国法律尚无明确规定。"[1]在上述情形下,综合考虑个人信息处理者全面再审查和再处理的难度、对信息处理者的公平性和对公共利益的考量,笔者更倾向于个人信息处理者需要有一定的审慎义务,但这并不意味着其需要承担超出其认知范围的较重审慎义务,这更能促进司法数据的公开合理使用和公众对司法数据的快速便捷获取,符合数字经济蓬勃发展的趋势。

（三）"拒绝"例外的设立

对于公共数据中已公开的个人信息来说,基于《个人信息保护法》第27条,第三者可以在一定合理范围内不通过个人的授权同意而进行利用。此为信息处理者非"告知—同意"的传统授权模式,而对其"拒绝"的设置是否授权仍存在争议。虽然拒绝权将大幅度保障个人信息不受侵害,但是权利的设置剔除了前者对合理范围的合法性认定。而具体案件具有不同的具体价值,其公共价值和个人价值的程度并不一定相同,赋权模式会导致涉及群体利益的信息因个人主观性的"拒绝"而被认定为客观不合法,无法适应场景化的利益衡量。

目前,我国法律中关于已公开个人信息的拒绝的规定并没有规定例外情况,其尚有商榷的空间。而在还未有具体规定时,对于已公开个人信息的社会化再利用,司法实践上对信息主体的拒绝行为视作权利的观点仍具有争议。简言之,无论是实践还是学理上都存在一定争论。针对裁判文书再利用,由于《最高人民法院关于人民法院在互联网公布裁判文书的规定》对初始转载有着十分严格的规范,再利用行为对个人造成的不利影响已控制在一定范围当中,那么拒绝的行使也应受到相应限制。有学者言"已公开个人信息可被进一步划分为个人自行公开或授权他人公开的个人信息和依照法律规定公开的个人信息,即意定公开信息和法定公开信息"。[2]因此,公共数据应当被划分为法定公开信息。法定公开信息与意定公开信息相比,其个人意愿授权程度明显更低,其承载更多的公共利益与社会价值,甚至需要个人对法定公开

---

〔1〕 徐朵、马泉福:《转载已公开判决书是否侵权之认定》,载《人民司法》2021年第32期。

〔2〕 齐英程:《已公开个人信息处理规则的类型化阐释》,载《法制与社会发展》2022年第5期。

信息应当负有一定的容忍义务。

当然不可否认的是，仅以保护公民的知情权和监督权为理由强调公共数据的公开和流通，而忽视个人信息的保护显然是不应当的。裁判文书再利用当中，个人行使"拒绝"乃至上诉法院，都表明信息主体认为其受到了较严重的影响。基于"行为规制模式"，这种影响并非被放任不管，信息主体仍然可以通过诉诸裁判文书公开的源头，对其初始公开数据脱敏不当进行纠正，或是利用《个人信息保护法》第27条后款"个人权益受到重大影响"获得救济。申言之，在该情况下，其不必然要通过"拒绝权"实现保护其个人信息的目的。反而，例外情形的设置可以明晰法官行使自由裁量权的边界，减少同案异罚现象的出现。

因此，对"合理范围"行使的"拒绝"，应进行个人权益和公共利益的双向对比，根据具体场景，基于"行为规制模式"设置详尽的例外情形，如裁判文书再利用中"拒绝"行使的限制，从而在保障个人信息保护的最后一道防线的同时，推动公共数据流通。

（四）个人信息的去标识化处理

笔者认为，我国应该加快构建层次化的个人信息去标识化体系，在一定情形下，对于已公开个人信息的再利用可以通过去标识化处理来实现个人信息保护以及促进信息利用和流通的动态平衡。目前，我国个人信息保护立法对所有个人信息均采取了同等程度的严格规制。但隐私、个人信息和数据主体的不同表明其所包含个人信息的含量和范围不同。同时，即便都是同一主体，也会具有不同的可直接识别的程度以及敏感度，"同等规制会导致对个人信息去标识化的'一刀切'"[1]。因此，对不同的个人信息保护应当与分级分类规则相适应，在其相关保护措施、方式和力度都有所区分。

值得强调的是，设立分级的去标识化规则时应当更加谨慎，个人信息的去标识化关乎信息自由流通和数据再利用的公共利益，例如裁判文书中个人信息的去标识化会导致类案检索与类案大数据分析受到较大程度的冲击。未来，我国个人信息保护立法可在一定程度上吸纳前述个人信息识别标准类型

---

[1] 齐英程：《我国个人信息匿名化规则的检视与替代选择》，载《环球法律评论》2021年第3期。

化的思路，构建多层次的个人信息去标识化规则，推动对不同类型个人信息的区别保护和精细化把控和对数据的合法利用，从而促进数据价值的释放。

随着《个人信息保护法》的出台，隐私、个人信息、数据三元分治的法律体系雏形的出现成为大数据时代发展的必然趋势。数据流通以及个人信息保护的双重取向，要求厘清隐私、个人信息和数据三者关系的同时，解决好立法衔接冲突和司法适用矛盾。权利边界和归属的尚不明晰，将造成赋权和维权结构性不平等的困难。应当建立起"行为规制＋三元分治"规则话语体系，通过对具体场景进行的价值衡量，以规制相应行为的方式来创设新的利益空间，形成信息时代利益冲突的解决框架，稳健推动公共数据稳步流动。

裁判文书再利用中个人信息保护应当以初始公开为起点，综合考虑公开界限、获取途径方式、个人与公共利益冲突、使用目的等维度，从而评判该场景下是否应当偏向公共利益，个人信息处理者不应负有较重的审慎义务。基于"行为规制模式"，对个人信息进行分级分类，在初始公开以及再利用阶段均利用好去标识化技术和数据脱敏，提供层次化的保护措施。同时，应当设立"拒绝"禁止行使的例外情形，发挥好信息承载的财产利益和公共利益，构筑公共数据流通的自由空间。申言之，公共数据流通规则的构筑要在扩大流通范围的同时，形成动态且规范的三元分治规则保护体系，推进数据红利和价值的释放。

# 数字时代所有权理论的挑战与革新[*]

**摘　要：**数字时代下，实体商品的主导地位正逐渐被动摇，传统的法律概念产生了转变，所有权人应得的权利正悄然流失，财产保护架构也出现了漏洞。基于财产权理论及权利用尽原则，传统财产所有权面临的危机主要来源于三方面：技术优势、商业强势地位和市场中存在的普遍欺诈，在当下，具体体现在用户许可协议、知识产权保护、云服务等方面。传统所有权制度延续至今必然有其合理性和普适性，其结构的复杂性和概念的包容性使其仍保有旺盛的生命力。加密货币和区块链技术的出现为所有权面临的问题提供了解决的路径。近年来，区块链技术相关领域尤其是 NFT 市场越发火爆。为适应发展需要，对数字经济相关法律概念和规则的重新定义和更新换代刻不容缓。

**关键词：**所有权；财产权；权利用尽；区块链；数字藏品

　　千百年来，"一手交钱、一手交货"的交易模式在人们的思维和日常生活中根深蒂固，"购买"意味着"获得""所有"。例如，你在书店买了一本喜欢的书，付款后即意味着拥有了这本书，你可以将它带回家，可以在任何地方享受这本书，你也可以在书上随意勾画，把书借给你的家人朋友，甚至将其转卖出去，因为它是你的书，你有占有、使用、处分它的权利。但随着科技发展，数字商品的出现和普及使得传统的交易模式出现了裂痕。美国的两名学者，亚伦·普赞诺斯基（Aaron Perzanowski）和杰森·舒尔茨（Jason Schultz）在其颇具影响力的著作《所有权的终结：数字时代的财产保护》中，深刻探

---

　　[*] 基金项目：本文是四川省哲学社会科学重点研究基地纠纷解决与司法改革研究中心 2020—2021 年度项目"中国司法数字化建设若干重点问题研究"（项目批准号：2021DJKT1a1）的阶段性成果。

　　作者简介：杨惠颖，广州大学公法研究中心研究助理。

讨了数字时代下所有权的概念如何转变的问题，并基于权利用尽原则，从用户许可协议、知识产权保护、云服务、流媒体等方面研究数字经济时代保护个人财产所有权的问题。这一著作对于我们思考数字时代所有权面临的挑战及其未来的变革路径都极具启发性。

该书的两位作者都是美国知识产权领域的知名学者。亚伦·普赞诺斯基是密歇根大学法学院教授，曾任教于多所美国顶尖大学，同时也活跃在多家主流媒体的法学评论中。杰森·舒尔茨是纽约大学法学院教授，2013 年被选入著名的美国法律研究所（ALI），2015 年加入了白宫科学和技术政策办公室（OSTP），担任美国首席技术官（CTO）的知识产权和创新高级顾问。数字产权的制度构建是当下理论界和实务界的热点话题之一。2016 年《所有权的终结：数字时代的财产保护》（The End of Owen Ship）原版一经面世，便引发了学界的热烈讨论。亚伦·普赞诺斯基和杰森·舒尔茨不仅为该书起了一个能够迅速抓住公众视线的好名字，而且"The End of Ownership"在某种程度上呼应了格兰特·吉尔莫（Grant Gilmore）[1] 在半个世纪前出版的另一本具有颠覆性的著作《契约的死亡》（The Death of Contract）。[2] 在《契约的死亡》一书中，吉尔莫认为，现代契约是两个自由意志之间的合意，后自由主义社会引发法律社会化运动，社会法、劳动法及产品责任法使得传统契约理论千疮百孔，契约不再仅是双方当事人之间的合意。相比"契约之死"，《所有权的终结》这本书则清晰地点明了数字时代下契约双方的天平平衡已经从消费者滑向了商业公司，消费者拥有的权利正不受控制地逐渐流失。但普赞诺斯基和舒尔茨并没有如吉尔莫那样感到悲观，在书中的最后一章，他们也给出了初步的干预措施来协调个人财产权与不可避免的数字未来。该书深入浅出地将理论与制度及论述穿插在实践、案例的探讨中，引导着读者带着书中提出的疑问，联系个人的生活实践经验进行思考，因此读起来并不晦涩。两位教授提出的这一命题敏锐地指出传统理论与这个日新月异发展的时代所存在

---

[1] 格兰特·吉尔莫（Grant Gilmore，1910—1982），美国著名法学家、合同法专家，曾在耶鲁大学法学院（1946—1965）、芝加哥大学法学院（1965—1973）、俄亥俄州大学蒙瑞兹法学院、佛蒙特州法学院（1978—1982）做过法学教授，曾获耶鲁大学最高学术级别教席 Sterling 教授席位（1973—1978）。

[2] Aaron Fellmeth, Amena Kheschtchin-Kamel, The End of Ownership Aaron Perzanowski and Jason Schultz Mit Press：978-0-26-2535243（Paperback），59 Jurimetrics J. 399 (2019).

的脱节之处，不仅引发了人们对传统的再度思考，也构建出数字未来发展的蓝图，为法律的完善和发展提供了一种可能的路径。

## 一、数字时代财产保护面临的挑战

正如我们所有人感受到的那样，在数字时代，实物商品的主导地位正逐渐被动摇，传统的法律概念与关系面对数字经济这样一个庞大且不断膨胀的新兴体系显得有些难以适应。传统的买卖模式悄然发生了改变，如今人们在支付价款后往往不能获得物的完全的所有权，只能获得物的使用权和占有权，而令人惊讶的是，买方权利的阉割仅仅是通过一纸冗长、晦涩且往往不被阅读的用户许可协议完成的。若此种情况只发生在数字产品中，我们尚且可以解释数字产品的所有权难以完全转移来为此开脱，但事实上此种情况已经蔓延开来，不断向实体产品渗透着。因此在意识到这一危险后，亚伦·普赞诺斯基和杰森·舒尔茨质疑：知识产权语境下的权利用尽原则在数字产品不断普及的今天是否适用？用户许可协议为何能够轻而易举地将用户的权利转移到自己的手中？顺着这些问题，该书又着重探讨了数字著作权保护的困境以及其他牵连出来的制度漏洞。

### （一）财产和财产权

财产权作为人类的基本人权，其在人类社会的发展变迁中具有深刻的观念基础，财产权具有维持人类生存、维护人类自由和社会正义的意义，如同18 世纪中叶英国首相老威廉·皮特在演讲中所说的"风能进，雨能进，国王不能进"，私有财产权的神圣性使得即使是最卑贱的穷人的房子，也不容许尊贵的国王踏进半步。与其说所有权是人与物之间的关系，不如说是人与人之间的关系，个人对自己的财产合法拥有所有权，因而排除了他人对私人所有之物的侵扰。罗马法以来传统民法的调整原型就以现实世界的有形财产为主，而现如今人类已进入万物互联、大数据无处不在的数字化时代，社会的边界已扩大到数字世界、虚拟世界，这就意味着传统模式下的法律关系和法律规则必将遭到挑战，尤其是传统民法中所定义的物的"物必有体""唯一排他性"特征在数字化时代可能需要重新审视和调整。

数字财产的主要构成为无体的信息内容和数字化载体，其不以物理形式存在，也没有明晰的物理边界，无形性是数字社会财产最突出的特点。而这意味着数字财产在控制可能性和利用机会上都能够跨越简单的物理控制，打破对传统定义中"物"的束缚，改变了物理财产上的支配与利用之间的关系，突破了以物理财产为原型的传统排他性财产权规则。[1]传统模式中，因为有所有权和私有财产权的存在，消费者可以自由选择如何处置所购买的东西，而无须征得任何人的许可；数字财产则不然，由于其构成特殊，且技术对权利转移起到举足轻重的作用，现有法律很难界定其"销售""购买""交易"的界限，因而对传统所有权产生了极大的威胁和挑战。

（二）权利用尽原则

权利用尽，是指知识产权人一旦把产品销售或交付给新的所有者，就必须放弃对产品的某些控制权。[2]权利用尽原则，也称作首次销售原则（the first-saledoctrine）[3]，是知识产权领域内的专有规则，旨在平衡版权所有者和消费者在销售和转售作品中的利益。根据这一原则，作品在第一次售出后，著作权所有者无权限制和干扰合法获得的作品的所有者自由转让该作品或其副本。在传统模式下，知识产权更多的是克服思想与创意的"无形性"，将智力资源围于有形载体之中，使其表现出有形财产的外观并对此加以保护。

在数字时代下，作品的流通无须依附于有形载体，只要拥有可以接收资源的终端设备，如手机、平板、电脑等，用户便只需轻点屏幕即可获取资源。但风险也随之而来——如亚马逊公司在与图书出版商发生纠纷后，决定远程删除所有亚马逊电子阅读器的用户们所购买的《1984》作为对图书出版商的反击——著作权人可以向用户或买家的设备发送删除图书甚至是版本更新的指令，且不需要用户或买家的任何干预，这意味着在购买数字作品时，买方向卖方购买的动作并不意味着所有权的转移，甚至买方在此场交易中处于完全被动的弱势境地。从客观的技术手段上看，买方对其购买完成的物品只保有孱弱的控制力，这与传统的交易大相径庭——毕竟在正常情况下，顾客在

---

〔1〕 王利明：《迈进数字时代的民法》，载《比较法研究》2022年第4期。

〔2〕 [美] 亚伦·普赞诺斯基、杰森·舒尔茨：《所有权的终结：数字时代的财产保护》，赵精武译，北京大学出版社2022年版，第35页。

〔3〕 美国《著作权法》第109（a）条被称为首次销售原则，保护受著作权保护的作品副本的合法所有者不通过转售该副本侵犯该作品的著作权。

购买实体书后并不会担心商家会因为和出版商的纠纷半夜爬进自己家中将书本收回。

数字作品的交易中，除了著作权人在技术上具有绝对的优势地位，在法律层面上也存在与传统模式的差异。以书本为例，传统模式下其属于动产的范畴，一经购买，所有权即发生转移，成为买方的个人财产，所有权人可以占有、处分、使用，可以作为遗产继承，这些权利在数字作品的语境中却行不通。2012 年，CNN 披露了电影巨星布鲁斯·威利斯（Bruce Willis）因无法将 iTunes 里大量的音乐作为遗产留给他的女儿，正在考虑起诉苹果公司[1]，即使这则新闻在引起轰动后被证实为谣言，但也让我们清晰地感受到数字作品对传统所有权模式的冲击和该冲击对现实生活带来的影响。

权利用尽原则的作用主要为调节著作权人与公众之间的利益平衡，化解著作权与物权之间的冲突，其主要目的是促进作品在整个社会中的持续流通，推动文化传播和经济发展。在数字时代下，著作权人单方面地将交易模式的"购买"变为"租赁"，把永久占有变为有条件的许可，著作权人的权利在首次交易后不仅没有"用尽"，反而变得越发"无尽"。可以说数字作品交易模式有悖于权利用尽原则的改变，不仅使得数字作品在时空上的流通范围不断扩大，也使得著作权人的权力不断膨胀，而其导致的最直接的后果就是消费者失去了一长串的实质性权利，这不仅影响个人，也同样影响着社会中广泛的教育机构、文化机构，比如图书馆可以确定地保存馆藏的实体书几十年甚至更久，但无法确定其购买的数字资源能够稳定地供读者们阅读多长时间。

在技术的强势地位下，数字产品失去了稳定性和持久性，人们购买的东西可以在没有任何通知或解释的情况下被删除和禁用，消费者获得的权利也比以往任何时候都存在更多的不确定性和风险。明确可靠的财产权可以引导人们进行买卖，让市场交易相对容易，用经济学家的话来说，产权通过降低交易成本来提高效率，而明确的产权有助于减少这些成本。[2]从著作权人的角度看，权利用尽原则是不受欢迎的，因为其所获得的权利越多，在交易市场中的控制力则越加强劲，其所能攫取的利益则越多——这是他们乐于看到

---

〔1〕 Brandon Griggs, Can Bruce Willis leave his iTunes music to his kids?, CNN.

〔2〕 ［美］亚伦·普赞诺斯基、杰森·舒尔茨：《所有权的终结：数字时代的财产保护》，赵精武译，北京大学出版社 2022 年版，第 13 页。

的，而数字市场给了他们一个扼杀权利的最佳机会。但对于消费者而言，这意味着在市场中自主权的限制和应得权利范围的限缩，很难说这不是现代技术和商业模式与传统模式冲突中产生的极大危险。

（三）所有权制度面临的危机

在数字时代，传统财产所有权面临的危机主要来源于三个方面：技术优势、商业强势地位和市场中存在的普遍欺诈，具体表现在泛滥成灾的用户许可协议和欺诈性标识等。

许可证是一种私人指定的法律形式，最初以非法复制的方式诞生于软件行业，但随着互联网的兴起以及数字产品的普及，现代许可制度已经改变了本来的面目——从交易中的卖方利益出发，由卖方单方制定并在其中强加了各种形式的义务和限制，且其告知买方的形式往往较为隐晦，这就给了知识产权人将明显的销售行为光明正大地改写为"许可"的机会。许可协议为私人监管机制提供了生长的土壤，许可方占据着商业强势地位，给消费者发放缺乏实质性同意和有意义的通知，企图用许可协议来重新定义"销售"，进而避免触发权利用尽原则。

现实生活中，用户许可协议无孔不入，它存在于我们每天使用的应用软件、订阅服务里，甚至在商店里购买实体商品时也会存在，但大多数消费者没有阅读过这份与自己权利紧密相关的协议，原因有很多方面。首先，用户许可协议往往冗长、繁杂，充斥着大量的法律术语，普通的消费者难以对其充分理解和阅读。目前 iTunes 的条款和限制性条件超过 1.9 万字，翻译成 56 页的细则，比《麦克白》（Macbeth）还长。[1]而许可协议的长度和复杂性意味着它们会给消费者带来巨大的成本。我们每天都要使用很多的软件，若是每一个许可协议我们都仔细阅读、分析利弊，我们的生活大概也只剩下了阅读用户许可协议这件事。况且许可协议中的条款由卖方单方决定，双方不能协商，因此仔细阅读并不会给消费者带来什么好处，摆在消费者面前的选择很简单——接受协议，或不使用产品或服务。其次，用户许可协议往往是不明显甚至隐蔽的，往往用一行很小的字、不鲜艳的颜色被放置在注册页面的

---

〔1〕 ［美］亚伦·普赞诺斯基、杰森·舒尔茨：《所有权的终结：数字时代的财产保护》，赵精武译，北京大学出版社 2022 年版，第 86 页。

最底下，似乎卖方在有意无意中阻止着顾客和用户对其制定的许可协议过分考究。基于这种情况，绝大多数的消费者会选择无视许可协议，只是轻飘飘地在那行小字前打钩。

和用户许可协议"相辅相成"的是卖方释放出的"立即购买"信号。数字技术的发展确实让消费者的购买变得更加快速和便捷，我们常常能在购物网站上看到显眼的"立即购买"（Buy Now）按钮，消费者只需轻点按钮，即可迅速付款下单。事实上，这样"贴心"的设置是在为狡猾的用户许可协议打掩护，让用户在未充分了解自己下单后并不真正拥有所购买的数字产品，而只是被授权许可使用的情况下，轻松地完成一笔交易，从某种程度上说，"立即购买"是一种虚假广告。这时消费者们更像是数字时代下被科技进步这锅温水煮着的青蛙，一边惬意地享受着科学技术带来的便捷生活，一边在氤氲的"用户许可协议"里迷迷糊糊地按下"立即购买"按钮，将自己的权利拱手让人。

在市场策略中，以"许可"产品为前提的商业模式使得上游企业加强了对下游企业使用其产品的控制能力。在数字技术高速发展的几十年间，拥有著作权的厂商一直试图控制二级市场来寻找一种成本低、稳定且有效的方法来阻断不必要的竞争，而通过用户许可协议的规制，著作权人坚持主张终端用户并不拥有其所购买的副本，这一目标得以实现。[1]但是通过否认销售的存在，许可协议便被许多保护消费者的法律条文排除在外，消费者的权益保障岌岌可危。

基于现实需求和市场发展，"将许可证植根于财产法"似乎是一种可行的解决方法。[2]普赞诺斯基教授和舒尔茨教授认为，许可证在事实上没有能力定义财产权，许可权只是一种允许财产所有者控制他人如何使用资源的工具，著作权人不能用许可证来控制不属于其法定权利范围内的行为。将许可证作为财产权正常流转的辅助工具，可以使许可人更大程度上维护自己的意愿，避免了将无意义的"同意用户许可协议"视为双方存在合同权利义务关系而

---

〔1〕［美］亚伦·普赞诺斯基、杰森·舒尔茨：《所有权的终结：数字时代的财产保护》，赵精武译，北京大学出版社 2022 年版，第 94 页。

〔2〕［美］亚伦·普赞诺斯基、杰森·舒尔茨：《所有权的终结：数字时代的财产保护》，赵精武译，北京大学出版社 2022 年版，第 106 页。

带来的不必要的损害，而对于"立即购买"，作者提出应将这一按钮换成一个简要通知，以清晰、简单的术语和直观的图标描述消费者可获得的权利。靠着一个小小的通知，消费者对自身所可能拥有的权利的误解便有所降低。同时希望监管部门能够对商家施加压力以迫使其实施简要通知，这无疑是推进反消费者欺诈更为有力的措施。

## 二、所有权真的会终结吗

财产所有权理论自产生于罗马法以来，经历了漫长的发展过程。封建社会的所有权行使着确保土地秩序的功能，比起所有权理论后来出现的排他性，当时的所有权更多的是一种责任和地位的象征。近代资产阶级革命时期，自由主义、个人主义空前盛行，人们开始反抗封建强权压迫，强调人本位、宣扬"天赋人权"，而所有权制度正顺应了这一潮流，从此"私有财产神圣不可侵犯"深入人心，其亦成为了所有权制度的核心思想。

在《财产的神话：走向平等主义的所有权理论》一书中，作者克里斯特曼（John Christman）强调，所有权不应被视为一个把人与财产联系在一起的权利和权力的大口袋。[1]随着工业和科学技术的进步，经济飞速的发展，人们进入信息时代，所有权逐渐从传统概念中排他的、不受干预、不受限制、完全由个人支配的、以所有权为中心的权利转变为负有社会义务、受到社会公共利益限制、强调社会利用并兼顾个人利益与社会利益的权利。人们开始怀疑所有权制度的绝对性和自然性。法律经济学甚至认为，所有权存在的唯一合理性依据即效率最大化，所有权仅仅是降低交易成本的一种手段或工具。[2]现如今，我们步入了信息爆炸、数据海量、万物互联的数字时代，技术不断变革的同时也以一股势不可挡的力量深刻地影响着社会关系和市场架构，传统的所有权制度受到严重的冲击。亚伦·普赞诺斯基和杰森·舒尔茨敏锐地察觉到数字产品在传统法律构架下的不兼容，意识到有形载体的消亡使得现代社会中人们逐渐丧失了对财产的控制能力。基于此现实背景，两位学者从一个"意料之外"的结论"所有权的概念正在走向终结"入手，通过展示数字经

---

〔1〕 ［美］克里斯特曼：《财产的神话：走向平等主义的所有权理论》，张绍宗译，广西师范大学出版社 2004 年版，第 7 页、第 9 页。

〔2〕 刘美希：《论近代所有权绝对原则遭遇的现代挑战》，载《法学论坛》2006 年第 1 期。

济中存在传统财产权被侵蚀的种种现象，讨论数字产品不断普及的背景下知识产权与物权法（财产法）之间的冲突，提出了一个"情理之中"的命题——当传统所有权理论与数字时代的"物"产生排斥，个人财产权该如何保障。

事实上，所有权是一个人与其他所有人关于某（有形或无形）物的关系，且所有权理论与制度作为现代社会的一个核心的、基础性的理论，显然是不能用"终结"这种有些许"危言耸听"的话语来妄下判断，甚至从某种意义上讲，"所有权的终结"只是作者想要吸引社会大众关注这一问题的噱头。即使在遥远的、发展程度已无法预计和想象的未来，只要社会仍是人类主宰，所有权就需要存在，甚至必须存在。这主要是基于所有权理论与制度以下几个特点。

（一）所有权与人的自由意志

黑格尔曾对所有权存在的必要性作出充满哲思的概括："所有权之所以合乎理性不在于满足需要，而在于扬弃人格的纯粹主观性，除非他拥有所有权，否则，他便不是理性的存在"，[1]所有权体现了自由意志与事物之间的关系。人的人格、自由并不是在真空中发展的，也不能够只存在于人们的脑海中，因此在具体的社会环境，即经济、政治制度中，一个人将某个物置于自身外部力量的支配之下时，这就构成了一种占有。自由意志通过占有成为现实化的意志，进而也构成占有的真实而合法的要素，即构成所有权的规范性要素。

回归所有权产生的初始，我们不难发现，在前古典时期的罗马法中，没有任何词语可以表达现代的所有权概念，它最常被表述为"根据市民法，这是我的"（meum esse ex iure Quiritium）。事实上，所有权就如同一根线，将存在于人类社会中的某种"东西"显示出"你的"和"我的"的分野，而在 18 世纪威廉·布莱克斯通爵士（Sir William Blackstone）所作《评论》（Commentaries）一书中则清楚地阐明："一个人对外在之物所声称并实践的独有的、专横的统治，世间任何其他个人对此物的权利皆在排除之列。"[2]普赞诺斯基教授和舒尔茨教授显然也赞同这个观点，他们提出"所有权是人与人之间的关系"，认为所有权的存在实质上为"个人对自己的财产合法所有即可排除他人

---

〔1〕 ［德］黑格尔：《法哲学原理》，范扬、张企泰译，商务印书馆 1982 年版，第 50 页。

〔2〕 Blackstone, Commentaries, Vol. 2. 转引自张睿：《农地权如何民有——与秦晖教授商榷地权的基本问题》，载《甘肃行政学院学报》2013 年第 1 期。

侵扰"。那么，即使今天"物"的定义不断扩张和丰富，人类对自己的"所有物"所希冀的"免受他人侵扰"仍是不会改变的。可以说，所有权一方面体现了人的自由，另一方面人的自由也必然首先以财产的形式表现出来。

### （二）所有权的激励作用

激励功能是所有权的重要功能。人类发展是社会的目标和宗旨，因此发展权是一项事关重大的人权。激励的目的是激发人类行为的正确动机，调动人们的积极性和创造性，充分利用人类的智慧和潜能，创造尽可能大的价值，以此达到促进人们行使发展权，促进社会进步的目的。如果人们的努力不能得到市场所承诺的最大回报，他们就不会以最佳水平进行生产，而正是通过加强权利人对物品及其使用的控制，实现了所有权的激励功能。

所有权的激励功能以追求利益最大化为前提，当前资本市场狂热地追求剩余价值最大化则生动地说明了所有权具有的激励本性。一方面，所有权满足了人对行动的目的性的需要。人的行为总有目的，无论是生产、占有还是交换，一般情况下都是以追求一定利益为动机和目的的，所有权则恰好满足了人的此种预期。另一方面，所有权适应了人欲望发展的需要，其恰好在把人欲望的发展框定在自身所有物的范围内，也助长了所有人之间竞争的态势，此种竞争在实践中极大地促进了个人和社会的进步[1]。

### （三）所有权的分配功能

罗尔斯认为，在财产所有的民主制度中，目标在于将社会作为自由平等公民之间的公平合作体系之理念体现于基本制度中，为了达到这一目标，这些制度必须从一开始就将足够的生产资料普遍地放在公民手中，而非少数人的手中，以使他们能够在平等的基础上成为完全的社会合作成员。[2]分配是指对社会产品、社会利益在不同社会主体之间的一种配置，而社会的物质活动、经济活动正是通过所有权的组织实现的。

而"许可"所定义的未来是这样的：人们与周围世界以及彼此之间的互动方式的控制权，越来越集中在一小撮实力强大的私人主体手里。在未来，

---

〔1〕 吴建求：《论所有权社会功能的合理化调整》，西南政法大学 2007 年硕士学位论文。
〔2〕 ［美］约翰·罗尔斯：《作为公平的正义——正义新论》，姚大志译，上海三联书店出版社 2002 年版，第 233 页。

人们对自主权的限制将来自终端用户许可协议而不是集体自治。[1]这为交易市场带来了很大的隐患。为了追逐更大的利益、更强有力的控制和交易中的优势地位，卖方往往会利用买卖双方的信息不对称设置许多对自身有利的条款，而这些条款在有形或无形中剥夺了卖方在传统交易模式下应得的权利。在此种不被规制的情况下，为了商业市场的竞争，对消费者不利的许可协议便会在市场上如病毒般扩散、蔓延开来，"劣币驱逐良币"的情况将成为现实。与许可模式不同，所有权正是通过分散财富和资本所有权实现其分配功能。阻止一小部分人控制整个经济，进而间接控制政治生活，这是合理的财产所有权制度所需要做到的。

马克思曾言："在每个历史时代中，所有权以各种不同的方式在完全不同的关系下面发展着。"[2]笔者认为，虽然该书作者提出的命题和思考一针见血、引人深思，但对于"所有权即将终结""个人财产权将成历史"的观点仍需审慎对待。我们虽能望见数字时代未来已来，随之引起的变革需要人们提出新的法治理论，变革法律制度，但传统所有权制度之所以可以延续至今正因其核心具有普适性，拥有适合人类社会运作的一般性规则，新形势引发的变革是绝不能脱离已有的经典理论，正如马长山教授所言，数字法学无疑在理论上反映了工业和商业社会走向数字社会的主要时代变化，但数字法学既不是现代法学的理论补充，也不是现代法学的新分支，而是现代法学的转型和现代化，以适应数字时代的变化。它是对现代法学的理论重建，对现代法学的基础进行迁移、改造、更新和创生。[3]而所有权结构的复杂性和其概念的包容性是这一制度在瞬息万变的时代下仍保有旺盛生命力的最主要原因，所有权的自由概念并不是某种所有权结构的典范表达，因此我们对于所有权的捍卫将不是概念性的，而是规范性的。

## 三、何去何从：数字时代所有权的革新之路

普赞诺斯基教授和舒尔茨教授在其著作中也提出了解决方案——他们不

---

〔1〕［美］亚伦·普赞诺斯基、杰森·舒尔茨：《所有权的终结：数字时代的财产保护》，赵精武译，北京大学出版社 2022 年版，第 17 页。

〔2〕《马克思恩格斯全集》（第四卷），人民出版社 1958 年版，第 180 页。

〔3〕马长山：《数字法学的理论表达》，载《中国法学》2022 年第 3 期。

认可将传统的所有权模式套用到数字商品上，而是接受临时租用模式（Temporary-access models）并对该模式施加限制。[1]该限制具体而言，即在交易发生之前，经营者或销售者应主动且简明地向消费者提供准确的信息，明确告知消费者其能获得的权利，租赁、订阅等服务不能以"购买"之类的词语包装成获得所有权的交易，误导性的标语和符号将不被允许使用；对格式合同进行限制，交易合同内容应被明确、清晰地披露等。在租赁、订阅和共享的模式下，用户表面上获得了灵活、实惠和便利的体验，但实质上却正在逐步失去在所有权和临时使用权之间选择的机会，且个人所有权和个人信息安全受到难以控制的威胁。为避免个人财产权成为历史，不能出借和拥有个人数字资产成为现实，重新定义数字产品的所有权刻不容缓。只有如此，消费者的"有意义的选择"才能得到有效保护。这一改进模式实质上是希望通过设计财产权保留新模式，使消费者获得更为稳定、可预测的使用权，进一步维护隐私保护和使用产品的自由。

如前文所述，所有权制度作为基础性的理论并不会轻易地终结或消亡。最初，人类认为物在自己手中才是拥有，后来这一观念从现实的持有转化为放在自己的房屋等自己有绝对控制权的空间或领域里，而这时候由于房屋等空间已经与人的身体分离，因此表现出人的意志力对物的相对控制的雏形。再后来人们对于物权的控制已经发展为只要获得一种观念上的承认就能通过意志力控制所有物，现实占有或持有的需求被观念上所有替代了，经验性的自然控制客观实在的阶段逐渐被淘汰，对人的意志力的确认将成为法律秩序的出发点。[2]因此，在科技迅猛发展的今天，技术虽是触发这一"终结危机"的主要因素之一，但也同样是解决这一危机的主力。作者在最后一章提到，加密货币和区块链技术的出现能够解决"追踪数字资产的权利"这一问题，但并未花更多笔力深入论述。事实上，笔者认为这一技术具有非常大的潜力成为所有权制度所面临危机的"解铃人"。区块链技术可以提高数字版权登记的安全性和效率，降低确权成本。区块链技术所具有的保障数字、数据

---

〔1〕 ［美］亚伦·普赞诺斯基、杰森·舒尔茨：《所有权的终结：数字时代的财产保护》，赵精武译，北京大学出版社 2022 年版，第 253 页。

〔2〕 李国强：《所有权的观念性：近代私法上所有权的历史性格》，载《现代法学》2009 年第4 期。

的唯一性、不可篡改性的技术特征，正好可以为建设个人数字财产系统提供可行性强的技术基础和发展机会；而区块链技术非常显著的去中心化特点，又恰巧可以解决作者所担忧的"许可制度所定义的未来"——社会的控制权越来越集中在小部分强大的私人主体手里，这一技术能够防止少数人为了追逐更大的利益、更强有力的控制和交易中的优势地位而垄断市场话语权的情况发生。区块链的加密技术能够强有力地保护所有者免受第三方侵害，因此，能够对于市场主体，尤其是弱势一方的消费者在交易中提供更多的安全感。同时区块链中包含的公共分类账本作为全面、最新的交易记录，能使任何人都可以验证所有权转让，识破可能发生的欺诈行为，这为交易的弱势一方提供了保障，也大大减少了交易成本，从而起到促进消费和商品流通，推动创新创造和经济发展的积极作用。当然，即使通过区块链技术加持，数字藏品在权属安全与交易安全两个方面都有保障，但数字藏品也仍存在安全问题。数字藏品的安全问题主要存在于二级交易平台以及部分未获得区块链信息服务备案和数字艺术品经营资质的发行平台，主要包括平台炒作、哄抬价格、虚假发货等。[1]

近年来，区块链技术的应用也在我国初露头角，相关市场显示出越发火爆的态势。随着 NFT 热潮蔓延全球，我国的 NFT 市场也迅速膨胀。NFT 全称为 Non-Fungible Token，中文译为非同质化代币。从技术角度看，NFT 实质上为一种存储在区块链上不可复制、不可篡改、不可分割的数据单位，任何形式的物品都可以通过区块链技术得到一个专有的数字凭证，从而成为 NFT，其核心价值在于资产的数字化映射。[2]2021 年 3 月，国家发展改革委等十三部门发布的《关于促进文化消费加快释放文化消费潜力的若干措施》提出，支持文化数字藏品运营平台规范发展，鼓励数字藏品运营平台推出有市场价值和推广价值的数字藏品和其他数字作品；国家新闻出版广电总局发布的《关于促进文化数字藏品创新发展的意见》也指出鼓励支持文化数字藏品创新。尽管政策显示出鼓励和支持的态度，但也能从官方对 NFT 的翻译中，或

---

〔1〕 段陆平：《区块链技术与数字藏品的安全保障》，载《民主与法制时报》2022 年 6 月 29 日，第 3 版。

〔2〕 刘少军、聂琳峰：《数字藏品版权的功能、困境与治理》，载《北京联合大学学报（人文社会科学版）》2023 年第 1 期。

更准确来说是将 NTF 的定义在我国市场范围内限制为"数字藏品"而非"非同质化代币",可以看出国家当前政策在认可数字藏品未来发展前景的同时,对 NFT 仍抱有审慎态度,对市场上数字藏品的炒作现象保持高度警惕,因此使用"数字藏品"这一名词将区块链技术在商品上的应用局限于文化产业范围内。

中共中央办公厅、国务院办公厅印发的《"十四五"文化发展规划》中指出,加强数字版权保护,推动数字版权发展和版权业态融合,鼓励有条件的机构和单位建设基于区块链技术的版权保护平台。未来,数字化将会蔓延到更多领域,深入千家万户的日常生活。面对数字爆炸引发的社会变迁,我国的法律,尤其是民法需要重新审视传统所有权规则对个人财产权利和社会关系的解释能力和调整效果。基于现实需求,我国在数字经济背景下的规制与治理,新领域、新业态知识产权的立法与司法,数字时代物权、所有权和知识产权的法理研究仍都亟待推进,刻不容缓。

## 结论

我们目前正经历着与前两次工业革命截然不同的数字革命。以人工智能、机器人、物联网、云计算为代表的数字革命 2.0 的飞速发展,人们可以感受到这次数字革命是更为广泛的、颠覆性的技术变革,不仅是前所未有,更是势不可挡的历史阶段。我们的生活方式、生存方式和交互方式将被数字化所重塑。数字无处不在,尤其对于千禧年后出生的数字原住民(Digital Natives)"Z 世代"而言,数字在生活中的渗透和融合都是自然而然、理所应当的,未来数字的存在将更是如此。现如今人类的发展已然刻上了数字化转型的"基因",人类正处于数字革命新的历史起点,我们应注意识别数字时代的新机遇和新挑战,来筹划适应数字革命变革要求的存在方式,来实现新的、更好的发展进步[1]。

为适应新的发展需要,传统所有权制度也顺应着时代而进步、进化,不能够囿于某个固定的公式。亚伦·普赞诺斯基和杰森·舒尔茨提出"所有权的终结"这一观点,主要是面对数字时代下"我的不再是我的"的问题。该

---

〔1〕 杨学科:《数字时代的"新法学"建设研究》,载《法学教育研究》2021 年第 2 期。

书的名字虽然为"所有权的终结",探讨的实则是数字技术发展下所有权概念和规则的扩张。表面上,由于数字时代引发的变革,所有权的未来变得"不确定",传统所有权制度在实践中似乎出现了裂痕,但通过积极的讨论,我们可以感受到所有权的理论根基仍稳固,难以动摇,面对这样一个充满无限可能和机遇的时代,我们实质上应抱有积极乐观的态度,基于传统所有权制度的核心理论,丰富和发展现有所有权制度的应用和实践。

总体而言,技术发展带来交易模式的改变使我们对应得权利的式微而深感担忧,时代的发展趋势要求我们重新思考未来市场的交易模式将由谁主宰和控制、我们的生活将由谁决定的问题。在数字时代下,数字技术、数字经济、数字业态、数字产业不断迭代发展,未来的趋势是全面数字化,数字技术将实现从描述世界到塑造世界之变。回归眼前,在过去的十年中,中国率先响应信息革命的浪潮,利用数字技术不断提高数字动力推动新的发展。基于我国建设数字大国的需要,以及数字经济已融入经济社会各领域、全过程的现实,对相关法律概念和规则的重新定义和更新换代刻不容缓。《所有权的终结:数字时代的财产保护》作为一份贴近现实、观点新颖、内容丰富的参考材料,无疑为我国所有权模式的更新以及知识产权立法的完善提供了一种新的导向和思路,引发对我国的数字转型和产业结构升级路径的不断思考和深入研究。

# "账号注销权"的实践困境与体系化解决路径<sup>*</sup>

**摘　要**：账号是个人在网络空间的身份代表。随着账号功能的多样化，账号与个人信息的关系日益紧密，为了保障个人信息安全，用户对账号注销的需求与日俱增。经调查发现，账号注销面临着种种难题与障碍。虽然账号注销难问题已经引起有关部门及行业的重视，但在实践中，立法、执法以及司法等多个环节仍存在许多不足。账号注销权的实现需要进一步完善相应法律规制并构建多方参与的个人信息保护体系。

**关键词**：账号注销权；个人信息；平台责任；监督机制；普法教育

在信息社会的时代背景下，网络空间活动日益频繁，这些活动往往离不开账号。与此同时，账号注销权及其行使中存在的注销难问题也颇受各方关注，这也是个人信息保护法律规制领域的重要问题。在相当一部分国家，用户的账号注销权属于"被遗忘权"的范畴。[1]欧盟在 2012 年率先正式提出"被遗忘权"的概念，并在 2014 年"谷歌诉萨雷斯案"中首次付诸实践，使其真正成为一项可操作的民事权利。[2]2016 年欧盟《通用数据保护条例》第 17 条规定了"删除权（被遗忘权）"，主张信息主体有权要求任何已知第三方删除相关信息的所有复制和链接。[3]该条列举的用户撤回同意下的删除权与账号注销直接相关。被遗忘权的世界发展潮流给我国立法和司法实践带来

---

　* 基金项目：本文系国家级大学生创新创业训练计划项目"个人信息保护如何打通'最后一公里'——账号难以注销的实证调查与法律规制"（项目编号：202211078152）的阶段性成果。
　作者简介：冯皓蕙、陈培熙、罗雪儿、潘璧婷、吴惠琳，广州大学法学院 2021 级本科生。
　〔1〕 赵占领：《必须尊重用户注销账号权》，载《青年记者》2017 年第 34 期。
　〔2〕 吴任力、吴淑倩：《移动互联网环境下用户账号注销机制研究》，载《图书情报工作》2019 年第 23 期。
　〔3〕 段惠茹：《被遗忘权的中国本土化研究》，西南政法大学 2020 年硕士学位论文。

很多经验参考。我国立法虽然尚无"被遗忘权"的明确概念，但是《个人信息保护法》等法律法规对于用户注销账号已经作了初步规定。

围绕被遗忘权、账号注销权及其注销难题等问题，学界已经开展了一些研究。例如，阮晨欣认为，被遗忘权应当作为一项独立的子权利，纳入我国的个人信息权之中，从而达到账号注销权的完全实现。[1]而杨立新、赵鑫则认为，本土化的被遗忘权不是一项独立的权利，而是包含在《个人信息保护法》规定的删除权之中。[2]朱巍提出，账号注销权是包括用户知情权、查阅权、更正权与删除权在内的复杂性权利。对于个人信息的保护只有涵盖从注册账号到注销账号的所有环节，才可谓构建起完整的信息保护法律体系。[3]在账号注销权行使难的问题上，学界也有专门研究。例如，宋杰、邵冰将账号注销困难总结为五个方面。[4]赵精武、唐浩隆指出，出于法律规制的空白以及数字经济利益考虑，平台往往规避注销时的删除义务，为回应目前迫切需要解决的注销难的问题，可以尝试通过理解《个人信息保护法》的相关条款，在我国专门注销权缺位的情况下，构建一个相对周延的用户注销规制。[5]

整体而言，账号注销权本质上是个人信息权利的一种延伸。用户利用注销账号的方式使得账号内部的个人信息被完全删除，从而让网络空间中的个人身份彻底消失，以保障个人信息的安全，实现对个人信息的合理化使用。只有解决账号注销难的问题，才能从根本上让个人信息保护落到实处。

通过对以上文献的梳理可以发现，学者们从多角度、多层次对账号注销难的问题进行了系统化的研究，其研究成果比较丰富。但现有研究还存在许多尚待完善的问题，如对账号注销的定位比较模糊，注销效果是信息完全消失还是被遗忘尚有争议；目前的立法还有较大空白，因而解决方法集中在立

〔1〕 阮晨欣：《被遗忘权作为新型权利之确证与实践展开》，载《安徽大学学报（哲学社会科学版）》2022年第3期。

〔2〕 杨立新、赵鑫：《〈个人信息保护法〉规定的本土被遗忘权及其保护》，载《河南财经政法大学学报》2022年第1期。

〔3〕 朱巍：《账号注销权是网络用户基本权利》，载《检察日报》2020年6月17日，第7版。

〔4〕 五个难题分别是注销功能实现难、注销入口发现难、注销渠道分辨难、注销证明提供难、注销条件满足难。参见宋杰、邵冰：《App账号注销难题现状与破解路径》，载《保密科学技术》2019年第10期。

〔5〕 赵精武、唐浩隆：《从注销到删除："账号注销权"的体系定位与制度建构》，载《重庆邮电大学学报（社会科学版）》2021年第6期。

法层面，对执法层面的探究较少，且对个人积极行使个人信息权的方法研究不足。因此，本研究在借助国内外研究的基础上，通过调查"账号注销权"的制度规范以及法律实践中存在问题，研究账号注销在立法、执法、司法等层面的多种实现路径，同时关注个人在信息领域的积极控制权，构建全方位的个人信息保护机制。

## 一、账号注销难：个人信息保护的"最后一公里"困境

### （一）"账号注销权"的既有制度规范

目前，账号注销权的相关制度规范主要包括三类：

第一，在部分领域专门列明用户有权注销账号。如 2013 年《电信和互联网用户个人信息保护规定》第 9 条明确规定，当用户不再使用相关服务时，电信业务经营者和互联网信息服务提供者有义务根据用户的要求提供注销号码、注销账号服务。随着互联网技术的发展，电商平台作为一种购物的新渠道，进一步放大了用户个人信息的财产属性。2018 年《电子商务法》第 24条规定，电子商务经营者应当列明用户注销的方式和程序，不得设置不合理的条件。这在一定程度上明确了消费者行使删除权的程序，即用户通过注销这一操作就可以行使删除权。[1]

第二，在个人信息删除条款中加入"账号注销"的相关内容。删除权作为个人信息权利主体的一项重要权利，与账号注销密切相关，对于保护个人信息的完整性和自决性具有重要意义。[2]《民法典》和许多单行法都规定了这一权利，如《民法典》第 1037 条规定，自然人在"违反法律、行政法规"或"双方约定"两种情形下，有权要求信息处理者删除其个人信息。"删除"不仅包括删除部分非法收集的个人信息，还包括删除整个账号内的所有个人信息。《网络安全法》第 43 条对删除权也作出了类似的规定。2021 年《个人信息保护法》确立了平台在收集、处理个人信息时应当遵循"合法、正当、必要和诚信"的基本原则，不仅扩张了个人信息的范围，还列明了用户对其个人信息享有访

---

〔1〕 李晓安、王美慧：《电子商务法中删除权的法经济学分析》，载《北京行政学院学报》2020年第 2 期。

〔2〕 王利明：《论个人信息删除权》，载《东方法学》2022 年第 1 期。

问、复制、查阅、删除等权利。该法第 47 条在《民法典》规定的基础上，对删除权的行使条件进一步细化，第 3 项规定的"个人撤回同意"与注销账号的请求相关联，意味着信息处理者基于用户同意而对个人信息的处理在该条件下丧失了合法性基础，应当履行删除义务；而第 5 项规定的"法律、行政法规规定的其他情形"可作为兜底条款适用，兼具了开放性。《网络数据安全管理条例（征求意见稿）》第 20 条第 3 项规定明确要求数据处理方应当提供注销账号和撤销个人信息处理同意的途径，不得设置不合理的条件限制注销账号。个人信息删除权首次与账号注销直接相关，凸显了账号注销的体系性地位。[1]账号注销得以作为个人信息生命周期的最后一个环节，通过删除账号内部的个人信息形成积极有效的保护闭环，实现用户对个人信息的自主控制权。

第三，在技术标准上细化账号注销的流程规范。如《网络安全标准实践指南》第六点要求评估平台是否提供删除个人信息功能，涉及注销的途径、受理时限、信息处理的内容。其中 6.1 节规定，平台应当提供有效的注销账号的方法，且该方法应简便易操作；人工处理账号注销请求的时限应在 15 个工作日以内；注销后应当删除或匿名化处理账号信息。国家标准《信息安全技术—个人信息安全规范》（GB/T 35273—2020）对注销账号的身份核验、注销条件、注销后的信息处理限制等规定更为细致。其中第 8.5 节规定，个人信息主体注销时为验证身份需要提交的信息不应超过注册、使用等服务过程中收集的个人信息；不得设置不合理的注销条件或提出额外要求，增加个人信息主体的义务；即使是注销后需要留存的信息，也不得将其用于日常业务。

（二）实践中的个人信息保护"最后一公里"困境

课题组专门展开了公众对账号注销看法的问卷调查，调查显示，96.67% 的人都认为可能会遇到账号注销难的情况。超过 80% 的人表示曾经遭遇过 App 账号注销难，而认为账号注销后的信息无法完全删除会对自身造成困扰的人数占比高达 90.38%。已有的一些调查研究也可以佐证我们的发现。例如，《北京青年报》记者调查发现，在十多款主流 App 中，有 7 款不支持注销；有 6 款在注销方式、注销条件等方面操作复杂；仅有 1 款注销方式较为

---

〔1〕 赵精武、唐浩隆：《从注销到删除："账号注销权"的体系定位与制度建构》，载《重庆邮电大学学报（社会科学版）》2021 年第 6 期。

简便。对于账号难以注销的情况，许多用户表示十分担心账号内的个人信息因此被泄露。[1]在北京市通信管理局持续开展的 App 隐私合规和网络数据安全专项整治活动中，涉及账号注销难问题的 App 多达 13 个，集中在生活服务类和社交娱乐类的平台。[2]压倒性的数据说明，大多数人对账号注销的现实需求是极大的，认为账号中关于个人信息的数据十分重要，但账号注销难的现状制约了人们积极行使这一权利。

账号难以注销事实上呈现的是我国《个人信息保护法》等法律规定的个人信息删除权等权利在实践中未能得到有效落实的问题，也即个人信息保护"最后一公里"尚未有效解决的问题，具体体现为以下方面。

（1）平台不积极履行个人信息处理的责任，对注销设置种种限制或模糊注销后信息的处理效果，彻底删除账号信息有难度。有些平台会列明注销账号会无法登录，但并没有说明会删除用户的个人信息，而对于注销后的信息，大部分平台实质上采取的是匿名化的处理方式，平台自身仍可正常使用这部分信息，而平台以外的主体没有信息的访问权限。值得注意的是，平台通常要求用户必须"阅读并同意注销协议"，对于注销协议中暗藏的一些不合理的信息处理方式，用户没有拒绝的选项，导致平台可能会在注销协议中赋予自己极大的信息处理权限，用户实质上无法通过注销账号的方式来保障自己的个人信息安全。

（2）行政执法机关虽有定期监管，但覆盖面远远不够。目前对于个人信息安全的监管分散在多个部门，且监管往往集中在经济水平较为发达的城市，监管主要依靠执法机关的工作人员抽取部分网络平台进行测评，监管的区域、对象的覆盖面较小，监管的专业性不足，使其发挥的作用十分有限，而部分平台企业由于自身的业务性质，掌握着大量的用户隐私信息。在缺乏监管的情况下，它们极易被不法分子利用，成为信息泄露的源头。[3]在这种情况下，平台账号难以注销就意味着账号内部的个人信息一经上传便再难消除，这无疑增大了个

---

〔1〕 温婧：《App 账号注册容易注销难》，载《北京青年报》2018 年 6 月 24 日，第 A08 版。

〔2〕 材料来自北京市通信管理局关于 29 款问题 App 的通报（2022 年 12 月 30 日）和北京市通信管理局关于问题 App 的通报（2023 年第 1 期）。

〔3〕 郭艳慧：《立法要提速！不能让网络平台长期沦为个人信息的"漏勺"》，载《楚天法治》2019 年第 27 期。

人信息泄露风险，对用户的名誉权、隐私权、财产权构成潜在威胁。

（3）个人信息保护的司法保障不足。在司法实践中个人主要通过侵权之诉保护个人信息，但在此类民事诉讼中，个人信息的司法保护还存在一定不足。第一，个人信息保护民事诉讼的周期长、环节多，个人信息处理者可能在诉讼进行的过程中销毁证据、灵活修改条款内容，使个人诉求失去实现可能。第二，在不能证明实际损害的情况下，个人仅因个人信息处理者违反了信息处理的程序要求无法成为诉讼主体。[1]这对于个人的取证能力提出了较高的要求。第三，在实践中个人信息可能会面临即时、紧迫的不法侵害，但当前个人信息案件多为事后救济，缺乏事前保护的渠道。[2]《个人信息保护法》虽然引入了个人信息公益诉讼制度以应对大规模侵害个人信息权益的行为，但对于个人的权益诉求、损害赔偿等方面存在的问题仍然无法有效回应。

## 二、账号难以注销的原因阐释

### （一）立法因素：法律规制不健全

我国现行立法虽然已提及用户享有账号注销权，但账号注销中的许多问题还有待明确。一是对于"注销"的定义较为模糊。立法中关于账号的注销方式、注销效果、账号注销与账号内个人信息删除之间的关系等内容并没有细化，导致"注销"的定义并不清晰，是通过清空数据的方式彻底删除个人信息，还是通过目前流行的匿名化等方式使个人信息主体无法识别，目前尚无具体规定。[3]在实践中，注销的结果可能仅仅是账号不能使用，而账号内的个人信息并未被真正删除，平台仍可自行恢复用户的个人信息。二是责任主体仅限于网络平台，对于第三方没有明确规定。立法中的个人信息处理者通常针对的是账号注册的平台。虽然用户可以通过在一个平台注册的主账号登录第三方平台，但访问第三方平台的是通过主账号创建的授权账号，两个

---

〔1〕 王锡锌：《重思个人信息权利束的保障机制：行政监管还是民事诉讼》，载《法学研究》2022年第5期。

〔2〕 孙铭溪、侯荣昌、张亚光：《数字时代个人信息权益司法保护的现状与完善》，载《人民法院报》2022年12月29日，第8版。

〔3〕 赵精武：《账号注销权：我们能否真从网络平台抽身》，载《经济参考报》2022年2月22日，第A08版。

账号之间的个人信息是相互独立的。因此，在主账号注销后，第三方平台能否同步处理用户数据仍然是个问题。[1]而平台往往不提供被授权的第三方平台名单，导致注销后的删除义务限于注册平台，对被授权的平台等第三方的责任不明确。三是账号注销的权利义务无法真正落实。由于立法尚未明确账号注销权的具体内容，平台倾向于规避注销后的信息删除义务，即使提供了注销选项，也可能在注销的具体流程中设置种种障碍，但这种做法无疑损害了用户对个人信息的支配权。与此同时，用户的知情权常常受到侵害，查阅权目前也无法行使，导致了用户对账号信息的实际控制力减弱。四是账号注销权的侵权责任认定条件不明确。《个人信息保护法》第 69 条虽然规定个人信息处理者侵害个人信息权益并造成损害时应承担损害赔偿等侵权责任，但对于账号注销权的侵权认定条件并没有清晰的界定，给了平台极大的操作与解释空间。五是现有规制手段存在不足。整改、下架、罚款、赔偿等规制方法重点关注事后救济效果，缺乏事前预防的考虑，往往在已经发生了严重后果时才对平台的不法行为作出规制。如何加强对侵权行为的预防需要进一步思考。

（二）执法因素：执法难度大、成本高

对于账号注销难的问题，平台侵权成本低，国家相关部门执法难且执法成本高。（1）监管不到位。第一，监管往往是通过一些专项行动开展或通过社会影响较大的个案推动，有监管权的政府及下属行政部门缺乏常态化的监管机制。第二，监管的流程需要进一步规范，平台阻碍注销的行为该如何发现是关键。执法过程中，将有关部门的核查与用户的反馈有效结合才能确保监管的覆盖面够全、够大。第三，监管的职责划分需要明确。目前，我国有多个部门参与对个人信息领域的监管，监管过程中的计划、执行、落实等多个环节中的职责划分有待细化。如何让各部门履职尽责，防止执法部门徇私枉法是监管能否发挥作用的重要因素。（2）追责成本高。有关部门的执法虽然有一定效果，但平台责任能否落实还有待考察。目前尚无官方的数据管理渠道对互联网内流通的信息数据进行处理，平台对自身内部的数据库处理权限大、手段多、过程隐蔽，部分下架的平台可能换了个名字又重新上市，在处罚过后平台会

---

[1] 赵精武、唐浩隆：《从注销到删除："账号注销权"的体系定位与制度建构》，载《重庆邮电大学学报（社会科学版）》2021 年第 6 期。

不会"故态复萌"也是个问题。有关部门对问题平台的追责需要的成本较高。

（三）司法因素：司法保护难以有效达到

在个人信息泄露事件中，受害者的数量往往是一个相当庞大的数字，但选择拿起法律武器来维护自身权益的人却少之又少。主要有以下几个方面原因：一是维权难。用户虽然可以通过投诉、举报、诉讼等途径维权，但维权的周期长、取证难、成本高，导致用户对于主动维权"望而却步"。个人信息泄露情况在日常生活中比较普遍，但具有一定隐蔽性，仅凭个人的微薄之力很难查明泄露源头，在维权途中耗费的时间、金钱、精力成本巨大。二是赔偿低。由于此类案件造成的实际损失难以确定，因此用户能获得的赔偿相当有限甚至无法落实到位。且目前的赔偿通常限于对用户造成的财产损失，而由于账号信息泄露给用户带来的精神损害则难以获得支持，赔偿与实际损失并不对等。三是关联弱。从实操层面上，司法机关难以通知到相关案件的每一位受害人——如何建立有效的沟通机制是一个难题。这就意味着，即便引入公益诉讼，在公益诉讼中也很难有效提高受害人的参与度。由于起诉人并非直接受害人，个人通常觉得参与度低、获赔少，甚至觉得判决结果与自己毫无关系。

（四）平台因素：平台的逐利取向，规避法律法规要求

平台的趋利性决定了其对个人信息的保护层级较低，甚至会规避法律规定的个人信息知情权、查阅权、删除权等相关权利，种种限制账号注销的操作本质上正是平台为了追求自身效益的最大化而剥夺了用户的合法权利。背后的主要原因有：一是追求用户规模和留存。用户数据信息是衡量平台价值和市场竞争力的关键指标。[1]用户的规模越大，用户数据分析就越有经济价值，平台在市场中的竞争力就越大。用户基数带来的不仅是巨大的访问量、点击量，还有巨大的广告市场和信息捕捉市场。部分平台为了维持虚高的用户数量，降低注册门槛，采用取消注销选项、模糊删除信息的方式，实际上仍持有账号信息。二是降低平台维护成本。注销账号要想实现删除个人信息的效果，需要平台具备较好的信息处理与系统维护的技术水平，否则所谓的"注销"也只是有名无实。但部分平台为了控制平台成本支出，减少后台维护

---

〔1〕 李雪钦：《莫让注销网络账号成难题》，载《中国消费者报》2020 年 5 月 20 日，第 4 版。

的压力，对于注销的技术手段并不重视。三是保障数据安全。部分复杂的注销条件一方面是由于适当的注销验证有助于保护用户数据安全，防止因信息泄露而导致的恶意注销；另一方面是出于平台本身的数据安全考虑，有些平台为了降低安全风险，会提高注销门槛来规避风险。[1]

（五）用户因素：用户对个人信息保护意识不足

首先，由于个人信息保护意识的不足，人们往往缺乏主动保护信息的行为。一方面，对于注册协议、注销协议以及隐私政策，极少用户会进行仔细地阅读，从而使部分平台在协议中对账号注销设置不合理的条件。另一方面，人们在账号注销过于困难的情况下极有可能放弃注销或直接卸载，导致账号内的大量个人信息留存在平台内部，带来巨大的风险。其次，平台对于收集信息种类、信息处理效果往往不作明确说明，用户在注销账号后也没有任何途径查证注销的效果。这种信息领域的不对等反映出：在个人信息保护方面，个人缺乏对个人信息权利的有效支配与监督。要打破个人和平台之间的这种不对等，就必须要保证个人在信息关系中处于能动的主体地位。个人信息的处理必须要在个人知晓和控制的闭环中。[2]未来不仅需要国家机关等公权力来保障个人信息安全，更需要用户掌握相应的个人信息处置权利，如此才可能构建一个健康、稳定、安全的互联网环境。[3]

## 三、账号难以注销的体系化解决路径

（一）完善相应法律法规

1. 注销的定义与方式进一步明确

注销是用户自行决定重置自己网络空间数字身份的行为，[4]意味着用户撤回对平台继续保留使用账号信息的授权，是用户选择完全退出平台时对平

---

[1] 温婧：《App账号注册容易注销难》，载《北京青年报》2018年6月24日，第A08版。

[2] 汪庆华：《个人信息权的体系化解释——兼论〈个人信息保护法〉的公法属性》，载《环球法律评论》2022年第1期。

[3] 李扬：《网络个人信息保护：从"亡羊补牢"到"未雨绸缪"——论我国公民的网络个人信息注销权》，载《河北科技大学学报（社会科学版）》2017年第1期。

[4] 赵精武：《账号注销权：我们能否真从网络平台抽身》，载《经济参考报》2022年2月22日，第A08版。

台内的个人信息的一种支配权。注销的形式应以完全删除为主，匿名化为辅，采取"应删尽删"的原则。规定平台在处理注销后的信息时，如果技术手段可以实现完全删除，应当首先采用完全删除的形式；如果无法完全删除，应对个人信息作匿名化处理，确保处理后的信息不可能再定位到特定个体。

2. 注销账号的责任主体应该作扩张解释

《个人信息保护法》中规定的"个人信息处理者"除了账号所注册的平台，还包括被授权使用相关账号信息的第三方服务商或第三方平台。当用户使用平台服务时，平台不仅需要提供自己开发的功能模块，很多时候还需要引入第三方服务商提供的软件工具包以实现多种功能。此外，出于信息互通的需求，主平台可能会在第三方平台创设授权账号，二者处理信息具有一定关联性。在这种情况下，平台与第三方都基于用户的同意使用了账号信息，因此二者在账号注销时的删除义务均应得到落实。当用户发起注销账号的请求时，平台除了需要履行相应的删除信息的义务之外，还应通知第三方删除相应的信息数据，后者在获知请求后应当履行删除义务。第三方若未尽到删除义务，平台也应承担一定的责任。

3. 明确对平台的侵权责任认定条件

一是侵权行为。第一，平台直接进行了侵权行为。第二，平台间接鼓励侵权行为。在账号注销方面主要表现为在注销入口、注销方式、注销效果等方面不提供便利的选项，不切实履行注销后的删除义务，平台默许被授权的第三方平台可不删除信息的行为等，出现"不注销""假注销"的情况。二是损害事实。用户信息权益被损害，给用户造成了实际损失。例如，注销后，用户的账号信息被泄露、被倒卖、被用于违法犯罪行为，侵犯了用户的隐私权、财产权。三是因果关系。平台的侵权行为与损害结果有直接关系。例如，平台阻碍注销导致平台内部留存的用户信息泄露。四是过错。平台在处理信息时违反了相关法律法规或未尽到安全保障义务导致损害结果发生。此处的"过错"属于过错推定，举证责任在平台。例如，平台非法利用用户信息牟利。账号注销时，平台没有保管好收集的用户信息导致用户信息被窃取。在账号注销过程中，平台如具备这四个要件，则需要对该侵权行为负有责任。

4. 规定合理的账号注销标准，防止平台刻意限制账号注销的行为

第一，注销的界面设计上，平台应以显著方式标明或提示注销的入口，

便于用户找到注销的选项。例如，将注销入口放在设置或个人中心一栏，用户点开并进入注销入口的界面不应超过 4 个。第二，注销的时限上，平台对于用户的注销申请应在 15 个工作日内受理，"账号保留期"的设置应在 7 天以内。平台超过该时限仍未受理且无正当理由的，视为不提供有效的注销选项，应依法追究平台的责任。第三，注销的协议中，平台应该明确告知用户在账号存续期间平台收集的信息以及注销后的信息处理方式，如果用户对于协议中的部分不合理条款不认同，平台应该与用户另行协商，不得强制用户同意协议方可注销。第四，注销的身份认证上，平台应采取简单有效的认证方法，不应在该步骤收集过多个人信息。目前，并不是每种身份认证都能有效地保障注销者为账号本人。从安全性上讲，用户名/密码方法是一种极不安全的身份认证方法。在网络环境下的身份认证系统中，应用指纹作为身份认证依据是理想的，且目前的计算机系统性能完全可以满足这一要求。[1]指纹认证的优点主要有：（1）有效：每个人的指纹都是独一无二的，通过指纹这一生物特征能够有效验证注销的操作者是否为用户本人。（2）安全：指纹验证能减少个人信息被平台再次使用的可能。（3）便捷：指纹验证较为方便快捷，目前的手机配置也大多支持录入指纹，能极大简化注销账号时的身份验证流程。第五，在处理关联账号与账号内的数据/资产时，平台应提供关联的平台清单与快捷通道。用户注册时如果平台默认捆绑了其他平台的账号，注销时平台需要提供解除绑定的快捷通道，提示用户解绑的操作。对于用户本账号以及关联账号中数据与资产的处理，平台需要在注销协议中明确说明处理流程以及处理结果。第六，在注销效果上，平台应落实删除义务，不私自保留用户信息。平台应提供检验的窗口，让用户知悉该平台账号注销后的信息处理效果。例如，在用户注销账号前，明确显示平台收集与注销的信息种类、注销后的信息处理方式，并实时反馈处理效果。

（二）完善有关部门的执法机制

1. 监管机制

第一，监管专业化。由专门机关负责监管，并成立行业内部管理机构，共同解决互联网平台的个人信息收集、处理的问题。我国《个人信息保护法》

---

〔1〕 夏鸿斌：《基于指纹识别技术的安全强认证系统研究与实现》，江南大学 2003 年硕士学位论文。

第 60 条规定，国家网信部门、国务院有关部门、县级以上地方人民政府是履行个人信息保护职责的部门。对于有关部门监管工作的统筹与分工可进一步细化，提高执法效率，保障执法公正。此外，还可成立专门的互联网平台数据管理协会，对平台收集、处理用户信息所使用的数据库进行实时监测，提高行业的自律性。第二，监管常态化、规范化。有关部门可在每月、每季度、每年定期开展具体的监管行动，发现账号注销过程中平台存在的问题，对于存在问题的平台后续要展开复查，核实其整改情况，而对于问题平台背后的企业也应及时追究责任。第三，监管双向化。相关执法部门应畅通用户举报和反馈渠道，同时也建立平台的申诉通道，促进国家机关、平台、用户在执法环节中良性互动，明确账号注销的权利义务边界，既要防止平台规避注销的义务，也要制约用户滥用注销的权利。

2. 惩罚机制

第一，有关部门可采取要求平台限期整改注销条件与步骤，删除用户信息，没收违法所得，停止经营，罚款等措施。加大执法力度，提高违法成本，发现一起就严惩一起，以惩戒形成有效震慑，引导企业在法律规则的框架下发展。第二，行业协会可针对问题平台背后的企业设置市场准入限制，如将屡屡违规的平台以及运营商列入"负面清单"，被要求下架的平台，运营商在 3 年内不得再推出与其实质相似的平台。

(三) 完善监督机制

对于账号注销后用户信息的去向，由于平台对账号信息的收集与处理较为隐蔽，在账号注销后，用户没有任何渠道查证平台对个人信息的处理效果。法律虽然提到平台应当建立个人行使权利的申请受理与处理机制，但没有明确提到用户的监督机制。上述原因导致了用户的监督权无论是在理论上还是实践上都存在着空白，而完善用户的监督机制主要有以下方法。

1. 在个人信息保护法中增设个人对信息处理者的监督条款

目前对个人信息处理者的监督责任主要由国家或地方的部门履行，难以满足个人即时、特殊的权益保护需求。可以考虑把个人监督权纳入相关法律，包括以下几个方面。第一，监督内容：账号注销权包括个人对账号注销效果的监督。第二，监督方式：个人可以通过平台或有关部门提供的渠道进行监督。第三，监督效果：对于个人在监督平台的过程中所发现的不法事实，个人有权要求有关部门固定相关证据。

2. 国家部门建立官方的监督平台，为用户提供有效的监督渠道

该监督平台的主要功能包括：第一，数据审核。审核平台获取用户的信息数据的程序与内容，并生成审核报告。第二，信息检验。检验平台对用户账号信息的处理方式、时间、效果，并告知用户。第三，纠纷处理。如果用户对某平台的注销效果有异议，可以在该监督平台反映相关问题，平台根据用户意见有针对性地处理。

（四）丰富维权方法，增大司法保护力度

目前主要的维权方式是私益诉讼（个人发起）和公益诉讼（国家部门发起）。虽然有一定效果，但诉讼的时间、金钱、人力成本较高，可能会让不少用户放弃维权。可以考虑建立第三方平台整合用户的维权诉求，开展集体诉讼或协商，构建起民事公益诉讼和私益诉讼的相互协调和衔接。

1. 明确诉讼目的

个人信息公共利益并不是被侵害的信息主体的简单集合，而是包括已经被侵害的个人信息主体的利益和未被侵害但是有被侵害风险的信息主体的利益。[1]如账号注销后账号所有人难以知道或确认个人信息是否被完全删除或是完全不被泄露，除此可能还会涉及社会整体的利益。私益诉讼与公益诉讼的诉讼目的之间并不是毫无联系，二者紧密相关，因此建议第三方平台整合用户的维权诉求，尽量在诉讼中保障每个人的权益得到充分维护。

2. 明确程序衔接

公益诉讼毕竟是就整体的信息权益提起的诉讼，其法律效果对被侵害的个人而言具有一定的局限性，个人受到的损害可能难以通过公益诉讼得到完全填补。虽然说民事公益诉讼之后可以个人提起私益诉讼，但个人的力量总是微小的，由于个人信息主体取证的困难，现有的私益诉讼无法满足人们的救济需求，经济成本高，时间成本高，收益低。[2]若此时存在一个第三方机构代表被侵害个人信息的主体去获取和整合证据，降低个人的维权成本，是

---

[1] 高仲勋：《强化公益诉讼与私益诉讼协调衔接》，载《检察日报》2022年7月15日，第3版。
[2] 魏薇：《个人信息保护的公益诉讼制度研究》，上海师范大学2021年硕士学位论文。

有利于个人信息保护的。

3. 明确赔偿的范畴，适用惩罚性赔偿规则

对于账号注销难给用户造成的财产损失，平台应按实际经济损失主动给予赔偿；对于精神损害，结合《民法典》的相关条款，平台也应给予一定赔偿，而第三方机关提起公益诉讼时除了提出停止侵害、删除非法存储的个人信息、赔礼道歉、损害赔偿等请求外，还可以尝试提出惩罚性赔偿。高额的惩罚性赔偿不仅可以对违法处理个人信息的行为起到警示作用，还能在一定程度上预防侵权行为的发生。

（五）推动对用户的普法教育

根据《个人信息保护法》第 11 条规定，国家应加强个人信息保护宣传教育，推动形成政府、企业、相关社会组织、公众共同参与个人信息保护的良好环境。就国家机关而言，需要坚持百花齐放、百家争鸣的方针，鼓励文化创作者在创作文化的过程中将个人信息保护相关法律知识融入进去，以达到人们在潜移默化中学习法律知识的目的。就平台而言，应当通过插播广告、新闻、小视频、微电影、线上题目等各种可行的方式向用户普及账号注销背后的法律知识，提高用户的个人信息保护意识。就学校而言，在中小学开展"法进校园"活动，由普法工作人员担任法制宣传员，定期开展个人信息保护的法律知识讲座，组织学生、家长和各教职员工进行听讲，并将讲座视频录制下来上传至抖音、哔哩哔哩等 App 以扩大宣传范围。在大学开展普法活动，通过"加二课分"等方法提高大学生学习账号注销背后的法律知识的积极性，并不时进行考察以此检验对账号注销等法律知识的掌握程度。就社区而言，定期组织普法活动，到场参与活动者可发放小礼物。村委会、居委会等组织安排志愿者或工作人员上门给老年人进行有关个人信息保护的讲解。

可以看到，我国虽然已经通过立法初步确定了个人合法享有信息权利，但在实践中对个人信息的保护仍然困难重重。解决账号难以注销的问题对于网络用户完全实现对网络空间中的个人信息的合理支配具有重要意义，同时也为信息时代下如何平衡人权保护与数字经济发展的问题带来新的思考。本文以账号注销难为切入点，通过实证调查深入研究了账号难以注销的现状及其原因，并就解决这一困境提出了体系化的解决路径，以期实现个人在信息领域自主自决的权利。

# 人工智能生成物的合理使用制度研究 <sup>*</sup>

**摘　要**：人工智能创作是近几年人工智能技术发展的重大体现，其通过挖掘文本与数据构建函数模型，并以此完成目标任务。使用者在应用人工智能时，需要获取大量处于著作权保护期的作品，存在侵权风险。我国现行《著作权法》无法为其提供豁免保护，但认定其为侵权行为不利于新兴科学技术的发展。在著作权法的限制与例外中，合理使用制度较能维持技术发展和著作权人利益的平衡，但人工智能创作技术适用合理使用存在诸多挑战，可以通过借鉴域外的立法模式并结合本国国情，通过制定著作权例外，使得人工智能创作合法化，并结合著作权集体管理平台支付著作权人合理补偿费用，实现人工智能技术发展和著作权人获得合理预期利益的双赢。

**关键词**：人工智能生成物；合理使用；著作权；三步检验法；制度重塑

随着人工智能技术不断发展，国家开始颁布促进人工智能发展的政策性文件，倡导企业和有关组织发展人工智能技术用于提升自身竞争力。如国务院在 2017 年和 2019 年先后颁布了《新一代人工智能发展规划》《"十四五"国家知识产权保护和运用规划》。为实现《著作权法》传播文化、繁荣文化市场的立法目的，人工智能技术开始深耕文化创作，并创作出与人类作品相差无几的生成物。高效率的机器创作，让各大科技企业嗅到了商机，但与此同时人类作家也感到了危机，并对人工智能创作过程的合法性提出质疑。人工智能创作需要获取众多与创作主题或者研究主题相关的文本与数据，进行复制、整理、汇总、转码，并以此搭建可以完成目标任务的函数模型。其获取过程中涉及的"复制""转码"可能侵犯著作权人的"复制权"和"演绎权"以及形成的生成物可能侵犯著作权人的"传播权"。

---

\* 作者简介：赖德佳，广州大学法学院 2019 级本科生。

　　学界对人工智能创作的合法性已达成一致意见，但是对使用何种制度豁免其侵权产生分歧，主要有两大观点：一是主张人工智能创作适用法定许可。学者高阳认为人工智能创作具有商业目的，其输出的生成物会侵占原作品市场，适用法定许可具有正义性，既可以促进文化传播，也能让原著作权人获得经济回报，保证作者创作的积极性。[1]张润认为人工智能创作适用法定许可可以保护著作权人的合法利益，也便于人工智能创作使用者获取文本与数据进行创作获利，激励使用者、开发者创新人工智能技术。[2]二是主张人工智能创作适用合理使用。蒋舸认为人工智能创作技术获取作品数量众多，若认定其属于侵权将导致诉讼数量激增，造成滥诉，浪费司法资源。这也导致人工智能技术发展成本增加，不利于技术创新。因此，其将人工智能创作纳入合理使用范围。[3]徐小奔采用美国的"四要素""转换性使用"概念，认为人工智能创作数据对作品进行转换性使用，其最终形成的结果与原作品数据功能或者利用方式不同，因此构成合理使用。[4]

　　2020年《著作权法》修正时并未对人工智能创作生成物的问题进行回应。本文旨在通过分析人工智能创作生成物适用合理使用的挑战，梳理域外立法模式和学说理念，重塑人工智能创作生成物合理使用制度。分析人工智能创作的过程，将人工智能创作过程分为三个阶段，即获取数据、利用数据、输出结果，对每个过程内部行为进行侵权风险分析。从人工智能创作合理使用司法实践、合理使用基本原则和现行合理使用立法现状阐述人工智能创作对合理使用提出的挑战。最后，通过分析域外相关立法模式和学说理念，结合我国国情吸取有益的立法经验，在立法与司法层面，为我国人工智能创作适用合理使用提出可行的完善方案，创设人工智能创作的著作权例外和配套制度，使技术发展与著作权人利益保障得以兼顾。

---

　　〔1〕　高阳、胡丹阳：《机器学习对著作权合理使用制度的挑战与应对》，载《电子知识产权》2020年第10期。

　　〔2〕　张润、李劲松：《利益平衡视角下人工智能编创使用行为的法律定性与保护路径研究》，载《出版发行研究》2020年第11期。

　　〔3〕　蒋舸：《论著作权法的"宽进宽出"结构》，载《中外法学》2021年第2期。

　　〔4〕　徐小奔、杨依楠：《论人工智能深度学习中著作权的合理使用》，载《交大法学》2019年第3期。

## 一、人工智能创作生成物适用合理使用问题的提出

随着科学技术的不断发展，人工智能技术已经成功地应用到生活的方方面面，从人脸识别解锁，到获取用户个人偏好实现个性化推荐，甚至运用于文学创作领域。这些技术实现的背后或多或少需要运用数据对人工智能进行训练，当训练数据属于著作权保护期的作品时，就可能产生因其技术运转而进行复制他人作品等行为，进而侵犯他人著作权。

### （一）人工智能创作的概念和工作原理

在谈及人工智能创作之前，首先需要了解人工智能的概念。因为人工智能技术一直处于发展状态，未能有确切的定义。人工智能的概念首次由麦卡锡提出，他将其定义为机器学习人类的行为，但这仅是对人工智能进行笼统概括，世界知识产权组织认为人工智能为机器或者系统在独立或有限的人类干预的情况下完成需要人类思维的任务。[1]

人工智能创作主要包括三个阶段，即先构建人工神经网络，再进行机器学习或者文本数据挖掘，最后输出生成物。构建人工神经网络就是人工智能设计者进行算法编程和程序设计。人工智能之所以可以学习人类行为，其核心在于算法编程的设计，算法编程就如同人类神经网络，对行为进行抽象、简化概括和模拟，最终构建成函数模型，并以此来执行指定任务。文本数据挖掘或者机器学习都是人工智能构建函数模型的一种方式，但本质上都是机器对作品进行数字化扫描，工作原理相似。此处以文本与数据挖掘为例，该技术应用主要可分为以下步骤：一是数据获取，即收集与创作作品主题相关的训练文本数据，将其复制并转化成编程语言储存在计算机中。获取训练文本数据的途径主要包括购买第三方数据供应商数据（包括用户与互联网公司签订服务协议和爬虫协议等）、网上公共领域内开放文本数据，人工智能使用者未经许可访问、抓取数据和未经授权数字化非电子数据。二是数据使用，即将储存在计算机中的文本数据进行多层处理，提炼数据特征，最终由"低层"特征表示，转化成"高层"特征表示的函数模型，并通过不断地完成指

---

[1] 《经修订的关于知识产权政策和人工智能问题的议题文件》，载 https://www.wipo.int/meetings/zh/doc_ details.jsp? doc_ id=499504，最后访问日期：2023 年 2 月 2 日。

示任务进行反馈，逐渐完善函数模型。三是结果输出，即人工智能依据前述行为构建的函数模型和人类的指示，独立寻找解决目标任务的方法，输出如商业数据分析、诗歌、文章等"作品"。

（二）人工智能创作生成物的具体实践

随着人工智能技术在文学创作领域的发展，司法实践中出现了"作家协会诉谷歌案""腾讯诉上海盈讯公司著作权侵权案"等。2022 年美国 OpenAI 公司研发出的聊天机器人 ChatGPT，不同于一般的人工智能创作，其可以运用自然语言处理系统，通过自然语言回复使用者的问题，主要体现在可以进行日常互动、论文写作、改写代码等，比以往的人工作智能创作形式更具多样化。

从技术层面上看，ChatGPT 采用了"搜索+自然输出"双层运转处理架构，在机器训练阶段依旧是需要海量的数据进行训练，对数据的语法、字词表达等多方面进行解构，并形成神经网络模型，从而具有自然表达能力。当使用者提出任务，ChatGPT 就会根据任务内容运用已有的神经网络模型，在系统内部进行检索信息，最后输出。其不仅可以回答问题，也会进行自我纠偏，"行为举止"都更像一个人类。但机遇与挑战往往是并存的，在 ChatGPT 给人们带来便利之时，也给人们的安全带来了冲击，有学者认为 ChatGPT 新系统将会不断提高其类人类的思想和创造能力，具有超越人类的趋势。[1]与一般人工智能创作一样，ChatGPT 的回答也依旧存在着著作权问题，即生成物是否具有可著作权性。[2]但 ChatGPT 不存在生成物权利归属问题，因为 ChatG-PT 的《使用协议》中约定，使用者可以享有 ChatGPT 输出内容的所有利益。

（三）人工智能创作生成物可能涉及侵犯的专属权利

从人工智能的工作原理可看出训练数据范围是无穷尽的，整体可分为两类：著作权法保护的数据和非著作权保护的数据，前者主要包括整体汇编作品和单个作品，后者主要包括未达到作品标准的文段、素材等数据，以及归属个人信息保护法、商业秘密保护法保护的数据。现存在侵权争议的为人工

---

〔1〕 朱光辉、王喜文：《ChatGPT 的运行模式、关键技术及未来图景》，载《新疆师范大学学报（哲学社会科学版）》2023 年第 4 期。

〔2〕 丛立先、李泳霖：《聊天机器人生成内容的版权风险及其治理——以 ChatGPT 的应用场景为视角》，载《中国出版》2023 年第 5 期。

智能创作生成物属于著作权法保护的数据，人工智能创作的三个阶段均有可能侵犯著作权，但在结果输出阶段的侵权分析，还需要讨论生成物是否构成作品，故本文仅讨论人工智能创作的数据获取和数据利用阶段的侵权问题。

人工智能创作通常采用的数据挖掘技术包括 ETL 技术和 ELT 技术，两者本质上相差不大，仅是数据处理顺序存在差异。上述技术在获取数据的过程中一定会涉及作品的复制行为，目前争议焦点就是人工智能创作生成物的复制行为是否等同于著作权法上的复制行为。我国《著作权法》第 10 条规定，"复制权，即以印刷、复印、拓印、录音、录像、翻录、翻拍、数字化等方式将作品制作一份或者多份的权利"。学界中认定是否构成"复制行为"需要满足两个条件，即需要在有形物上再现作品，并且固定在有形载体上。[1]在数据获取阶段，人工智能需要将大量文本数据输入计算机的储存库，符合复制定位的两个构成要件，构成我国著作权法上的复制。若是获取的数据未经著作权人的同意，则可能构成著作权侵权。对于数据使用阶段，会对文本数据进行分析处理，将产生大量的临时副本，在计算机系统中停留会构成临时复制。虽然我国《信息网络传播权保护条例》的草案中出现临时复制规定，但是最终条例颁布并没有规定临时复制，因此人工智能创作涉及的临时复制问题不构成著作权侵权。

我国著作权法没有确定演绎权，演绎权只是学界上对翻译权、改编权、汇编权等权利的统称。人工智能创作在数据使用阶段，会将文本数据由传统语言转变成计算机编程语言，其中的拆解、标记、汇总等行为可能涉及演绎权。学界对人工智能创作行为是否会侵犯演绎权存在不同的观点，有的学者认为人工智能的转码行为与作品的改编行为具有同质性，[2]也有学者认为人工智能的转码行为仅是将传统语言表达转变成编程语言，编程语言不能被人类阅读，不涉及改编权。传播权即向公众传播权，我国法律没有规定传播权的概念，但是却设定了信息网络传播权，不论人工智能创作生成物是否构成作品，其结果中呈现的内容必然会涉及原文本数据的内容，极有可能影响到

---

〔1〕 吴高、黄晓斌：《人工智能时代文本与数据挖掘合理使用规则设计研究》，载《图书情报工作》2021 年第 22 期。

〔2〕 董凡、关永红：《论文本与数字挖掘技术应用的版权例外规则构建》，载《河北法学》2019 年第 9 期。

原作品在线上和线下的传播。

## 二、人工智能创作生成物适用合理使用制度面临的挑战

使用者应用人工智能创作技术存在侵权风险，在著作权法中寻求合理使用制度的豁免也存在挑战。人工智能技术的出现使处于优势地位的企业或者组织的"霸权"得以扩张，打破了著作权人与公众之间的平衡。我国著作权法上的合理使用采用"列举＋兜底"的立法模式，并且在司法实践中，合理使用存在众多不确定性，使得人工智能创作是否可以适用合理使用难以预测。

（一）人工智能创作生成物对合理使用规则基本原理的挑战

著作权法的立法目的，一方面是为了保障创作者的利益，赋予创作者"绝对"的权利，排除绝大多数人的干扰，使其能在作品的传播过程中受益，从而提高创作者的积极性。另一方面是为了维护公共利益，通过设定合理使用和法定许可限制著作权人的著作权，使普通大众可以低成本进行学习，促进文化传播，实现国家文化的繁荣发展。换言之，著作权法就是平衡公共利益和专有权的衡平法。[1]既然以保护作者利益和社会公众利益为矛盾体，就存在两者失衡的局面，人工智能创造生成物的出现就使得作者利益和公众利益的天平发生倾斜。

首先，人工智能创作生成物的出现会影响著作权人获得作品带来的预期利益。著作权人获利的关键在于其对作品具有相对排他的控制权，但是人工智能技术的出现，使得作者对作品排他的控制力度大打折扣。其一，网络时代，在线上传播作品成为大部分作者获利的主要途径，即使作者与互联网公司签订使用协议，采取技术措施，以保护作品的版权，但使用人工智能技术的公司往往实力雄厚，反技术措施能力较强，依旧可以未经许可获得作品。其二，基于人工智能创作技术的不断完善，在获取文本数据足够多的情况下，输出的作品内容，一般不会与原文本数据存在重复，原文本数据的著作权人难以发现作品被"窃取"。其次，人工智能创作的出现降低了作者创作的积极性，不利于文化繁荣。基于前述原因，人工智能创作总能及时洞悉消费者的

---

〔1〕 高阳、胡丹阳：《机器学习对著作权合理使用制度的挑战与应对》，载《电子知识产权》2020年第10期。

消费意愿，快速创作出消费者满意的作品，作者难以获得相应劳动的经济收益，创作积极性大幅降低，将导致文化传播逐渐走向低迷，从而影响文化繁荣，减损社会公共利益。因此，在当前立法下，人工智能创作俨然影响了著作权人和社会公众的利益，若将人工智能创作纳入合理使用范围内将使本已处于优势地位的企业得到扩张，进一步减损作者权益，违背了著作权法的衡平原则。

但从技术创新的角度来看，严格的著作权保护模式，将限制人工智能创作技术的发展，而合理使用制度的出现就是为了限制作者的"霸权"，使得社会公众能低成本获取作品的价值。技术的创新亦需要降低成本，但现有的合理使用和法定许可一般只适用于法定情形，若严格排除人工智能创作适用合理使用，那么企业只能在征得众多作者的同意后，才能进行机器学习，这导致企业经过烦琐的通知程序、冗长的谈判以及支付高昂的许可费用，大大增加了人工智能创作的成本，不利于新兴技术的发展。

（二）司法实践中合理使用情形具有不确定性

合理使用的不确定性主要来源于不同的判断方法，美国的"四要素"和"转换性使用"，都极度依据法官和诉讼代理人的法律素养，可适用的范围较广，但也因此不确定性较大。我国适用"三步检验法"，但是由于立法技术的限制和互联网技术发展的冲突，实践中也给合理使用情形的适用增添了不确定性。

首先，"三步检验法"在司法实践中创设新型合理使用。人工智能生成物的出现并不是首次对合理使用制度产生冲击，随着互联网技术的发展，作品传播方式由传统纸质传播转为互联网的数字化传播，信息网络传播权空前膨胀，但随之而来的就是著作权侵权案件的激增，以往封闭的合理使用制度难以适应新形势的变化。鉴于此，2012年《最高人民法院关于审理侵害信息网络传播权民事纠纷案件适用法律若干问题的规定》明确规定，网络服务提供者在特定情形下构成对作品的合理使用。但是由于我国采用的是"三步检验法"判断是否构成合理使用，且"三步检验法"的第一步为"根据著作权法有关规定"，因此即使是存在新的立法规定，也难以应对互联网时代层出不穷的新型侵权案例，导致最高人民法院允许下级法院运用"三步检验法"根据个案创设新型合理使用，但这增加了合理使用情境的不确定性。其次，司法实践中存在"三步检验法"和"四要素"交叉混用的情形，这也增大了合理使用适用情形的不确定性。如"刘某某诉华东师范大学出版社有限公司等侵害著作权纠纷案"[1]，一审法院和二审法院分别从原作品的性质、应用目的等五个方面认定是否构成合理使用，均属于适用"四要素"而非"三步检验法"。再如人工智能创作领域"王某诉谷歌案"，一审法院适用"三步检验法"认为不构成合理使用，[2]二审法院则参考适用"四要素"，认定构成合理使用，[3]形成同一案件两个不同判决。我国属于典型的大陆法系国家且法官专业水平存在差异，对于立法不完善形成的不确实性，将会导致同案不同判的结果，增大了合理使用适用情形的不可预测性，不利于社会稳定。

（三）我国现行合理使用制度难以适用人工智能创作

我国新修正的《著作权法》第 24 条采用了"列举+兜底"模式规定了合理使用的 12 种情形和一项兜底条款，即"法律、行政法规规定的其他情形"。在现有法定情形下的合理使用中，人工智能创作只有个人使用和为研究科学使用目的两类存在适用的可能性。

首先，在个人使用情形中，《著作权法》第 24 条规定必须是以个人学习使用为目的且要求少量复制。此处的个人应仅限于自然人，不包括法人和其他组织，因为法人和其他组织不存在"个人学习、研究或者欣赏"。[4]但是人工智能创作的主体为机器，即使是将人工智能创作归属于使用者，使用者往往是大型企业，因主体不适格不能适用该条款。再者运用人工智能创作一般情况下属于商业目的，也不符合该条款的规定。其次，在科学研究使用的情形中，我国是将课堂教学研究和科学研究使用一并规定，通说认为该情形只适用于非商业目的，因此若人工智能创作的主体为图书馆、科研院所，为进行研究而进行文本与数据挖掘可以适用该条款，但商业主体运用则不能适用该条款。再次，关于新设兜底条款，虽然新法增设了兜底条款，但也不能改变合理使用情形封闭的形式。因为我国现行法律只有《著作权法》和《信息网络传播权保护条例》（以下简称《条例》）规定了合理使用制度，《条

---

[1] （2014）沪高民三（知）终字第 42 号民事判决书。
[2] （2011）一中民初字第 1321 号民事判决书。
[3] （2013）高民终字第 1221 号民事判决书。
[4] 参见崔国斌：《著作权法：原理与案例》，北京大学出版社 2014 年版，第 121 页。

例》将合理使用的情形进行延伸，但针对个人使用和科学研究的使用仍然仅适用于非营利性。因此，除非新增设一般情形下的人工智能创作合理使用情形，否则一般情形下的人工智能创作无法适用该兜底条款。最后，人工智能创作行为也无法通过"三步检验法"的检验。如上所述"三步检验法"第一步为"符合著作权法有关规定"，通过上述分析现有合理使用情形均不能适用于人工智能创作，因此人工智能创作无法通过第一步检验。对于人工智能创作能否通过第二、三步的检验，笔者持肯定态度，因为人工智能创作的生成物一般不会与原作品雷同，甚至会优于原作品，并且新形成的生成物是否会真的损害原著作权人的预期利益，难以举证证明。

### 三、人工智能生成物合理使用制度的域外经验及启示

人工智能创作在寻求合理使用的豁免方面存在诸多挑战，我们应积极探索人工智能创作合法化的路径，促进人工智能创造技术的发展。其他国家及地区在此方面创设出新的理论概念，使得人工智能创作行为趋于合法化。

（一）其他国家及地区人工智能创作生成物合理使用制度立法

人工智能创作生成物对合理使用的冲击，不仅是中国的问题，更是世界各国都面临的问题。由于科学技术发展进程不同，欧美等发达国家较早面临人工智能创作问题，其立法模式具体可以分为两类：一是以美国和日本为代表的宽松立法模式，二是以欧盟和英国为代表的严格立法模式。

第一，美国和日本都是引入合理使用的一般例外来判断人工智能创作生成物是否属于著作权的例外，因为适用条件宽松，所以称为宽松立法模式。其一，美国判断是否构成合理使用采用"四要素"和"转换性使用"理论综合分析。"四要素"源于 Story 法官在 Folsom 案的判决，并通过一系列的司法判例得以完善，最终形成原理性的合理使用条款，并应用于人工智能创作案例。"转换性使用"理论由 Leval 法官于 1990 年提出，并于 1994 年首次应用于司法领域判断合理使用。在"作家协会诉谷歌案"中，被告谷歌公司通过数字化扫描的方式，将原告美国大学图书馆提供的纸质图书关键词词句进行提取，以"数字谷歌图书馆"向用户提供数字化检索服务。美国两级法院均运用"转化性使用"认定"具有商业盈利目的不能成为否定合理使用的绝对

标准；判断检索不会对版权市场构成替代效果，不减损权利人实质利益"〔1〕，因此谷歌构成合理使用。其二，日本于2009年修订著作权法时，通过"计算机信息分析"确定了人工智能创作的著作权例外，且在使用主体、使用对象、行为方式和行为目的上都未加以限制，但技术工具仅限于计算机，忽略未来其他先进技术应用的可能性。美国和日本都最大程度上认可了人工智能创作进行文本和数据挖掘的合法性，有利于人工智能创作技术的发展。

第二，英国和欧盟采用增设具体著作权例外，并且对例外的适用条件加以限制的立法模式，适用条件较严格，所以称为严格立法模式。欧盟基于市场运用人工智能创作技术的发展以及预测其未来将可能成为提高国家综合国力的重要支撑，因此欧盟委员会在2016年颁布了《数字化单一市场版权指令草案》（以下简称《版权指令草案》），并于2019年正式颁布《数字化单一市场版权指令》（以下简称《版权指令》）。《版权指令草案》规定了研究机构基于科学研究目的TDM的著作权例外，该条款适用条件具体为：主体为研究机构、行为目的为非营利的科学研究、所获取文本与数据为合法获得，但研究机构与商业机构以非营利为目的或者所获利益全部投入于公益性的科学研究也可适用该条款。正式颁布的《版权指令》将该条款的适用范围延伸至文化遗产机构，具体包括公共图书馆、档案馆等。在立法方面，英国在原有立法上新增加"非商业目的的例外条款"，在行为主体、行为目的、行为对象上基本与欧盟一致，但是其还对转让行为、超越目的行为等做出了限制，并且禁止许可合同限制人工智能创作的文本与数据挖掘，否则该协议条款无效。

（二）域外人工智能创作生成物合理使用学说观点

为应对新的社会现象，司法领域更多采用的是进行解释而非修改法律。在应对人工智能创作生成物对著作权法的冲击方面，域外学者已经提出多种学说，如Drassionwer提出"非作品性使用"概念结合整体结果考察法，Grimmelmann提出的"机器阅读"与"人类阅读"同质，Say提出"非表达性使用"等。

首先，笔者认为"机器阅读"和"人类阅读"无法等同，人类阅读采用的是人类思维，阅读目的是欣赏、学习等，机器阅读运用的是计算机编程构

---

〔1〕 Authors Gulid, Inc. v. Google, Inc. 804F. 3d 202 (2nd Cir. 2015) [EB/OL]. [2021-04-13]. available at https://www.lexisnexis.com/, visited on2. Mar. 2023.

建的数据模型，获取数据的目的是完成人类任务，在行为主体和目的上存在
巨大差异，无法解决现有问题。其次，"非表达性使用"意指在文本与数据挖
掘过程中对原作品的利用仅限于非独创性价值（如事实性信息），输出结果与
原作品目的和功能层面不同，针对一般的文本与数据挖掘确有适用的可能性，
如前述"作家协会诉谷歌案"。但此概念不能适用于所有人工智能创作类型，
如微软设计"下一个伦勃朗"，其创作出来的"作品"风格基本与原作相同，
显然属于利用原作品的独创性价值，不是利用事实信息。再次，所谓"非作
品性使用"是指将作品不作为作品使用，即不在著作权法意义上使用作品。[1]
在概念上与"非表达性使用"实质等同，依旧无法解决人工智能创作利用原
作品独创性价值的合法性问题。最后，整体结果考察法也暗含在前述"非表
达性使用"的应用逻辑之中。整体结果考察法的本质是将中间过程行为的合
法性与结果合法性进行结合判断，而不是单独判断中间过程行为的合法性。
由于我国合理使用立法模式为列举具体行为模式且判断方法为"三步检验
法"，天然地会引导法院在审理案件时，侧重分析行为，而忽视结果。此种分
割式考察方式会导致前项行为考察后使后端行为判定失去意义，[2]因为前项
行为被认定不符合合理使用，那么后端行为无论是否符合合理使用，都只能
认为不符合合理使用。如"王某诉谷歌案"，一审法院将复制行为与结果分割
判断，认为即使复制行为是为了后续的利用，最终结果未损害原告合法利益，
但前行为已经构成复制行为，因此属于侵权。二审法院则采取整体考察法，
得出相反的判决结果。[3]

（三）其他国家及地区人工智能创作生成物合理使用制度对我国的启示

从美国等国家针对人工创作生成物所采取的立法措施，可以看出其他国
家及地区均对人工智能创作技术予以了肯定，明确鼓励发展人工智能创作技
术。对此，我国亦需紧跟大数据时代发展的需求，立足我国国情，汲取其他
国家及地区立法模式和相应理论的有益之处。

我国人工智能创作生成物的合理使用制度如何设计必须结合国情具体分

[1] See Abraham Drassinower, What's Wrong with Copying? Harvard University Press, 2015, p. 8.
[2] 万勇：《人工智能时代著作权法合理使用制度的困境与出路》，载《社会科学辑刊》2021年第5期。
[3] （2011）一中民初字第1321号民事判决书。

析。首先，美国采取"四要素"判断法与"转换性使用"相结合的方法判断合理使用，此模式虽然可以灵活应对各种新型著作权侵权案件，但是这种原则性的规定过于模糊，使得合理使用适用情形难以把握。其次，此种模式要求法官具备较高的法学素养和充分的司法经验，效率低且成本高。我国为典型的知识产权法定主义国家，贸然引用合理使用的"一般条款"，可能会导致法官造法的问题。事实上，我国对合理使用制度立法，也是保持谨慎态度。比如在《著作权法》第三次修正草案中曾出现合理使用的"一般条款"，但是在最终的新修正法中并未出现，只是新增一项兜底条款。最后，我国为诉讼大国，知识产权案件逐年增加，此种立法模式将进一步加剧人少案多的冲突。基于我国国情，宜借鉴欧洲、日本等大陆法系国家的立法模式，增设著作权例外条款并结合整体结果考察法或是人工智能创作合理使用制度设计的出路。增设著作权例外既契合我国严格的知识产权法定主义，降低判案法官法律素质和司法经验要求，也可有效解决我国法院"三步检验法"和"四要素"判断法交叉混用带来的不确定性问题。合理使用认定采用整体结果考察法，更能平衡著作权人与社会公众的利益。整体结果考察法侧重判断整体行为是否对权利人造成实质性损害，在人工智能创作领域，法院重点考察人工智能最终输出的生成物是否能通过"三步检验法"，而非关注中间过程行为。

## 四、人工智能创作生成物合理使用制度的重塑

其他国家及地区人工智能创作合法化的立法模式都有其本土特色，我国人工智能创作生成物的合理使用制度也应当基于国情进行重塑，围绕平衡技术创新与著作权人利益展开，制定著作权例外和相应配套制度，使人工智能技术获取文本与数据合法化并让原著作权人经济损失得以补偿，实现技术创新与著作权人利益的平衡。

### （一）人工智能创作生成物合理使用制度重塑的原则

如前所述，人工智能创作生成物陷入困境最根本的原因是打破了既有利益平衡及其发展需求与著作权保护的对立。[1]其中更深层的问题是原著作权

---

〔1〕 刘友华、魏远山：《机器学习的著作权侵权问题及其解决》，载《华东政法大学学报》2019年第2期。

人无法获得合理的经济回报，以及现有著作权立法趋严，人工智能创作使用者动辄陷入侵权案件之中。要想解决上述问题，就需要完善相应制度设计使得原著作权人获得经济回报，使人工智能创作使用者取得获取文本与数据的权利，免遭侵权之诉。

我国人工智能创作生成物合理使用制度的原则应以保障著作权人利益为宗旨，回应技术发展为导向。首先，著作权人源源不断地创作新作品是人工智能创作技术发展的基础，因此首先要保障原著作权人的利益，确保著作权人创作的积极性。原著作权人与人工智能创作使用者相比本就处于弱势地位，若是为了回应技术发展，直接将人工智能创作纳入合理使用的情形之中，罔顾著作权人的利益，将进一步扩大人工智能创作使用者的"霸权"，与合理使用制度将作品价值从强势一方流向弱者的目的背道而驰。最终形成的结果便是著作权人的创作积极性降低，无法实现文化市场繁荣的目标。其次，人工智能创作技术作为一项新兴技术，过于严苛的著作权保护制度将限制人工智能技术的发展，因此在完善合理适用制度之时，需要充分考量人工智能技术的发展，避免人工智能技术发展成本过高、流程烦琐以及人工智能创作使用者疲于应诉等问题。因此，人工智能创作合理使用制度的设计需要从以下两个方面着手：一是设计合理配套制度弥补原著作权人因人工智能生成物侵占的预期利益损失，二是增设人工智能创作使用合理使用例外，并让人工智能创作使用者转移部分利益补偿原著作权人。如此才能维护原著作权人与技术发展之间的平衡，使得文化和技术双向发展，实现社会、经济、文化繁荣。

（二）增设人工智能创作生成物的专门例外

从各国对人工智能创作的立法态度可知，各国都对人工智能创作的合法性予以认可。我国在《新一代人工智能发展规划》中也明确提出，人工智能的发展符合我国社会、经济和文化繁荣等方面的公共政策需求。[1]为此，我国人工智能创作的合理使用制度可通过增设著作权例外，以此促进人工智能创作技术的发展。

其一，基于我国《著作权法》修改的频率，基本十年修改一次。从最近的 2020 年《著作权法》的修改幅度可知，我国著作权法应对人工智能创作属

---

〔1〕 张金平：《人工智能作品合理使用困境及其解决》，载《环球法律评论》2019 年第 3 期。

于"保守派",且《著作权法》性质为法律,修改程序复杂,但《著作权法实施条例》为行政法规,层级较低且修改程序较为简便。因此,人工智能创作合理使用制度可从修改《著作权法实施条例》入手。其二,我国可借鉴日本的有益经验,设置"人工智能统计分析例外"。因为欧盟等国家及地区都规定了数据库的保护法,所以著作权例外采用文本与数据挖掘的概念。我国与日本的情形更为相似,不强调数据挖掘,更适合采用中立的"人工智能统计分析例外"。值得注意的是,日本立法认可的技术工具为计算机,未考虑未来技术发展问题。对于我国著作权例外的设定,笔者建议采用"人工智能"概念,因为"人工智能"没有唯一的定义,其随着技术的发展而变化,更能回应技术发展。其三,人工智能创作著作权例外,不进行主体和目的的限制。欧盟《版权指令》对主体资格进行了限制,但在司法实践中很难有效地对主体进行区分。我国著作权法在著作权合理使用类型中,还规定了一般限制条件,并且还需要通过"三步检验法"的检验,即不得影响原作品的使用,也不得不合理地减损著作权人的合法利益,所以不是所有的人工智能创作行为都可以认定为合理使用。因此人工智能创作著作权例外适用主体应包括商业主体和非商业主体。其四,我国《著作权法实施条例》还可借鉴《商标法》,引入"非表达性使用"概念,法院在审理人工智能创作案件时,先判断是否属于"非表达性使用"。若人工智能创作作品属于"非作品性表达"则不构成侵权,无须适用著作权例外条款,否则按正常"侵权—合理使用"对抗审判方式。另外在案件审理过程中,法官可以适用整体结果考察法,合理划分著作权人与公众获取作品价值的界限。

(三)配套制度:建立使用版权作品的补贴机制

为了促进人工智能创作技术发展,可以设定著作权例外,但同时也需要保障原著作权人获得合理的经济回报。换言之,人工智能创作生成物的合理使用制度只有对作者和使用者双方都合理时,才能形成正向效应。我国可以通过改革著作权集体管理制度,让著作权集体管理制度成为人工智能创作使用者补偿作者的桥梁。

20世纪90年代,数字磁带技术的应用限制了音乐版权产业的发展,美国颁布了《家庭录音法案》(Audio Home Recording Act),允许个人非商业性使用音乐作品，但录音设备制造公司应当向音乐版权人缴纳合理的使用费。[1]我国人工智能创作面临的情形与此较为相似，我国可以通过完善著作权管理制度，将海量文本与数据纳入数据著作权集体管理平台的监管之中。首先，由各地政府组织构建数据著作权管理平台，并号召著作权人将作品上传至管理平台，做好备案登记。平台统一授权人工智能创作使用者进行文本与数据挖掘以及收取合理补偿费用，最后由平台抽取必要的费用后，将合理补偿费用交由著作权人。另外，为促进著作权集体平台的活力，平台的搭建及管理可尝试采用公私合营或私营方式。其次，现存众多著作权不明的"孤儿作品"，可采用合理补偿费用由平台代收，最后将资金分配给社会保障机构。再次，科研院所等机构为进行教学和科学研究的需要进行相关文本与数据挖掘的也应按正常程序，向平台发起申请，但因其属于一般合理使用类型，无须支付合理补偿费用。最后，相关机构还应及时出台相应作品经济补偿费用指导标准，便于平台收取费用。通过这一平台，人工智能创作者可以快速获取相关作品，作者也可随时掌握作品的使用情况，获取相应的使用补偿费用，使得技术进步与版权保护处于平衡之中。

随着人工智能技术的不断发展，人工智能不断融入生活的方方面面，在文学创作领域更是打开了文化创作的新世界，但也打破了技术进步与著作权人之间的平衡。为了有效地化解人工智能创作技术创新和著作权利益之间的矛盾，应当对人工智能创作获取作品行为的合法性予以及时回应。由前述可知，按照目前严格知识产权法定主义立法模式，人工智能创作不能纳入合理使用的例外与限制中，未经授权获取作品信息只能按侵权处理，将极大挫伤人工智能创作技术发展的积极性。通过分析借鉴其他国家及地区人工智能创作领域的立法模式，探索出符合我国国情的人工智能创作合理使用制度。为体现著作权法"平衡法"的性质，人工智能创作合理使用制度需要以保障著作权人利益为宗旨，回应技术发展为导向，制定著作权例外条款并结合著作权集体管理平台，实现人工智能使用者与作品之间的利益平衡。

---

[1] 卢炳宏：《表达型人工智能版权合理使用制度研究》，载《现代出版》2019 年第 4 期。

# 参考文献

## 一、著作类文献

[1] 马长山：《迈向数字社会的法律》，法律出版社 2021 年版。

[2] 涂子沛：《大数据》，广西师范大学出版社 2012 年版。

[3] 洪海林：《个人信息的民法保护研究》，法律出版社 2010 年版。

[4] 崔亚东：《人工智能与司法现代化》，上海人民出版社 2019 年版。

[5] 吕艳滨：《信息法治：政府治理新视角》，社会科学文献出版社 2009 年版。

[6] 姚海鹏、王露瑶、刘韵洁：《大数据与人工智能导论》，人民邮电出版社 2017 年版。

[7] 齐爱民：《捍卫信息社会中的财产》，北京大学出版社 2009 年版。

[8] 郭瑜：《个人数据保护法研究》，北京大学出版社 2012 年版。

[9] 高奇琦：《人工智能：驯服赛维坦》，上海交通大学出版社 2018 年版。

[10] 易继明：《技术理性、社会发展与自由：科技法学导论》，北京大学出版社 2005 年版。

[11] 腾讯研究院等：《人工智能》，中国人民大学出版社 2017 年版。

[12] 王秀哲：《我国隐私权的宪法保护研究》，法律出版社 2011 年版。

[13] 张文显：《权利与人权》，法律出版社 2011 年版。

[14] 冷传莉：《人工智能与大数据法律问题研究》，知识产权出版社 2022 年版。

[15] 王忠：《大数据时代个人数据隐私规制》，社会科学文献出版社 2014 年版。

[16] 马特：《隐私权研究：以体系构建为中心》，中国人民大学出版社 2014 年版。

[17] 黄志雄：《网络主权论：法理、政策与实践》，社会科学文献出版社 2017 年版。

[18] 王秀秀：《大数据背景下个人数据保护立法理论》，浙江大学出版社 2018 年版。

[19] 马宏俊：《司法大数据与法律文书改革》，知识产权出版社 2019 年版。

[20] 蒋坡：《国际信息政策法律比较》，法律出版社 2001 年版。

[21] 贾宇：《大数据法律监督办案指引》，中国检察出版社 2022 年版。

[22] 高富平：《大数据知识图谱：数据经济的基础概念和制度》，法律出版社 2020 年版。

［23］杨芳：《隐私权保护与个人信息保护法：对个人信息保护立法潮流的反思》，法律出版社 2016 年版。

［24］谢永志：《个人数据保护法立法研究》，人民法院出版社 2013 年版。

［25］王曦：《大数据时代个人数据保护与利用法律制度研究》，浙江大学出版社 2023 年版。

［26］齐爱民：《大数据时代个人信息保护法国际比较研究》，法律出版社 2015 年版。

［27］崔聪聪等：《个人信息保护法研究》，北京邮电大学出版社 2015 年版。

［28］刁胜先：《个人信息网络侵权问题研究》，上海三联书店 2013 年版。

［29］马民虎：《欧盟信息安全法律框架：条例、指令、决定、决议和公约》，法律出版社 2009 年版。

［30］谢远扬：《个人信息的私法保护》，中国法制出版社 2016 年版。

## 二、外文译著类文献

［1］［美］阿丽塔·L. 艾伦、理查德·C. 托克音顿：《美国隐私法：学说、判例与立法》，冯建妹、石宏、郝倩等编译，中国民主法制出版社 2004 年版。

［2］［美］阿尔文·托夫勒：《第三次浪潮》，黄明坚译，中信出版社 2006 年版。

［3］［美］E. 博登海默：《法理学：法律哲学与法律方法》，邓正来译，中国政法大学出版社 2004 年版。

［4］［英］罗杰·科特威尔：《法律社会学导论》，潘大松等译，华夏出版社 1989 年版。

［5］［德］塞巴斯蒂安·洛塞、莱纳·舒尔茨、德克·施陶登迈尔：《数据交易：法律·政策·工具》，曹博译，上海人民出版社 2021 年版。

［6］［德］克里斯托弗·库勒：《欧洲数据保护法——公司遵守与管制》，旷野等译，法律出版社 2008 年版。

［7］［美］丹尼尔·沙勒夫：《隐私不保的年代》，林铮颢译，江苏人民出版社 2011 年版。

［8］［德］卡尔·拉伦茨：《德国民法通论》，王晓晔等译，法律出版社 2013 年版。

［9］［美］达雷尔·M. 韦斯特：《下一次浪潮：信息通讯技术驱动的社会与政治创新》，廖毅敏译，上海远东出版社 2012 年版。

［10］［荷］玛农·奥斯特芬：《数据的边界：隐私与个人数据保护》，曹博译，上海人民出版社 2020 年版。

［11］［美］克里斯托弗·沃尔夫：《司法能动主义：自由的保障还是安全的威胁》，黄金荣译，中国政法大学出版社 2004 年版。

［12］［英］戴恩·罗兰德、伊丽莎白·麦克唐纳：《信息技术法》，宋连斌等译，武汉大

学出版社 2004 年版。

[13] [美] 丹尼尔·F. 史普博:《管制与市场》，余晖等译，格致出版社 1999 年版。

[14] [英] 戴维·M. 沃克:《牛津法律大辞典》，李双元译，法律出版社 2003 年版。

[15] [荷] 亨利·帕肯:《建模法律论证的逻辑工具》，中国政法大学出版社 2015 年版。

[16] [美] 凯斯·R. 桑斯坦:《权利革命之后：重塑规制国》，钟瑞华译，中国人民大学
出版社 2008 年版。

[17] [美] 马修·辛德曼:《数字民主的迷思》，唐杰译，中国政法大学出版社 2015 年版。

[18] [英] 约翰·洛克:《政府论：下篇》，叶启芳、瞿菊农译，中国人民大学出版社
2013 年版。

[19] [美] 理查德·A. 斯皮内洛:《世纪道德：信息技术的伦理方面》，刘钢译，中央编
译出版社 1998 年版。

[20] [美] 劳伦斯·莱斯格:《代码 2.0：网络空间中的法律》，李旭等译，清华大学出版
社 2009 年版。

[21] [美] 马克·波斯特:《信息方式：后结构主义与社会语境》，范静哗译，商务印书
馆 2014 年版。

[22] [美] 迈克尔·K. 林德尔等:《公共危机与应急管理概论》，王宏伟译，中国人民大
学出版社 2016 年版。

[23] [美] P. 诺内特、塞尔兹尼克:《转变中的法律与社会》，季卫东、张志铭译，中国
政法大学出版社 2004 年版。

[24] 欧洲侵权法小组:《欧洲侵权法原则：文本与评注》，于敏、谢鸿飞译，法律出版社
2009 年版。

[25] [英] 维克托·迈尔-舍恩伯格:《删除：大数据取舍之道》，袁杰译，浙江人民出版
社 2013 年版。

[26] [英] 维克托·迈尔-舍恩伯格、肯尼思·库克耶:《大数据时代》，盛杨燕、周涛
译，浙江人民出版社 2013 年版。

[27] [美] 亚历山大·米克尔约翰:《表达自由的法律限度》，侯健译，贵州人民出版社
2003 年版。

[28] [英] 帕特里克·贝尔特:《二十世纪的社会理论》，瞿铁鹏译，上海译文出版社
2002 年版。

[29] [美] 约翰·罗尔斯:《正义论》，何怀宏等译，中国社会科学出版社 2001 年版。

[30] [德] 乌尔里希·贝克:《风险社会》，张文杰等译，译林出版社 2022 年版。

[31] [德] 马克斯·韦伯:《经济与社会》（上卷），林荣远译，商务印书馆 2006 年版。

［32］［美］罗斯科·庞德：《通过法律的社会控制》，沈宗灵译，商务印书馆 2009 年版。

［33］［美］韦斯特：《数字政府：技术与公共领域绩效》，郑钟扬译，科学出版社 2011 年版。

［34］［英］伊恩·伯尔勒：《人脸识别：看得见的隐私》，赵精武、唐林垚译，上海人民出版社 2022 年版。

［35］［日］福田雅树、林秀弥、成原慧：《AI 联结的社会：人工智能网络化时代的伦理与法律》，宋爱译，社会科学文献出版社 2020 年版。

## 三、论文类文献

［1］季卫东：《人工智能时代司法权之变》，载《东方法学》2018 年第 1 期。

［2］季卫东：《数据保护权的多维视角》，载《政治与法律》2021 年第 10 期。

［3］马长山：《新一轮司法改革的可能与限度》，载《政法论坛》2015 年第 5 期。

［4］马长山：《智能互联网时代的法律变革》，载《法学研究》2018 年第 4 期。

［5］丁晓东：《个人信息私法保护的困境与出路》，载《法学研究》2018 年第 6 期。

［6］段厚省：《远程审判的双重张力》，载《东方法学》2019 年第 4 期。

［7］何渊：《政府数据开放的整体法律框架》，载《行政法学研究》2017 年第 6 期。

［8］陈晓林：《无人驾驶汽车致人损害的对策研究》，载《重庆大学学报（社会科学版）》2017 年第 4 期。

［9］冯洋：《论个人数据保护全球规则的形成路径：以欧盟充分保护原则为中心的探讨》，载《浙江学刊》2018 年第 4 期。

［10］邓志松、戴健民：《限制数据跨境传输的国际冲突与协调》，载《汕头大学学报（人文社会科学版）》2017 年第 7 期。

［11］高志刚：《回应型司法制度的现实演进与理性构建：一个实践合理性的分析》，载《法律科学》2013 年第 4 期。

［12］高富平：《个人信息使用的合法性基础：数据上利益分析视角》，载《比较法研究》2019 年第 2 期。

［13］和鸿鹏：《无人驾驶汽车的伦理困境、成因及对策分析》，载《自然辩证法研究》2017 年第 11 期。

［14］韩旭至：《数据确权的困境及破解之道》，载《东方法学》2020 年第 1 期。

［15］龙卫球：《再论企业数据保护的财产权化路径》，载《东方法学》2018 年第 3 期。

［16］冯洁：《人工智能对司法裁判理论的挑战：回应及其限度》，载《华东政法大学学报》2018 年第 2 期。

［17］ 马颜昕：《自动化行政方式下的行政处罚：挑战与回应》，载《政治与法律》2020 年第 4 期。

［18］ 马颜昕：《自动化行政的分级与法律控制变革》，载《行政法学研究》2019 年第 1 期。

［19］ 梅夏英：《数据的法律属性及其民法定位》，载《中国社会科学》2016 年第 9 期。

［20］ 申卫星：《论数据用益权》，载《中国社会科学》2020 年第 11 期。

［21］ 吴习彧：《司法裁判人工智能化的可能性及问题》，载《浙江社会科学》2017 年第 4 期。

［22］ 吴汉东：《人工智能时代的制度安排与法律规制》，载《法律科学》2017 年第 5 期。

［23］ 文禹衡：《数据确权的范式嬗变、概念选择与归属主体》，载《东北师大学报（哲学社会科学版）》2019 年第 5 期。

［24］ 戚建刚：《风险规制的兴起与行政法的新发展》，载《当代法学》2014 年第 6 期。

［25］ 徐骏：《智慧法院的法理审思》，载《法学》2017 年第 3 期。

［26］ 谢惠媛：《民用无人驾驶技术的伦理反思：以无人驾驶汽车为例》，载《自然辩证法研究》2017 年第 9 期。

［27］ 余盛峰：《全球信息化秩序下的法律革命》，载《环球法律评论》2013 年第 5 期。

［28］ 杨力：《论数据交易的立法倾斜性》，载《政治与法律》2021 年第 12 期。

［29］ 张新宝：《〈民法总则〉个人信息保护条文研究》，载《中外法学》2019 年第 1 期。

［30］ 左卫民：《关于法律人工智能在中国运用前景的若干思考》，载《清华法学》2018 年第 2 期。

［31］ 韩旭至：《算法维度下非个人数据确权的反向实现》，载《探索与争鸣》2019 年第 6 期。

## 四、外文文献

［1］ Ackerman B. A. , Social Justice in the Liberal State, Yale University Press, 1981.

［2］ Alan F. Westin, Privacy and Freedom, Atheneum Press, 1967.

［3］ Bennett C. J. , Regulating Privacy: Data Protection and Public Policy in Europe and the United States, Cornell University Press, 1992.

［4］ Bennett C. J. , Raab C. D. , The Governance of Privacy, MIT Press, 2006.

［5］ Brandeis L. D. , Other People's Money and How the Bankers Use It, Kessinger Publishing, 2010.

［6］ Bok S. , Secrets: On the ethics of Concealment and Revelation , Vintage, 1989.

［7］ Bygrave L. A. , Data Privacy Law, An International Perspective, Oxford University Press, 2014.

［8］ Cohen J. E. , Configuring the Networked Self: Law, Code, and the Play of Everyday Practice, Yale University Press, 2012.

［9］ Davenport T. H. , Harris J. G. , Competing on Analytics, Harvard Business School Press, 2007.

［10］ Hildebrandt M. , Gutwirth S. , Profiling the European Citizen, Cross-Disciplinary Perspectives, Springer, 2008.

［11］ Kuner C. , European Data Protection Law: Corporate Compliance and Regulation, 2ed. , Oxford University Press, 2007.

［12］ Kuner C. , Transborder Data Flows and Data Privacy Law, Oxford University Press, 2013.

［13］ Trilbe L. , American Constitutional Law, Foundation Press, 1988.

［14］ Miller A. R. , The Assault on Privacy: Computers, Data Banks and Dossiers, Michigan University Press, 1971.

［15］ Posner R. , Economic Analysis of Law, New York: Aspen Publishers, 2003.

［16］ Pand R. , Jurisprudence, The Lawbook Exchange . Ltd. Union , 2000.

［17］ Turkington R. G. , Allen A. L. , Privacy Law: Cases and Materials (Second Edition), West Group, 2002.

［18］ Solove D. J. , The Digital Person: Technology and Privacy in the Information Age , New York University Press, 2004.

［19］ Savin A. , Trzaskowski J. , Research Handbook on EU Internet Law, Edward Elgar Pub, 2014.

［20］ Solove D. J. , Understanding Privacy, Cambridge, Mass: Harvard University Press, 2008.

［21］ Zweigert K. , Kotz H. , Introduction to Comparative Law, Tony Weir trans, Oxford University Press, 1998.

［22］ Flaherty D. H. , Protecting Privacy in Surveillance Societies: The Federal Republic of Germany, Sweden, France, Canada, and the United States, North Carolina University Press, 1989.

［23］ Solove D. J. , The Future of Reputation: Gossip, Rumor, and Privacy on the Internet, Yale University Press, 2007.

［24］ Wiant S. , Technological Determinism Is Dead; Long Live Technological Determinism. MIT Press, 2008.

［25］ Allen A. L. , "Coercing Privacy", William and Mary Law Review, Vol. 40, issue 3, 1999.

［26］Ambrose M. L. , Ausloos J. , "The Right to be Forgotten Across the Pond", Journal of Information Policy, Vol. 3, 2013.

［27］Bradshaw S. , Millard C. , Walden I. , "Contracts for Clouds: Comparison and Analysis of the Terms and Conditions of Cloud Computing Services", International Journal of Law & Information Technology, Vol. 19, issue. 3, 2011.

［28］Crawford K. , Schultz J. , "Big Data and Due Process: Toward a Framework to Redress Predictive Privacy Harms", Boston College Law Review, Vol. 55, issue. 93, 2014.